财务会计学

主　编　郭莉莉　邱　砧　倪晓丹

副主编　唐　羽

北京理工大学出版社
BEIJING INSTITUTE OF TECHNOLOGY PRESS

内 容 简 介

本书依据《企业会计准则——基本准则》及相关具体会计准则编写，主要介绍以下内容：一是会计确认与计量的基本准则；二是资产、负债、所有者权益、收入、费用和利润六大会计要素的确认与计量的原则及其会计处理程序；三是资产负债表、利润表、现金流量表、所有者权益变动表4张主要会计报表的结构与编制方法。

本书在介绍会计核算基础知识的同时，重视培养学生应用会计理论知识解决实际问题、思考相关会计实务中涉及的不同会计政策选择对会计信息的影响。章前设置了预习内容，便于学生在学习过程中对每章的重要内容有基本的认知，更好地通过课程教学掌握相关理论知识。同时，在每章的最后安排了思考练习题，引导学生深入理解相关专业知识。将企业日常会计核算与财务会计报告相结合，使学生更好地体会会计信息的生成与会计政策选择的依存关系。

本书适合作为应用型本科院校会计学及相关专业教学用书，也可作为企业会计人员的参考用书。

版权专有　侵权必究

图书在版编目（CIP）数据

财务会计学/郭莉莉，邸砧，倪晓丹主编. ——北京：北京理工大学出版社，2018.8
ISBN 978-7-5682-6223-1

Ⅰ. ①财… Ⅱ. ①郭… ②邸… ③倪… Ⅲ. ①财务会计－高等学校－教材 Ⅳ. ①F234.4

中国版本图书馆 CIP 数据核字（2018）第 195046 号

出版发行 / 北京理工大学出版社有限责任公司	
社　　址 / 北京市海淀区中关村南大街 5 号	
邮　　编 / 100081	
电　　话 /（010）68914775（总编室）	
（010）82562903（教材售后服务热线）	
（010）68948351（其他图书服务热线）	
网　　址 / http://www.bitpress.com.cn	
经　　销 / 全国各地新华书店	
印　　刷 / 北京国马印刷厂	
开　　本 / 787 毫米×1092 毫米　1/16	
印　　张 / 17	责任编辑 / 江　立
字　　数 / 400 千字	文案编辑 / 赵　轩
版　　次 / 2018 年 8 月第 1 版　2018 年 8 月第 1 次印刷	责任校对 / 黄拾三
定　　价 / 68.00 元	责任印制 / 李志强

图书出现印装质量问题，请拨打售后服务热线，本社负责调换

前　言

财务会计是会计的重要分支，随着经济的发展，财务会计反映对象（即各会计主体的经济活动）不断变化，会计信息使用者对会计信息决策有用性的要求越来越高，相关法律规范及会计准则均在不断更新。2006年新会计准则颁布以来，财政部先后颁布了公允价值计量、合营安排等项准则，并且针对相关准则实施过程中发现的实际问题出台了具有指导性作用的解释公告。

本书结合最新的会计准则和相关解释公告，以财务报告的编制为目标，介绍资产、负债、所有者权益、收入、费用和利润六大会计要素的确认、计量与报告，系统阐述了企业发生基本经济业务的处理原则和具体操作流程。具体内容如下。

（1）总论：介绍《企业会计准则——基本准则》有关会计目标、会计要素、会计确认与计量等相关规范。

（2）资产：分别介绍各项资产取得、持有、期末计量及处置的相关会计处理程序。

（3）负债：介绍流动负债和非流动负债发生、承担义务期间及到期偿还的会计处理程序。

（4）所有者权益：介绍所有者权益的形成及其会计处理程序。

（5）收入、费用和利润：介绍收入、费用确认的原则和会计处理程序，利润的形成与分配渠道及其会计处理程序。

（6）财务报告：介绍资产负债表、利润表、现金流量表及所有者权益变动表4张主要会计报表的结构与编制方法。

本书结合普通高等学校向应用型转型的需要，应用性强，体系完整，适合会计学及相关专业本科教学。

本书共分13章，由郭莉莉、邸砧、倪晓丹担任主编，郭莉莉负责全书的策划、统撰和修改。具体编写分工如下：第1、2、4、5、6、7、9、12章及第13.3节由郭莉莉编写；第10、11章由邸砧编写；第3、8章及第13章除第13.3节的其他内容由倪晓丹编写；唐羽老师负责书中案例的搜集与整理，并帮助进行全书的统稿和校对。

由于编者水平与能力有限，书中不足之处恭请各位读者批评指正。

编　者

目 录

第 1 章 总论 ··· 1
- 1.1 财务会计的目标及其载体 ··· 1
  - 1.1.1 财务会计的目标 ··· 1
  - 1.1.2 财务会计目标载体——财务会计报告 ···························· 2
- 1.2 会计的核算基础及会计假设 ··· 3
  - 1.2.1 会计的核算基础 ··· 3
  - 1.2.2 会计的基本假设 ··· 3
- 1.3 会计的信息质量要求 ··· 5
  - 1.3.1 可靠性 ··· 5
  - 1.3.2 相关性 ··· 5
  - 1.3.3 可理解性 ·· 5
  - 1.3.4 可比性 ··· 6
  - 1.3.5 实质重于形式 ·· 6
  - 1.3.6 重要性 ··· 6
  - 1.3.7 谨慎性 ··· 6
  - 1.3.8 及时性 ··· 7
- 1.4 财务会计报告的具体内容——会计要素 ································· 7
  - 1.4.1 反映财务状况的要素——构成资产负债表 ····················· 7
  - 1.4.2 反映经营成果的要素——构成利润表 ···························· 9
- 1.5 会计确认及计量 ·· 10
  - 1.5.1 会计确认 ··· 10
  - 1.5.2 会计计量 ··· 11
- 思考练习题 ·· 12

第 2 章 货币资金 ·· 13
- 2.1 货币资金概述 ··· 13

2.1.1 货币资金的性质及范围 ... 13
2.1.2 与货币资金核算有关的主要会计账户 ... 13
2.2 库存现金 ... 14
2.2.1 现金管理制度及内部控制 ... 14
2.2.2 现金的核算 ... 15
2.3 银行存款 ... 16
2.3.1 银行账户及结算相关知识 ... 16
2.3.2 银行存款的核算 ... 17
2.4 其他货币资金 ... 19
2.4.1 其他货币资金的范围 ... 19
2.4.2 其他货币资金的核算 ... 19
思考练习题 ... 21

第3章 应收及预付款项 ... 22

3.1 应收票据 ... 22
3.1.1 应收票据的内容 ... 22
3.1.2 应收票据的账务处理 ... 22
3.2 应收账款 ... 25
3.2.1 应收账款的内容 ... 25
3.2.2 应收账款的账务处理 ... 25
3.3 预付账款 ... 26
3.3.1 预付账款的内容 ... 26
3.3.2 预付账款的账务处理 ... 26
3.4 其他应收款 ... 27
3.4.1 其他应收款的内容 ... 27
3.4.2 其他应收款的账务处理 ... 27
3.4.3 备用金制度 ... 28
3.5 应收款项减值 ... 29
3.5.1 应收款项减值损失的确认 ... 29
3.5.2 核算应收款项减值损失的方法 ... 30
思考练习题 ... 34

第4章 存货 ... 35

4.1 存货概述 ... 35
4.1.1 存货的内容 ... 35
4.1.2 存货成本的确定 ... 36
4.1.3 存货的确认条件 ... 36

4.2 按实际成本计价存货的确认与计量 ... 36
4.2.1 存货取得的确认与计量 ... 37
4.2.2 存货发出的确认与计量 ... 41
4.3 按计划成本计价存货的确认与计量 ... 46
4.3.1 存货取得的确认与计量 ... 46
4.3.2 存货发出的确认与计量 ... 47
4.4 存货清查与期末计量 ... 49
4.4.1 存货清查 ... 49
4.4.2 存货的期末计量 ... 51
思考练习题 ... 55

第5章 金融资产 ... 58
5.1 金融资产及分类 ... 58
5.1.1 金融工具概述 ... 58
5.1.2 金融资产的分类 ... 59
5.2 交易性金融资产 ... 61
5.2.1 设置的会计账户 ... 61
5.2.2 交易性金融资产的取得 ... 61
5.2.3 交易性金融资产的持有收益 ... 63
5.2.4 交易性金融资产的期末计量 ... 64
5.2.5 交易性金融资产的处置 ... 64
5.3 以摊余成本计量的金融资产 ... 65
5.3.1 债权投资取得 ... 65
5.3.2 以摊余成本计量的金融资产的后续计量 ... 66
5.4 以公允价值计量且其变动计入其他综合收益的金融资产 ... 69
5.4.1 以公允价值计量且其变动计入其他综合收益的其他债权投资的计量 ... 69
5.4.2 以公允价值计量且其变动计入其他综合收益的其他权益工具投资的计量 ... 73
5.5 金融资产的重分类及期末计量 ... 74
5.5.1 金融资产的重分类 ... 74
5.5.2 金融资产的减值 ... 75
思考练习题 ... 76

第6章 长期股权投资 ... 78
6.1 长期股权投资概述 ... 78
6.1.1 长期股权投资的概念及特征 ... 78
6.1.2 长期股权投资后续计量模式及适用 ... 79
6.1.3 "长期股权投资"账户设置 ... 79

6.2 长期股权投资的初始计量 ... 79
6.2.1 企业合并形成的长期股权投资 ... 79
6.2.2 企业合并以外的其他方式取得的长期股权投资 ... 84
6.3 长期股权投资的后续计量 ... 85
6.3.1 长期股权投资的成本法 ... 85
6.3.2 长期股权投资的权益法 ... 87
6.4 长期股权投资的转换与重分类 ... 91
6.4.1 权益法核算的长期股权投资转换为按公允价值计量的金融资产 ... 91
6.4.2 公允价值计量的金融资产转换为权益法核算的长期股权投资 ... 92
6.5 长期股权投资的期末计量 ... 93
6.5.1 长期股权投资期末计量原则 ... 93
6.5.2 长期股权投资期末计量的会计处理 ... 93
思考练习题 ... 93

第7章 固定资产 ... 95
7.1 固定资产概述 ... 95
7.1.1 固定资产的概念及特征 ... 95
7.1.2 固定资产的确认条件 ... 96
7.1.3 固定资产的分类 ... 97
7.1.4 固定资产核算账户的设置 ... 97
7.2 固定资产取得的确认与计量 ... 98
7.2.1 外购的固定资产 ... 98
7.2.2 自行建造的固定资产 ... 100
7.2.3 投资者投入的固定资产 ... 104
7.2.4 接受捐赠的固定资产 ... 104
7.3 固定资产的后续计量 ... 104
7.3.1 固定资产折旧 ... 104
7.3.2 固定资产后续支出 ... 108
7.5 固定资产处置 ... 109
7.5.1 固定资产终止确认的条件 ... 109
7.5.2 固定资产处置的会计处理 ... 110
7.6 固定资产的期末计量 ... 112
7.6.1 固定资产清查 ... 112
7.6.2 固定资产减值 ... 113
思考练习题 ... 114

第8章 无形资产 ... 116

8.1 无形资产概述 ... 116
8.1.1 无形资产的概念及特征 ... 116
8.1.2 无形资产的分类 ... 118
8.1.3 无形资产的确认 ... 118

8.2 无形资产取得的初始计量 ... 118
8.2.1 外购的无形资产 ... 119
8.2.2 自行研究与开发的无形资产 ... 119
8.2.3 投资者投入的无形资产 ... 122
8.2.4 政府补助的无形资产 ... 122

8.3 无形资产摊销 ... 122
8.3.1 无形资产摊销的原则 ... 123
8.3.2 无形资产摊销的会计处理 ... 123

8.4 无形资产处置 ... 124
8.4.1 无形资产出租 ... 124
8.4.2 无形资产出售 ... 125
8.4.3 无形资产转销 ... 125

8.5 无形资产期末计量 ... 126

思考练习题 ... 126

第9章 投资性房地产 ... 128

9.1 投资性房地产概述 ... 128
9.1.1 投资性房地产的特征及范围 ... 128
9.1.2 投资性房地产的确认条件 ... 129
9.1.3 投资性房地产的账户设置 ... 129

9.2 投资性房地产成本模式计量的核算 ... 130
9.2.1 初始计量 ... 130
9.2.2 后续计量 ... 131
9.2.3 期末计量 ... 132

9.3 投资性房地产公允价值模式计量的核算 ... 133
9.3.1 初始计量 ... 133
9.3.2 后续计量 ... 134
9.3.3 期末计量 ... 135
9.3.4 投资性房地产后续计量模式的变更 ... 136

9.4 投资性房地产的转换与处置 ... 136
9.4.1 投资性房地产的转换 ... 136

9.4.2　投资性房地产的处置 139
　思考练习题 141

第10章　负债 143

10.1　负债概述 143
　　10.1.1　负债的定义 143
　　10.1.2　负债的特征 143
　　10.1.3　负债的分类与计价 144

10.2　交易性金融负债 145
　　10.2.1　金融负债及其分类 145
　　10.2.2　交易性金融负债的确认条件及账务处理 145

10.3　短期借款 147

10.4　应付票据、应付账款及预收账款 147
　　10.4.1　应付票据 147
　　10.4.2　应付账款 149
　　10.4.3　预收账款 149

10.5　应交税费 150
　　10.5.1　增值税 151
　　10.5.2　消费税 158
　　10.5.3　其他应交税费 160

10.6　应付股利、应付利息和其他应付款 161
　　10.6.1　应付股利 161
　　10.6.2　应付利息 162
　　10.6.3　其他应付款 162

10.7　应付职工薪酬 162
　　10.7.1　职工薪酬 162
　　10.7.2　短期薪酬 162
　　10.7.3　离职后福利 167
　　10.7.4　辞退福利 168
　　10.7.5　其他长期职工福利 169

10.8　一年内到期的非流动负债 169

10.9　应付债券 170
　　10.9.1　公司债券的发行 170
　　10.9.2　利息调整的摊销 170
　　10.9.3　债券的偿还 171

10.10　长期借款及长期应付款 172

		10.10.1 长期借款	172
		10.10.2 长期应付款	173
	思考练习题		173

第 11 章 所有者权益 — 175

11.1 所有者权益概述 — 175
- 11.1.1 所有者权益的概念 — 175
- 11.1.2 所有者权益的来源 — 175

11.2 实收资本 — 176
- 11.2.1 实收资本概述 — 176
- 11.2.2 接受投资会计处理 — 176
- 11.2.2 实收资本或股本增减变动的会计处理 — 177

11.3 资本公积和其他综合收益 — 178
- 11.3.1 资本公积 — 178
- 11.3.2 其他综合收益 — 180

11.4 留存收益 — 180
- 11.4.1 盈余公积 — 180
- 11.4.2 未分配利润 — 181

思考练习题 — 183

第 12 章 收入、费用和利润 — 184

12.1 收入 — 184
- 12.1.1 收入概述 — 184
- 12.1.2 收入的确认和计量 — 185
- 12.1.3 关于合同成本 — 193
- 12.1.4 一般交易的会计处理 — 194
- 12.1.5 特定交易的会计处理 — 203

12.2 费用 — 205
- 12.2.1 营业成本 — 205
- 12.2.2 税金及附加 — 206
- 12.2.3 期间费用 — 207

12.3 利润 — 209
- 12.3.1 利润及其构成 — 209
- 12.3.2 营业外收入与营业外支出 — 210
- 12.3.3 所得税费用 — 211
- 12.3.4 利润的结转与分配 — 212

思考练习题 — 215

第 13 章 财务报告 ... 217

13.1 财务报告概述 ... 217
13.1.1 财务报告的含义和种类 ... 217
13.1.2 财务报告的编制要求 ... 218

13.2 资产负债表 ... 219
13.2.1 资产负债表的格式 ... 219
13.2.2 资产负债表的编制方法 ... 220
13.2.3 资产负债表编制举例 ... 225

13.3 利润表 ... 228
13.3.1 利润表的格式 ... 228
13.3.2 利润表的编制方法 ... 229
13.3.3 利润表编制举例 ... 230

13.4 现金流量表 ... 231
13.4.1 资金流量表的内容与格式 ... 232
13.4.2 现金流量表的编制方法 ... 235
13.4.3 现金流量表的编制 ... 236
13.4.4 现金流量表附注 ... 242
13.4.5 企业当期取得或处置子公司及其他营业单位的披露 ... 246
13.4.6 现金流量表编制举例 ... 246

13.5 所有者权益变动表 ... 248
13.5.1 所有者权益变动表的格式 ... 248
13.5.2 所有者权益变动表的编制方法 ... 249
13.5.3 所有者权益变动表编制举例 ... 249

13.6 财务报表附注 ... 252
13.6.1 附注概述 ... 252
13.6.2 财务报表附注的内容 ... 252

思考练习题 ... 256

参考文献 ... 257

第1章
总 论

本章主要介绍《企业会计准则——基本准则》的相关内容,在与学生共同回顾前期课程"基础会计学"相关要点(即会计科目与会计账户、借贷记账法和会计核算程序等基础知识)的前提下,要求学生熟悉财务会计的目标,掌握会计核算基础、会计信息质量要求及会计假设、会计确认条件与会计计量属性、会计要素及简要财务报表。

会计目标和会计核算基础;4个会计的假设前提;8个会计信息质量要求;6个会计要素及简要会计报表;5个会计计量属性及确认条件。

1.1 财务会计的目标及其载体

1.1.1 财务会计的目标

《企业会计准则——基本准则》规定:"财务会计报告的目标是向财务会计报告使用者提供与企业财务状况、经营成果和现金流量等有关的会计信息,反映企业管理层受托责任履行情况,有助于财务会计报告使用者作出经济决策。"

财务会计通过会计要素的确认、计量,完成财务报告的编制来实现财务报告的目标。因此,财务会计的目标就是财务会计报告目标:一方面,向财务报告使用者提供对决策有用的信息;另一方面,如实反映企业管理层受托责任的履行情况。财务会计的目标可以概括为以下几个方面。

1. 为信息使用者作出合理决策提供依据

财务会计的最主要目标就是向信息使用者(投资者、债权人、企业管理者、政府及其有关部门及社会公众等)提供相关信息,帮助他们作出合理的决策。

2. 对企业管理当局管理资源的责任和绩效进行考核

现代企业的所有权和经营权分离，企业的经济资源由所有权人委托企业经营者进行运营，所有权人要随时掌握企业经营者管理和运用企业经济资源的情况，以便考评经营者的经营绩效。

1.1.2 财务会计目标载体——财务会计报告

《企业会计准则——基本准则》明确规定：财务会计报告是指企业对外提供的反映企业某一特定日期的财务状况和某一会计期间的经营成果、现金流量等会计信息的文件。财务会计报告包括会计报表及其附注和其他应当在财务会计报告中披露的相关信息与资料。会计报表至少应当包括资产负债表、利润表、现金流量表等报表。其中，资产负债表、利润表反映了会计六大要素的基本内容，财务会计就是对六大会计要素确认、计量及报告的深入阐释。表 1-1 和表 1-2 分别是资产负债表和利润表的简要内容及格式。

表 1-1 资产负债表（简表）

单位名称：××股份有限公司　　20×7年12月31日　　单位：元

资产	期末余额	年初余额	负债及所有者权益（或股东权益）	期末余额	年初余额
流动资产：			流动负债：		
货币资金			短期借款		
交易性金融资产			交易性金融负债		
应收票据			应付票据		
应收账款			应付账款		
预付账款			××××		
其他应收款			流动负债合计		
存货			非流动负债：		
××××			长期借款		
流动资产合计			应付债券		
非流动资产：			长期应付款		
债权投资			非流动负债合计		
长期股权投资			所有者权益：		
其他权益工具投资			实收资本		
投资性房地产			资本公积		
固定资产			盈余公积		
无形资产			未分配利润		
非流动资产合计			所有者权益合计		
资产合计			负债及所有者权益（或股东权益）合计		

表 1-2 利润表（简表）

编制单位：××股份有限公司　　20×7年12月　　单位：元

项目	本期金额	上期金额
一、营业收入		

续表

项目	本期金额	上期金额
减：营业成本		
税金及附加		
销售费用		
管理费用		
财务费用		
××××		
二、营业利润（亏损以"-"号填列）		
加：营业外收入		
减：营业外支出		
三、利润总额（亏损总额以"-"号填列）		
减：所得税费用		
四、净利润（净亏损以"-"号填列）		

从表1-1和表1-2可以了解到财务会计报告的目标是通过编制会计报表及相关附注、补充资料提供给会计信息使用者，以便其了解受托责任的履行情况，进行相关决策。为了使企业能够运用会计语言提供相关的会计信息，保证信息对决策有用，企业会计准则规范了会计核算的基础、会计的假设前提和会计信息质量要求。

1.2 会计的核算基础与基本假设

1.2.1 会计的核算基础

《企业会计准则——基本准则》明确规定："企业应当以权责发生制为基础进行会计确认、计量和报告。"

企业在确认收入与费用时，有权责发生制和收付实现制两种计量基础，这两种计量基础对当期损益和现金流会有不同的计量结果。按现行企业会计准则的规定，会计要素的日常核算、资产负债表和利润表的编制都是以权责发生制为计量基础的，而反映企业一定会计期间现金流量状况的现金流量表则是以现金收付制为计量基础的。

权责发生制是指凡是当期已经实现的收入和已经发生或应负担的费用，不论款项是否收付，都应作为当期收入和费用处理；凡是不属于当期的收入和费用，即使款项已经在当期收付，也不应作为当期的收入和费用。

收付实现制以现金收到或付出为标准来记录收入的实现和费用的发生。按照收付实现制，现金收支行为在其发生的期间全部记作收入和费用，而不考虑与现金收支行为相联系的经济业务实质上是否发生。

1.2.2 会计的基本假设

在会计实务中，经济环境的变化使会计确认计量及报告具有一定的不确定性，会计政策的选择、会计估计的应用必须依赖于一些基本前提条件。只有规定了这些会计假设前提，会计核算才能得以正常进行。《企业会计准则——基本准则》规定的会计基本假设通常包括以下4个。

1. 会计主体

会计主体又称会计实体，是指会计工作为之服务的特定单位。《企业会计准则——基本准则》第五条规定："企业应当对其本身发生的交易或者事项进行会计确认、计量和报告。"

经济业务的发生会涉及两个或多个会计主体，必须明确会计是为哪个经济主体服务的。会计主体主要规定了会计核算的范围，它不仅要求会计核算应当区分自身的经济活动与其他企业单位的经济活动，而且必须区分企业的经济活动与投资者的经济活动。企业会计记录和会计报表涉及的只是企业主体的活动。会计主体可以是一个特定的企业，也可以是一个企业的某一特定部分，也可以是由若干家企业通过控股关系组织起来的集团公司，甚至可以是一个具有经济业务的特定非营利组织。

只有明确会计主体，才能划定会计所要处理的各项交易或事项的范围。在会计工作中，只有那些影响企业本身经济利益的各项交易或事项才能加以确认、计量和报告。

会计主体不同于法律主体。一般来说，法律主体必然是一个会计主体。例如，一个企业作为一个法律主体，应当建立财务会计系统，独立反映其财务状况、经营成果和现金流量。但是会计主体不一定是法律主体，如在企业集团的情况下，一个母公司拥有若干个子公司，母子公司虽然是不同的法律主体，但是母公司对于子公司拥有控制权，为了全面反映企业集团的财务状况、经营成果和现金流量，就有必要将企业集团作为一个会计主体，编制合并财务报表。

2. 持续经营

持续经营是指企业或会计主体的生产经营活动将无限期地持续下去，也就是说，在可预见的未来不会进行清算。《企业会计准则——基本准则》第六条规定："企业会计确认、计量和报告应当以持续经营为前提。"

为了解决很多常见的财产计价和收益确认问题，会计核算所使用的一系列会计处理方法都是建立在持续经营的前提基础上的。例如，长期资产的折旧与摊销就是在持续经营的假设前提下，将取得资产的成本在后续使用期间根据经济利益的实现方式分期计入其使用期间的损益。

3. 会计分期

会计分期是指将企业持续不断的生产经营活动分割为一定的期间，据以结算账目和编制会计报表，从而及时地提供有关财务状况和经营成果的会计信息。

《企业会计准则——基本准则》第七条规定："企业应当划分会计期间，分期结算账目和编制财务会计报告。"会计期间通常分为年度和中期。会计实务中，以一个日历年作为企业的会计年度，自1月1日至12月31日为一个会计年度。此外，企业还需按半年、季度、月份编制报表，半年、季度、月份也作为一种会计期间。会计期间的划分对于确定会计核算程序和方法具有极为重要的作用。

4. 货币计量

货币计量是指企业在会计核算过程中采用货币为计量单位，记录、反映企业的经营情况。《企业会计准则——基本准则》第八条规定："企业会计应当以货币计量。"企业在日常的经营活动中，各项经济业务的实务形态不同，可采用的计量方式也多种多样。为了全面反映企业的生产经营活动，会计核算客观上需要一种统一的计量单位作为会计核算的计量尺度。货币形式可以反映企业生产经营活动的全过程，会计核算就必然选择货币作为会计核算的计量单位，这就产生了货币计量这一会计假设前提。

1.3 会计的信息质量要求

财务会计的目标是为信息使用者提供对决策有用的信息，会计信息质量决定了决策的准确性及有效性。因此，会计信息应具备可靠性、相关性、可理解性、可比性、实质重于形式、重要性、谨慎性和及时性的八大基本特征。

1.3.1 可靠性

可靠性是指企业应当以实际发生的交易或者事项为依据进行会计确认、计量和报告，如实反映符合确认和计量要求的各项会计要素及其他相关信息，保证会计信息真实可靠、内容完整。可靠性是会计信息的重要质量特征。一项信息是否可靠取决于以下3个因素：真实性、可核性和中立性。

1.3.2 相关性

相关性是指企业提供的会计信息应当与财务会计报告使用者的经济决策需要相关，有助于财务会计报告使用者对企业过去、现在或者未来的情况作出评价或者预测。会计信息与信息使用者所要解决的问题相关联，即与使用者进行的决策有关，并具有影响决策的能力。相关性的核心是对决策有用。一项信息是否具有相关性取决于预测价值和反馈价值。

会计信息质量的相关性要求，需要企业在确认、计量和报告会计信息的过程中，充分考虑财务会计报告使用者的决策模式和信息需要，但是相关性是以可靠性为基础的，两者之间并不矛盾，不应将两者对立起来。也就是说，会计信息在可靠性前提下，应尽可能地做到相关性，以满足投资者等财务会计报告使用者的决策需要。

1.3.3 可理解性

可理解性是指企业提供的会计信息应当清晰明了，便于财务会计报告使用者理解和使用。

企业编制财务会计报告、提供会计信息的目的在于使用，而要想让使用者有效使用会计信息，就应当使其理解会计信息的内涵，弄懂会计信息的内容，这就要求财务会计报告提供的会计信息清晰明了，便于理解。

会计信息是一种专业性较强的信息，在强调会计信息可理解性要求的同时，还应假定财务会计报告使用者具有一定的有关企业经营活动和会计方面的知识,并且愿意付出努力去研究这些信息。会计信息是否能被财务会计报告使用者所理解,既取决于会计信息本身是否易懂,也取决于财务会计报告使用者理解会计信息的能力。

1.3.4 可比性

可比性是指企业提供的会计信息应当具有可比性。其主要包括以下两层含义。

(1) 同一企业不同时期发生的相同或者相似的交易或事项,应当采用一致的会计政策,不得随意变更,确需变更的,应当在附注中说明,以便于投资者等财务会计报告使用者了解企业财务状况、经营成果和现金流量的变化趋势,比较企业在不同时期的财务报告信息,全面客观地评价过去,预测未来,从而作出决策。

(2) 不同企业发生的相同或者相似的交易或者事项,应当采用规定的会计政策,确保会计信息口径一致、相互可比,以便于投资者等财务会计报告使用者评价不同企业的财务状况、经营成果和现金流量及其变动情况。

同一企业不同时期或不同企业的会计信息如能相互可比,就会大大增强会计信息的有用性。

1.3.5 实质重于形式

实质重于形式要求企业应当按照交易或者事项的经济实质进行会计确认、计量和报告,不应仅以交易或者事项的法律形式为依据。在实际工作中,交易或者事项的外在法律形式并不总能完全反映其实质内容。企业发生的交易或者事项,在多数情况下,其经济实质和法律形式是一致的,但有些情况下会出现不一致。例如,以融资租赁方式租入资产,虽然从法律形式来讲,企业并不拥有其所有权,但是由于租赁合同规定的租赁期相当长,接近于该资产的使用寿命;租赁期结束时,承租企业有优先购买该资产的选择权;在租赁期内,承租企业有权支配该资产并从中受益。从其经济实质来看,承租企业能够控制融资租入资产创造的未来经济利益,在会计确认、计量和报告上,就应当将以融资租赁方式租入的资产视为企业自有的资产列入企业的资产负债表。

实质重于形式体现了对经济实质的尊重,能够保证会计确认、计量的信息与客观经济事实相符。

1.3.6 重要性

重要性是指企业提供的会计信息应当反映与企业财务状况、经营成果和现金流量等有关的所有重要交易或者事项。企业在会计确认、计量过程中对交易或事项应当区别其重要程度,采用不同的核算方式。对资产、负债等有较大影响,进而影响财务会计报告使用者据以作出合理判断的重要会计事项,必须按照规定的会计方法和程序予以处理,并在财务会计报告中予以充分、准确的披露;对于次要的会计事项,在不影响会计信息真实性和不至于导致财务会计报告使用者作出错误判断的前提下,可适当简化处理。坚持会计信息的重要性,必须以保证会计报表和会计信息质量为前提,兼顾全面性和重要性。

1.3.7 谨慎性

谨慎性要求企业对交易或者事项进行会计确认、计量和报告应当保持应有的谨慎,不应高估资产或者收益、低估负债或者费用,不得计提秘密准备。

在市场经济环境下,企业的生产经营活动面临诸多风险和不确定性,如应收款项的可收回性、无形资产的使用寿命、售出存货可能发生的退货或返修等。会计信息质量的谨慎性要求需要企业在面临不确定因素的情况下,作出职业判断时,应当保持应有的谨慎,充分估计到各种风险和损失,既不高估资产或者收益,也不低估负债或者费用。谨慎性信息质量要求体现于会计确认、计量的全过程。

1.3.8 及时性

及时性是指企业对于已经发生的交易或者事项,应当及时进行会计确认、计量和报告,不得提前或者延后。

会计信息的价值在于帮助所有者或者其他方面作出经济决策,具有时效性,即使是可靠相关的会计信息,如果不及时提供,就会失去时效性,对于使用者的效用大大降低,甚至不再具有实际意义。在会计确认、计量和报告过程中贯彻及时性,一是要求及时收集会计信息;二是要求及时处理会计信息;三是要求及时传递会计信息。

在会计实务中,为了及时提供会计信息,可能需要在有关交易或者事项的信息全部获得之前即进行会计处理,这样虽然满足了及时性要求,但可能会影响会计信息的可靠性;反之,信息披露可能由于时效性问题,对于投资者等财务会计报告使用者决策的有用性将大大降低。这就需要在及时性和可靠性之间进行相应权衡,以投资者等财务会计报告使用者的经济决策需要为判断标准。

1.4 财务会计报告的具体内容——会计要素

财务会计报告要素是会计工作的具体对象,是会计用于反映财务状况、确定经营成果的因素,财务会计报告要素分为反映财务状况的要素和反映经营成果的要素。

1.4.1 反映财务状况的要素——构成资产负债表

1. 资产

资产是指企业过去的交易或者事项形成的,由企业拥有或者控制的、预期会给企业带来经济利益的资源。根据上述定义,资产具有以下几个方面的特征。

1)资产是由企业过去的交易或事项形成的

企业过去的交易或者事项包括购买、生产、建造行为及其他交易或事项。企业预期在未来发生的交易或者事项不形成资产。

2)资产应为企业拥有或者控制的资源

资产作为一项资源,应当由企业拥有或者控制,具体是指企业享有某项资源的所有权,或者虽然不享有某项资源的所有权,但该资源能被企业所控制。

企业享有资产的所有权,通常表明企业能够排他性地从资产中获取经济利益。通常在判断资产是否存在时,所有权是考虑的首要因素。在有些情况下,资产虽然不为企业所拥有,即企业虽不享有其所有权，但能够控制这些资产，并从其中获得经济利益，也应该作为企业资产管理。

3）资产预期会给企业带来经济利益

资产预期会给企业带来经济利益，是指资产直接或者间接导致现金和现金等价物流入企业的潜力。预期能为企业带来经济利益，是资产的重要特征。如果某一项目预期不能给企业带来经济利益，那么就不能将其确认为企业的资产。前期已经确认为资产的项目，如果不能再为企业带来经济利益，也不能再确认为企业的资产。

资产包括各种财产、债权和其他权利。资产按流动性一般分为流动资产和非流动资产。流动资产是指预计能够在一个正常营业周期中变现、出售或者耗用，或主要为交易目的而持有的资产，如货币资金、交易性金融资产、应收票据及存货等。非流动资产是指流动资产以外的资产。如果资产预计不能在一个正常营业周期中变现、出售或耗用，或者持有资产的主要目的不是为了交易，这些资产都应归类为非流动资产，如长期股权投资、固定资产、无形资产等。

2. 负债

负债是指企业过去的交易或者事项形成的、预期会导致经济利益流出企业的现实义务。根据上述定义，负债具有以下几个方面的特征。

（1）负债是企业承担的现时义务。现时义务是指企业在现行条件下已承担的义务，未来发生的交易或者事项形成的义务不属于现实义务，不应当确认为负债。

（2）这里所指的义务可以是法定义务，也可以是推定义务。

负债按偿还期限的长短可分为流动负债和非流动负债。流动负债是指可以合理预计、需要动用流动资产或者用其他流动负债加以清偿的短期负债。流动负债一般包括短期借款、应付款项、应付职工薪酬、应付税金等。非流动负债是指须在下一年或下一个营业周期内动用流动资产或承担新的流动负债加以清偿的债务，包括长期借款、应付债券、长期应付款等。

3. 所有者权益

所有者权益是指企业资产扣除负债后由所有者享有的剩余权益。所有者权益是投资人对企业净资产的所有权。

所有者权益的来源包括所有者投入的资本、直接计入所有者权益的利得和损失、留存收益等。直接计入所有者权益的利得和损失，是指不应计入当期损益、会导致所有权益发生增减、与所有者投入资本或者向所有者分配利润无关的利得或者损失。

利得是指由企业非日常活动形成的、会导致所有者权益增加的、与所有者投入资本无关的经济利益的流入。损失是指由企业非日常活动发生的、会导致所有者权益减少的、与向所有者分配利润无关的经济利益的流出。根据我国企业会计准则的规定，利得和损失分为直接计入所有者权益的利得和损失与直接计入当期损益的利得和损失。

留存收益是指企业历年实现的净利润留存于企业的部分，主要包括盈余公积和未分配利润。

1.4.2 反映经营成果的要素——构成利润表

1. 收入

收入是指企业在日常活动中形成的、会导致所有者权益增加的、与所有者投入资本无关的经济利益的总流入。根据上述定义，收入具有以下几个方面的特征。

（1）收入是企业在日常活动中形成的。日常活动是指企业为完成其经营目标所从事的经营活动以及与之相关的活动。明确界定日常活动是为了将收入与利得相区分，因为企业非日常活动形成的经济利益的流入，不能确认为收入而应当计入利得。

（2）收入是与所有者投入资本无关的经济利益的总流入。在实务中，经济利益的流入有时是所有者投入资本的增加导致的，所有者投入资本的增加不应当确认为收入，而应当将其直接确认为所有者权益。

（3）收入会导致所有者权益的增加。与收入相关的经济利益的流入应当导致所有者权益的增加，不会导致所有者权益增加的经济利益的流入，不符合收入的定义，不应当确认为收入。

对于某一会计主体来说，收入表现为一定期间现金的流入或其他资产的增加或负债的清偿。营业收入主要包括主营业务收入和其他业务收入。

2. 费用

费用是指企业在日常活动中发生的、会导致所有者权益减少的、与向所有者分配利润无关的经济利益的总流出。根据上述定义，费用具有以下几个方面的特征。

（1）费用是企业在日常活动中形成的。这些日常活动的界定与收入定义中涉及的日常活动的界定相一致。日常活动所产生的费用通常包括销售成本、职工薪酬、折旧费等。将费用界定为日常活动所形成的目的是为了将其与损失相区分，企业非日常活动所形成的经济利益的流出，不能确认为费用，而应当计入损失。

（2）费用是与向所有者分配利润无关的经济利益的总流出。费用的发生应当导致经济利益的流出，从而导致资产的减少或者负债的增加，其表现形式包括现金或者现金等价物的流出，存货、固定资产等的流出或者消耗等。

（3）费用会导致所有者权益的减少。与费用相关的经济利益流出，应当会导致所有者权益的减少，不会导致所有者权益减少的经济利益的流出不符合费用的定义，不应确认为费用。

费用是企业在获取收入过程中的必要支出。会计上通常所指的费用主要包括主营业务成本、其他业务成本、期间费用等。

3. 利润

利润是指企业在一定会计期间的经营成果。

利润包括收入减去费用后的净额、直接计入当期利润的利得和损失等。直接计入当期利润的利得和损失，是指应当计入当期损益、导致所有者权益发生增减、与所有者投入资本或者向所有者分配利润无关的利得或者损失。利润主要包括营业利润、投资收益、营业外收支净额、资产减值损失和公允价值变动损益等。

1.5 会计确认及计量

1.5.1 会计确认

会计确认是指把一个事项作为资产、负债、收入和费用加以记录和列入财务报表的过程。会计确认实际上是对会计事项进行具体分类加以反映、报告的过程,明确经济事项的发生应该如何以会计语言加以呈现生成会计信息。不同会计要素的确认条件有一定的差异。

1. 资产的确认条件

将一项资源确认为资产,除需要符合资产的定义,还应同时满足以下两个条件。

(1) 与该资源有关的经济利益很可能流入企业。在现实生活中,由于经济环境瞬息万变,与资产有关的经济利益能否流入企业或者能够流入多少,实际上带有不确定性。因此,资产的确认还应与经济利益流入的不确定性程度的判断结合起来。如果根据编制财务报表时取得的证据判断,与资源有关的经济利益很可能流入企业,那么就应当将其确认为资产;反之,则不能确认。

(2) 该资源的成本或者价值能够可靠地计量。可计量性是所有会计要素确认的重要前提,只有当有关资源的成本或者价值能够可靠地计量时,资产才能予以确认。

2. 负债的确认条件

将一项现时义务确认为负债,除需要符合负债的定义,还应同时满足以下两个条件。

(1) 与该义务有关的经济利益很可能流出企业。在实务中,履行义务所需流出的经济利益带有不确定性,尤其是与推定义务相关的经济利益,通常需要依赖于大量的估计。因此,负债的确认应当与经济利益流出的不确定性程度的判断结合起来,如果有确凿证据表明,与现时义务有关的经济利益很可能流出企业,就应当将其作为负债予以确认;反之,就不符合负债的确认条件,不应将其确认为负债。

(2) 未来流出的经济利益的金额能够可靠计量。负债的确认,在考虑经济利益流出企业的同时,对于未来流出的经济利益的金额,应当能够可靠计量。对于与法定义务有关的经济利益流出金额,通常可以根据合同或者法律规定的金额予以确定,考虑到经济利益流出金额通常在未来期间,有时未来期间较长,有关金额的计量需要考虑货币时间价值等因素的影响。

3. 所有者权益的确认条件

所有者权益体现的是所有者在企业中的剩余权益,因此所有者权益的确认主要依赖于其他会计要素,尤其是资产和负债的确认。所有者权益金额的确定,也主要取决于对资产和负债的计量。

4. 收入的确认条件

企业收入的来源渠道多种多样,不同收入来源的特征有所不同,其收入确认条件也往往存在差别。一般而言,收入只有在经济利益很可能流入,从而导致企业资产增加,或者负债减少,且经济利益的流入金额能够可靠计量时才能予以确认。

5. 费用的确认条件

费用的确认,除了应当符合定义外,还应当满足严格的条件,只有在经济利益很可能流出,从而导致企业资产减少,或者负债增加,且经济利益的流出金额能够可靠计量时才能予以确认。

6. 利润的确认条件

利润反映的是收入减去费用、利得减去损失后的净额,因此,利润的确认主要依赖于收入和费用及利得和损失的确认,其金额的确定也要取决于收入和费用、利得和损失金额的计量。

1.5.2 会计计量

会计计量是指将符合确认条件的会计要素登记入账,列报于财务报表并确定其金额的过程。企业在将符合确认条件的会计要素登记入账并列报于会计报表及其附注时,应当按照规定的会计计量属性进行计量,确定其金额。会计计量属性有以下 5 种。

1. 历史成本

历史成本又称实际成本,是指企业取得某项资产或承担某项负债实际支付或发生的现金及现金等价物。在历史成本计量模式下,资产按其购置时支付的现金或现金等价物的金额,或者按照购置资产时付出的对价的公允价值计量。负债按照其因承担现实义务而实际收到的款项或者资产的金额,或者承担现实义务的合同金额,或者按照日常活动中为偿还负债预期需要支付的现金或者现金等价物的金额计量。

2. 重置成本

重置成本是指如果在现时重新取得相同的资产或与其相当的资产将会支付的现金或现金等价物,或者说是只在本期重购或重置持有资产的成本。在重置成本计量下,资产按照现在购买相同或者相似资产所需支付的现金或现金等价物的金额计量;负债按照现在偿付该项债务所需支付的现金或者现金等价物的金额计量。

3. 可变现净值

可变现净值是指资产在正常经营状态下可带来的未来现金流入或将要支付的现金流出。在可变现净值计量下,资产按照其正常销售所能收到现金或者现金等价物的金额扣减该资产至完工时估计将要发生的成本、估计的销售费用及相关税费后的金额计量。

4. 现值

现值是指在正常经营状态下资产带来的未来现金流入量的现值减去为取得现金流入所需的现金流出量现值。在现值计量下,资产按照预计从其持续使用和最终处置中产生的未来现金流入量的折现金额计量;负债按照预计期限内需要偿还的未来净现金流出量的折现金额计量。

5. 公允价值

公允价值是指市场参与者在计量日发生的有序交易中，出售一项资产所能收到或者转移一项服务所需支付的价格。

企业以公允价值计量相关资产或负债，应当考虑该资产或负债的特征，以及该资产或负债是以单向还是以组合的方式进行计量。企业应当假定出售资产或者转移负债的有序交易在该资产或负债的主要市场进行；不存在主要市场的，应当假定该交易在该资产或负债的最有利市场进行。企业以公允价值计量相关资产或负债，应当采用市场参与者在对该资产或负债定价时，为实现其经济利益最大化所使用的假设，包括有关风险的假设。

企业在对会计要素进行计量时，一般应当采用历史成本，采用重置成本、可变现净值、现值、公允价值计量的，应当保证所确定的会计要素金额能够取得并可靠计量。

思考练习题

1. 简述财务会计的目标。
2. 简述会计确认、计量及报告的信息质量要求。
3. 简述会计六大要素。

货币资金

通过本章的学习，学生应掌握货币资金的范围、库存现金及银行存款管理的主要内容、库存现金和银行存款收付业务及清查盘点的会计处理、其他货币资金的主要内容及其会计处理；理解货币资金在会计报表中的列示方法；了解货币资金内部控制制度的设计要点、银行账户管理的基本内容和银行存款的主要结算方式。

库存现金管理制度和内部控制制度的相关规范；库存现金清查结果的处理；银行存款结算方式的适用范围；其他货币资金的内容及账户的设置。

2.1 货币资金概述

2.1.1 货币资金的性质及范围

货币资金是指企业可以立即投入流通，用于购买商品或劳务或用于偿还债务的交换媒介。货币资金是指企业的生产经营资金在周转过程中处于货币形态的那部分资金。货币资金一般包括库存现金、银行存款和其他货币资金。

2.1.2 与货币资金核算有关的主要会计账户

为了适应货币资金管理的需要，企业一般设置"库存现金""银行存款""其他货币资金"等账户。

"库存现金"账户用于核算企业的库存现金，但不包括企业内部周转使用的备用金。

"银行存款"账户用于核算企业存入银行或其他金融机构的各种存款，但不包括属于其他货币资金范畴的银行本票存款等。

"其他货币资金"账户用于核算企业除库存现金、银行存款以外的货币资金。

为了总括反映企业货币资金的基本情况，资产负债表一般只列示货币资金项目。

2.2 库存现金

2.2.1 现金管理制度及内部控制

现金是通用的交换媒介，会计上的现金有狭义现金和广义现金之分。狭义的现金仅指库存现金及企业金库中存放的现金，包括人们经常接触的纸币和硬币等。广义的现金包括库存现金、银行存款，以及其他可以普遍接受的流通手段，如银行本票、银行汇票、个人支票等。

1. 现金的使用范围

（1）职工工资、津贴。
（2）个人劳务报酬。
（3）根据国家规定颁发给个人的科学技术、文化艺术、体育等各种奖金。
（4）各种劳保、福利费用以及国家规定的对个人的其他支出。
（5）向个人收购农副产品和其他物资的价款。
（6）出差人员必须随身携带的差旅费。
（7）结算起点以下的零星支出（结算起点为1 000元人民币）。
（8）中国人民银行确定需要支付现金的其他支出。

按照《内部会计控制规范——货币资金》的规定，企业必须根据《现金管理暂行条例》的规定，结合本单位的实际情况，确定本单位现金的使用范围，不属于现金开支范围的业务应当通过银行办理转账结算。

2. 现金的内部控制

现金的流动性决定了现金内部控制的必要性。现金的内部控制包括以下几个方面的内容。

（1）实行职能分开原则。要求库存现金实务的管理与账务的记录应分开进行，不能由一个人兼任，便于分清责任，形成一种互相牵制的控制机制，防止挪用现金及掩藏流入的现金。

（2）现金收付的交易必须有合法的原始凭证。对涉及现金收付交易的经济业务，要根据原始凭证编制收付款凭证，并要在原始凭证与收付款凭证上加盖"现金收讫"或"现金付讫"印章。

（3）建立收据和发票的领用制度。领用的收据和发票必须登记数量和起讫编号，由领用人员签字。收回收据和发票存根，应由保管人员办理签收手续。

（4）加强监督与检查。对企业的库存现金，除了要求出纳人员做到日清月结，企业的审计部门及会计部门的领导还要对现金管理工作进行经常性与突击性的监督与检查，包括现金收入与支出的所有记录。对发现的现金溢余与短缺，必须认真及时地查明原因，并按规定的要求进行处理。

（5）企业的出纳人员应定期进行轮换，不得一人长期从事出纳工作。

2.2.2 现金的核算

1. 现金的序时核算

现金的序时核算是指根据现金的收支业务逐日逐笔地记录现金的真实结存情况。现金序时核算的方法是设置和登记库存现金日记账。

库存现金日记账是监督现金日常收付、结存情况的序时账簿。通过其可以全面连续地了解和掌握企业每日现金的收支动态和库存余额,为日常分析、检查企业的现金收支活动提供资料。

库存现金日记账一般采用收入、付出及结存三栏式格式,也可以采用多栏式库存现金日记账。

2. 库存现金的总分类核算

为了总括反映和监督企业库存现金的收支结存情况,需要设置"库存现金"账户。该账户借方登记现金收入数,贷方登记现金的付出数,期末余额在借方,反映库存现金的实有数。

企业收到库存现金时:

借:库存现金
　　贷:有关账户

企业支出库存现金时:

借:有关账户
　　贷:库存现金

例2-1 利达股份有限公司20×8年3月2日填写现金支票,从银行提取现金500元,补充日常零星支出需要。编制会计分录如下。

借:库存现金　　　　　　　　　　　　　　　　　　　　　　　　500
　　贷:银行存款　　　　　　　　　　　　　　　　　　　　　　　500

例2-2 利达股份有限公司20×8年3月10日用现金200元购买办公用品,取得相关发票。编制会计分录如下。

借:管理费用　　　　　　　　　　　　　　　　　　　　　　　　200
　　贷:库存现金　　　　　　　　　　　　　　　　　　　　　　　200

3. 库存现金的清查

现金清查的基本方法是清点库存现金,并将现金实有数与库存现金日记账的余额进行核对。定期或不定期清查时,一般应组成清查小组负责现金清查工作,清查人员应在出纳人员在场时清点现金和对账,并根据清查结果填制现金盘点报告单,注明实存数与账面余额。

对于现金清查中发现的账实不符及现金溢缺的情况,通过"待处理财产损溢——待处理流动资产损溢"账户进行核算。

(1) 发现现金短缺或溢余时,作以下账务处理。

现金清查中短缺的现金,应按短缺的金额:

借:待处理财产损溢——待处理流动资产损溢
　　贷:库存现金

现金清查中溢余的现金，应按溢余的金额：

借：库存现金
　　贷：待处理财产损溢——待处理流动资产损溢

（2）待查明原因后按以下要求进行处理。

如为现金短缺：

借：其他应收款（属于应由责任人或保险公司赔偿的部分）
　　管理费用（属于无法查明的其他原因）
　　贷：待处理财产损溢——待处理流动资产损溢

如为现金溢余：

借：待处理财产损溢——待处理流动资产损溢
　　贷：其他应付款（属于应支付给有关人员或单位的）
　　　　营业外收入（属于无法查明原因的）

例2-3 利达股份有限公司20×8年3月31日盘点库存现金时发现库存现金短缺300元，原因待查。4月3日查明原因为出纳人员工作失误，造成损失100元，应由出纳员本人赔偿；另外200元无法查明原因，经批准转为管理费用。作账务处理如下。

（1）3月31日，盘点发现库存现金短缺时：

借：待处理财产损溢——待处理流动资产损溢　　　　　　　　　　300
　　贷：库存现金　　　　　　　　　　　　　　　　　　　　　　　　300

（2）4月5日，查明库存现金短缺原因时：

借：其他应收款　　　　　　　　　　　　　　　　　　　　　　　100
　　管理费用　　　　　　　　　　　　　　　　　　　　　　　　　200
　　贷：待处理财产损溢——待处理流动资产损溢　　　　　　　　　　300

例2-4 利达股份有限公司20×8年3月31日盘点库存现金时，发现库存现金溢余150元，原因待查。4月3日查明原因，应付职工李某的市内交通补助50元应予以补发；另外100元无法查明原因，经批准转为营业外收入。作账务处理如下。

（1）3月31日，盘点发现库存现金溢余时：

借：库存现金　　　　　　　　　　　　　　　　　　　　　　　　150
　　贷：待处理财产损溢——待处理流动资产损溢　　　　　　　　　　150

（2）4月3日，查明库存现金溢余原因时：

借：待处理财产损溢——待处理流动资产损溢　　　　　　　　　　150
　　贷：其他应付款　　　　　　　　　　　　　　　　　　　　　　　50
　　　　营业外收入　　　　　　　　　　　　　　　　　　　　　　　100

2.3 银 行 存 款

2.3.1 银行账户及结算相关知识

银行存款是指企业存放在本地银行的那部分货币资金。企业收入的一切款项，除留存限额内的现金之外，都必须送存银行。企业的一切支出除规定可用现金支付之外，都必须遵守《人民币银行结算管理账户办法》的有关规定，通过银行办理转账结算。

为了维护金融秩序，规范银行账户的开立与使用，中国人民银行规定，一个企业可以根据需要在银行开立4种账户，包括基本存款账户、一般存款账户、专用存款账户和临时存款账户。

一个企业只能在一家银行开立一个基本账户；不得在同一家银行的几个分支机构开立一般存款账户。

2.3.2 银行存款的核算

1. 银行存款的序时核算

银行存款的序时核算是指根据银行存款的收支业务逐日逐笔地记录银行存款的增减及结存情况。银行存款序时核算的方法是设置与登记银行存款日记账。通过设置与登记银行存款日记账，可以全面、连续地了解和掌握企业每日银行存款的收支动态和余额，为日常分析、检查企业的银行存款收支活动提供资料。

银行存款日记账一般采用收入、付出及结存三栏式格式。

2. 银行存款的总分类核算

银行存款的总分类核算是为了总括反映和监督企业在银行开立结算账户的收支结算情况。在核算时，应设置"银行存款"账户。该账户是资产类账户，用来核算企业存入银行的各种存款。企业存入其他金融机构的存款，也用该账户核算。

（1）企业收入银行存款时：
  借：银行存款
    贷：库存现金、应收账款等
（2）企业提取现金或支出存款时：
  借：库存现金、应付账款等
    贷：银行存款

例2-5 利达股份有限公司20×8年3月16日开出现金支票，从银行提取库存现金800元，供企业日常使用。编制会计分录如下。

  借：库存现金   800
    贷：银行存款   800

例2-6 利达股份有限公司20×8年3月18日销售一批库存商品售价20 000元，适用增值税税率16%，开出增值税专用发票注明的增值税3 200元，货款已经收到存入银行；商品已经发出，成本17 000元。编制会计分录如下。

  借：银行存款   23 200
    贷：主营业务收入   20 000
      应交税费——应交增值税（销项税额）   3 200
  借：主营业务成本   17 000
    贷：库存商品   17 000

3. 银行转账结算

银行转账结算是指企业单位之间的款项收付不是动用现金而是由银行从付款单位的存款账户划转到收款单位的存款账户的货币清算行为。为了规范银行结算工作及方便各企业间的国内与国际交易业务，中国人民银行规定了可以使用的各种银行转账结算方式。

1) 国内转账结算方式

（1）银行汇票。银行汇票是指由出票银行签发的，由其在见票时按照实际结算金额无条件支付给收款人或者持票人的票据。银行汇票的出票银行为银行汇票的付款人。企业与单位和个人的各种款项结算，均可使用银行汇票。银行汇票可以用于转账，填明"现金"字样的银行汇票也可以用于支取现金。银行汇票的提示付款期限自出票日期起一个月。

（2）银行本票。银行本票是指由银行签发的，承诺自己在见票时无条件支付确定的金额给收款人或者持票人的票据。其适用于单位和个人在同一票据交换区域需要支付各种款项的结算。银行本票既可以用于转账，也可以用于支取现金，申请人或收款人为单位的不得申请签发现金银行本票。银行本票分为不定额本票和定额本票两种。银行本票的提示付款期限自出票日期起最长不得超过两个月。

（3）支票。支票是指出票人签发的，委托办理支票存款业务的银行在见票时无条件支付确定的金额给收款人或者持票人的票据。印有"现金"字样的支票为现金支票，只能用于支取现金；印有"转账"字样的支票为转账支票，只能用于转账；未印有"现金"或"转账"字样的为普通支票，既可以用于支取现金，也可以用于转账。支票的提示付款期限为自出票日期起10日，中国人民银行另有规定的除外。超过提示付款期限提示付款的，持票人开户银行不予受理，付款人不予付款。

（4）商业汇票。商业汇票是指由出票人签发的，委托付款人在指定日期无条件支付确定的金额给收款人或者持票人的票据。这种结算方式要求在银行开立账户的法人及其他组织之间必须具有真实的交易关系或债权债务关系。这种结算方式同城和异地均可使用。商业汇票的付款期限可由交易双方自行约定，但最长不得超过6个月。商业汇票的提示付款期限为自汇票到期日期起10日。按承兑人不同，商业汇票可分为商业承兑汇票和银行承兑汇票两种。

（5）信用卡。信用卡是指商业银行向个人和单位发行的，凭以向特约单位购物、消费和向银行存取现金，且具有消费信用的特制载体卡片。

（6）汇兑。汇兑是指汇款人委托银行将其款项支付给收款人的结算方式。企业与单位和个人的各种款项的结算，均可使用汇兑结算方式。汇兑可分为信汇、电汇两种。

（7）托收承付。托收承付是指根据购销合同由收款人发货后委托银行向异地付款人收取款项，由付款人向银行承诺付款的结算方式。采用托收承付进行结算的交易双方必须签有符合《中华人民共和国合同法》要求的购销合同，并在合同上注明使用托收承付结算方式进行结算。

（8）委托收款。委托收款是指收款人委托银行向付款人收取款项的结算方式。这种结算方式在同城和异地均可以使用。委托收款结算款项的划回方式分为邮寄和电报两种。

2) 国际结算方式

国际结算方式包括信用证、托收和汇付3种。

（1）信用证。信用证是一种由银行依据客户的要求和指示开立的有条件承诺付款的书面文件，一般为不可撤销的跟单信用证。

（2）托收。托收是指出口商开立汇票连同货运单据委托出口地银行通过进口地代收银行向进口企业收款的结算方式。

（3）汇付。汇付是指交款人按约定的条件和时间通过银行把款项交付收款人的结算方式。汇付分为信汇、电汇和票汇。

2.4 其他货币资金

2.4.1 其他货币资金的范围

其他货币资金是指除现金、银行存款之外的货币资金，包括外埠存款、银行汇票存款、银行本票存款、信用卡存款、信用证保证金存款及存出投资款等。

（1）外埠存款，是指企业到外地进行临时或零星采购时，汇往采购地银行开立采购专户的款项。

（2）银行汇票存款，是指企业为取得银行汇票按照规定存入银行的款项。

（3）银行本票存款，是指企业为取得银行本票按照规定存入银行的款项。

（4）信用卡存款，是指企业为取得信用卡按照规定存入银行的款项。

（5）信用证保证金存款，是指企业为取得信用证按照规定存入银行的保证金。

（6）存出投资款，是指企业已存入证券公司但尚未购买股票、基金等投资对象的款项。

2.4.2 其他货币资金的核算

为了总括反映其他货币资金的增减变动和结存情况，企业应设置"其他货币资金"账户，以进行其他货币资金的总分类核算。在"其他货币资金"总账账户下按其他货币资金的组成内容分设明细账户。

（1）企业取得其他货币资金时：

借：其他货币资金——××存款

　　贷：银行存款

（2）企业使用其他货币资金采购物资等时：

借：材料采购

　　应交税费——应交增值税（进项税额）

　　贷：其他货币资金——××存款

（3）企业使用其他货币资金结束退回余款时：

借：银行存款

　　贷：其他货币资金——××存款

例 2-7 利达股份有限公司 20×8 年 3 月 15 日向银行申请办理银行汇票用于采购材料，金额为 50 000 元。3 月 20 日，公司收到供应单位发票等凭证，采购材料货款 46 400 元，其中材料价款 40 000 元，增值税税额 6 400 元，材料已验收入库。编制会计分录如下。

3月15日，申请办理银行汇票时：

借：其他货币资金——银行汇票存款　　　　　　　　　　　　　　50 000
　　贷：银行存款　　　　　　　　　　　　　　　　　　　　　　　50 000

3月20日，收到采购材料验收入库时：

借：原材料　　　　　　　　　　　　　　　　　　　　　　　　　40 000
　　应交税费——应交增值税（进项税额）　　　　　　　　　　　 6 400
　　贷：其他货币资金——银行汇票存款　　　　　　　　　　　　　46 400

退回银行汇票多余款项时：

借：银行存款　　　　　　　　　　　　　　　　　　　　　　　　 3 600
　　贷：其他货币资金——银行汇票存款　　　　　　　　　　　　　 3 600

例2-8 20×8年3月5日，利达股份有限公司将银行存款200 000元存入民族证券公司准备进行股票投资。20×8年3月10日，利达股份有限公司购入股票，成本160 000元，作为交易性金融资产管理。编制会计分录如下。

将银行存款存入民族证券公司时：

借：其他货币资金——存出投资款　　　　　　　　　　　　　　　200 000
　　贷：银行存款　　　　　　　　　　　　　　　　　　　　　　　200 000

购入股票，形成交易性金融资产时：

借：交易性金融资产　　　　　　　　　　　　　　　　　　　　　160 000
　　贷：其他货币资金——存出投资款　　　　　　　　　　　　　　160 000

知识拓展

出纳岗位简要介绍

1. 出纳的基本工作内容

（1）负责企业的现金收付工作。

（2）登记现金日记账和银行存款日记账，每日进行现金账款盘存，做好日清月结工作，并填写出纳日报表。

（3）每日需要进行现金账款的盘存，并填写出纳日报表，报会计主管。

（4）根据企业经营需要，按有关规定提取、送存和保管现金，保证企业日常现金开支的需要。

（5）凭审批的申领单开具支票。

（6）每月及时从银行取回对账单，与出纳流水账核对无误后在对账单上加盖公章，对核对有误的未达账项编制银行对账余额调节表。

2. 登记日记账时应注意的问题

（1）现金与银行存款要分开登记。

（2）根据收付款单据逐日登记日记账，并结出余额。

（3）出纳应按实付的金额和日期记账，报销按实际批准的金额实报实销。

3. 出纳的工作监督

(1) 出纳保管企业现金，登记现金日记账，不得登记现金总账。

(2) 严格按照财务制度收付款，支付时必须由规定的人员签字。支付现金的在单据上盖"现金付讫"章，转账支付的盖"转讫"章。

(3) 签发的支票要盖章，印章必须分开保管。

(4) 要建立支票的领用制度：设领用登记簿，谁用谁签名，特别是有时要带空白支票去采购，必须由领用人签名，并划上限额，及时追收空白支票。

思考练习题

1. 试说明货币资金内部控制的重要性。
2. 甲公司 20×8 年 4 月发生经济业务如下。

(1) 4 月 2 日，出纳员开出现金支票 3 000 元，补充库存现金。

(2) 4 月 4 日，设计部报销办公用品款，以现金支付 160 元。

(3) 4 月 7 日，李某出差预借差旅费 1 000 元，以现金支付。

(4) 4 月 9 日，对现金进行清查，发现现金短款 200 元。期末无法查明原因，经批准计入当期费用。

(5) 4 月 18 日，由当地银行汇往 B 市某银行临时采购货款 40 000 元。

(6) 4 月 18 日，李某出差回来，报销差旅费 850 元。

(7) 4 月 20 日，在 B 市购买原材料，增值税专用发票注明价款 30 000 元，增值税税额 4 800 元，材料尚未运到。转回临时采购账户剩余存款。

要求：根据上述业务编制会计分录。

第 3 章

应收及预付款项

通过本章的学习，学生应熟悉应收款项的内容；理解和掌握各类应收款项的相关计价及会计处理；理解和掌握不同坏账估计方法下坏账准备的计提及坏账核销的会计处理；理解计提坏账准备的目的及影响坏账准备的因素。

应收票据、应收账款入账价值的确定；应收账款与销售收入的确认；预付账款与应收款项的会计处理差异；坏账的性质及备抵法。

应收及预付款项是指企业在日常生产经营活动中发生的各种债权，具体包括应收款项（包括应收账款、应收票据、应收股利、应收利息、其他应收款）和预付账款等，它们都属于流动资产性质的债权。

3.1 应收票据

3.1.1 应收票据的含义

应收票据是指企业因销售商品、提供劳务而收到的商业汇票。商业汇票是一种由出票人签发的，委托付款人在指定日期无条件支付确定金额给收款人或者持票人的票据。商业汇票按承兑人可分为商业承兑汇票和银行承兑汇票；按是否计息可分为不带息商业汇票和带息商业汇票。

3.1.2 应收票据的账务处理

为了反映和监督应收票据的取得、票款收回等情况，企业应当设置"应收票据"账户。"应收票据"账户是资产类账户，借方登记取得的应收票据的面值，贷方登记收回票款或到期向银行贴现的应收票据的票面余额，期末余额在借方，反映企业持有的商业汇票的票面余额。

企业应设置应收票据备查簿，逐笔登记每一应收票据的种类、号码和出票日期，票面金额，票面利率，交易合同号，付款人、承兑人、背书人的姓名或单位名称，到期日，背书转让日，贴现日期，贴现率和贴现净额，未计提利息，以及收款日期和收回金额、退票情况等资料。应收票据到期结清票款或退票后，应当在备查簿内逐笔注销。

1. 取得应收票据和到期时的账务处理

（1）不带息商业汇票。不带商业汇票是指票据到期时，承兑人只按票面金额向收款人或被背书人支付款项的汇票，票据到期值等于其面值。其主要账务处理如下。

销售商品取得商业汇票时：
借：应收票据
　　贷：主营业务收入
　　　　应交税费——应交增值税（销项税额）
到期收回时：
借：银行存款
　　贷：应收票据

例 3-1 利达股份有限公司 20×8 年 3 月 1 日向乙公司销售一批产品，价款为 25 000 元，适用增值税税率 16%，同日收到由乙公司开出并承兑的面值 29 250 元、期限为 3 个月、不带息的商业承兑汇票一张。编制会计分录如下。

收到商业承兑汇票时：

借：应收票据	29 000
贷：主营业务收入	25 000
应交税费——应交增值税（销项税额）	4 000

20×8 年 6 月 1 日，商业承兑汇票到期，收回票面金额 29 000 元存入银行时：

借：银行存款	29 000
贷：应收票据	29 000

（2）带息商业汇票。带息商业汇票是指票据到期时，承兑人应按票面金额加上按票面规定利率计算的到期利息，向收款人或被背书人支付款项的汇票。带息票据到期值等于其面值加上到期应计利息，即

$$带息票据到期值 = 票据面值 \times (1 + 利率 \times 期限)$$

式中，利率是指票面规定的利率，一般以年利率表示；期限是指票据生效之日起，到票据到期日止的时间间隔。

例 3-2 利达股份有限公司于 20×8 年 12 月 1 日收到客户为偿还去年 11 月份购货 90 000 元当天签发的为期 2 个月的商业承兑汇票，年利率 8%。在 20×8 年年末应确认该票据 1 个月的应计利息 600 元。编制会计分录如下。

企业收到票据时：

借：应收票据	90 000
贷：应收账款	90 000

年末确认应计利息时：

借：应收票据	600

　　　　贷：财务费用　　　　　　　　　　　　　　　　　　　　　　　　　　600
票据到期时兑现时：
　　借：银行存款　　　　　　　　　　　　　　　　　　　　　　　　　91 200
　　　　贷：应收票据　　　　　　　　　　　　　　　　　　　　　　　　90 600
　　　　　　财务费用　　　　　　　　　　　　　　　　　　　　　　　　　600
　　需要说明的是，当企业应收票据到期，承兑人无力兑付票款而退票（一般发生在采用商业承兑汇票时），应将票据面值与应计未收利息之和一起转为应收账款。其账务处理如下。
　　借：应收账款
　　　　贷：应收票据

2. 应收票据的转让

　　在会计实务中，企业可以将持有的商业汇票背书转让。背书是指在票据背面或者粘单上记载有关事项并签章的票据行为。背书转让的，背书人应当承担与票据相关的经济责任。
　　企业将持有的商业汇票背书转让以取得所需物资时，按应计入取得物资成本的金额，借记"材料采购"或"原材料""库存商品"等账户；按可抵扣的增值税税额，借记"应交税费——应交增值税（进项税额）"账户；按商业汇票的票面金额，贷记"应收票据"账户；如有差额，借记或贷记"银行存款"等账户。将持有的应收票据背书转让时，应按票面金额结转。如为带息票据，还应将尚未计提的利息冲减"财务费用"账户。
　　例3-3 利达股份有限公司20×8年3月采购一批材料，材料价款20 000元，增值税税额3 200元，货款总计23 200元。将一张面值为25 000元的不带息商业承兑汇票背书转让，以支付该批材料的货款，同时收到差额款1 800元，存入银行。编制会计分录处理如下。
　　借：原材料　　　　　　　　　　　　　　　　　　　　　　　　　　20 000
　　　　应交税费——应交增值税（进项税额）　　　　　　　　　　　　　3 200
　　　　银行存款　　　　　　　　　　　　　　　　　　　　　　　　　　1 800
　　　　贷：应收票据　　　　　　　　　　　　　　　　　　　　　　　25 000
　　例3-4 利达股份有限公司20×8年10月1日取得应收票据，票据面值为10 000元，票面利率为12%，6个月到期；20×9年2月1日公司将该票据背书转让购进原材料，增值税专用发票注明价款为12 000元，进项税额为1 920元，差额部分通过银行支付。编制会计分录如下。
　　20×8年12月31日，计提利息时：
$$10\ 000×12\%/12×3 = 300（元）$$
　　借：应收票据　　　　　　　　　　　　　　　　　　　　　　　　　　　300
　　　　贷：财务费用　　　　　　　　　　　　　　　　　　　　　　　　　300
　　20×9年2月1日，购进材料时：
　　借：原材料　　　　　　　　　　　　　　　　　　　　　　　　　　12 000
　　　　应交税费——应交增值税（进项税额）　　　　　　　　　　　　　1 920
　　　　贷：应收票据　　　　　　　　　　　　　　　　　　　　　　　10 300
　　　　　　财务费用　　　　　　　　　　　　　　　　　　　　　　　　　100
　　　　　　银行存款　　　　　　　　　　　　　　　　　　　　　　　　3 520

3.2 应收账款

3.2.1 应收账款的含义

应收账款是指企业由于销售商品、提供劳务等经营活动，应向供货单位或接受劳务单位收取的款项，具体包括企业销售商品、材料或提供劳务等应向有关债务人收取的价款，以及代购货单位垫付的包装费、运杂费等。应收账款是应收款项的重要组成部分。

3.2.2 应收账款的账务处理

为了反映应收账款的增减变动及结存情况，企业应设置"应收账款"账户，通常按实际发生额计价入账。"应收账款"账户是资产类账户，借方登记其发生额，贷方登记款项收回、改用商业汇票结算及转销为坏账的应收账款。期末余额一般在借方，反映企业尚未收回的应收账款；如果期末余额在贷方，反映企业预收的款项。该账户应按不同的购货单位或接受劳务的单位设置，进行明细分类核算。

应收账款的主要账务处理如下。

销售商品未收到货款时：
借：应收账款
　　贷：主营业务收入
　　　　应交税费——应交增值税（销项税额）

收回货款时：
借：银行存款
　　贷：应收账款

转为商业汇票时：
借：应收票据
　　贷：应收账款

例 3-5 利达股份有限公司为增值税一般纳税人，采用托收承付结算方式向甲公司销售商品一批，增值税专用发票上注明的价款为 80 000 元，增值税税额为 12 800 元，已办妥托收手续。编制会计分录如下。

借：应收账款　　　　　　　　　　　　　　　　　　　　　　　　　92 800
　　贷：主营业务收入　　　　　　　　　　　　　　　　　　　　　　80 000
　　　　应交税费——应交增值税（销项税额）　　　　　　　　　　　12 800

收回货款时：
借：银行存款　　　　　　　　　　　　　　　　　　　　　　　　　92 800
　　贷：应收账款　　　　　　　　　　　　　　　　　　　　　　　　92 800

如利达股份有限公司未收回货款而改用商业汇票结算，在收到承兑的商业汇票时，应编制会计分录如下。

借：应收票据　　　　　　　　　　　　　　　　　　　　　　　　　92 800

    贷：应收账款   92 800

  需要注意的是，企业如有代购货单位垫付的包装费、运杂费等，也应计入应收账款，通过"应收账款"账户核算。

  例 3-6 利达股份有限公司向甲公司销售商品开出的增值税专用发票上注明售价为200 000 元，增值税税额为 32 000 元；该批商品已发出，利达股份有限公司开具的增值税专用发票上注明运输费 2 000 元，增值税税额为 200 元，款项尚未收到。编制会计分录如下。

    借：应收账款   234 200
      贷：主营业务收入   200 000
        应交税费——应交增值税（销项税额）   32 200
        银行存款   2 000

3.3 预付账款

3.3.1 预付账款的含义

  预付账款是企业按照供货合同规定预付给供应单位的款项，一般包括预付的货款、预付的购货定金等，属于企业的一项流动资产。对于预付款项情况不多的企业，也可以不设置"预付账款"账户，而将预付款项通过"应付账款"账户进行核算。但是在期末编制财务报表时，需要对"应付账款"账户的明细进行分析，分别填列资产负债表的"应付账款"和"预付账款"项目。

3.3.2 预付账款的账务处理

  为了反映和监督预付账款的增减变动及结存情况，企业应当设置"预付账款"账户。该账户为资产类账户，借方登记预付的款项及补付的款项；贷方登记收到所购物资时，根据有关发票账单记入"原材料"等账户的金额及收回多付款项的金额；期末余额在借方，反映企业预付的款项；期末余额在贷方，则反映企业应付或应补付的款项。该账户应按供应单位设置明细账，进行明细核算。其主要账务处理如下。

  企业向供货单位预付款时：

    借：预付账款
      贷：银行存款

  企业收到所购物资时，按其成本：

    借：材料采购等
        应交税费——应交增值税（进项税额）
      贷：预付账款

  预付价款小于采购物资所需支付的款项，补付货款时：

    借：预付账款
      贷：银行存款

  预付价款大于采购物资所需支付的款项，收到退回的多付款项时：

借：银行存款
　　　　贷：预付账款

例 3-7 利达股份有限公司为增值税一般纳税人，向甲公司采购材料 2 000 千克，每千克单价 15 元，支付的价款总计 30 000 元，按合同规定向甲公司预付价款的 50%，验收材料后补付其余货款。编制会计分录如下。

预付 50%货款时：

　　借：预付账款——甲公司　　　　　　　　　　　　　　　　　15 000
　　　　贷：银行存款　　　　　　　　　　　　　　　　　　　　　15 000

收到甲公司发来的 2 000 千克材料，验收无误，增值税专用发票上注明的价款为 30 000 元，增值税税额为 4 800 元。利达股份有限公司以银行存款补付所欠货款。编制会计分录如下。

　　借：原材料　　　　　　　　　　　　　　　　　　　　　　　30 000
　　　　应交税费——应交增值税（进项税额）　　　　　　　　　　4 800
　　　　贷：预付账款——甲公司　　　　　　　　　　　　　　　　34 800
　　借：预付账款——甲公司　　　　　　　　　　　　　　　　　19 800
　　　　贷：银行存款　　　　　　　　　　　　　　　　　　　　　19 800

3.4 其他应收款

3.4.1 其他应收款的内容

其他应收款是指企业除应收票据、应收账款、预付账款、应收股利和应收利息以外的其他各种应收及暂付款项。其主要包括以下几个方面。

（1）应收的各种赔款、罚款，如因企业财产等遭受意外损失，而向有关保险公司收取的赔款等。

（2）应收出租包装物租金。

（3）应向职工收取的各种垫付款项，如为职工垫付的水电费，应由职工负担的医药费、房租等。

（4）备用金，如向企业各职能科室、车间等拨出的备用金。

（5）存出保证金，如租入包装物支付的押金。

（6）其他各种应收、暂付款项等。

3.4.2 其他应收款的账务处理

为了反映和监督其他应收款的发生和结存情况，企业应设置"其他应收款"账户。该账户属于资产类账户，借方登记其他应收款的发生，贷方登记其他应收款的收回，期末余额一般在借方，反映企业尚未收回的其他应收款项。该账户应按其他应收款项目分类，并按不同的债务人设置明细账户，进行明细核算。

例 3-8 利达股份有限公司向丙公司租入包装物一批，以银行存款支付押金 5 000 元。编制会计分录如下。

  借：其他应收款——丙公司 5 000
    贷：银行存款 5 000

例 3-9 利达股份有限公司应收丁公司的罚款 4 500 元，应收出租给乙公司的包装物租金 1 600 元。编制会计分录如下。

  借：其他应收款——丁公司 4 500
    贷：营业外收入 4 500
  借：其他应收款——乙公司 1 600
    贷：其他业务收入 1 600

例 3-10 利达股份有限公司采购员李明出差，预借差旅费 3 500 元，以现金支付。编制会计分录如下。

  借：其他应收款——李明 3500
    贷：库存现金 3 500

例 3-11 采购员李明出差回来，报销差旅费 3 200 元，交回现金 300 元。编制会计分录如下。

  借：管理费用 3200
    库存现金 300
    贷：其他应收款——李明 3 500

例 3-12 利达股份有限公司为职工杨明垫付应由个人负担的住院医药费 1 500 元，拟从其个人工资中扣回。编制会计分录如下。

垫付时：
  借：其他应收款——杨明 1 500
    贷：库存现金 1 500
扣款时：
  借：应付职工薪酬 1 500
    贷：其他应收款——杨明 1 500

3.4.3 备用金制度

  企业内部因业务需要，有的部门需要准备一定数额的备用金。备用金是指企业内部各车间、职能部门等周转使用的货币资金，用于日常业务开支。会计实务中，对于备用金，企业一般采用"其他应收款——备用金"账户进行核算；如果企业发生的备用金业务较多，也可以单独设置"备用金"账户进行核算。

  根据管理方式，备用金分为定额备用金和非定额备用金。

1. 定额备用金

  定额备用金是指用款单位按定额持有的备用金。采用这种方法，通常是根据用款单位的实际需要，由财务部门会同有关用款单位核定备用金定额并拨付款项，同时规定其用途和报销期限，待用款单位实际使用后，凭有效单据向财务部门报销，财务部门根据报销数额，用现金补足备用金定额。这种方法便于企业对备用金的使用进行管理控制，并可减少财务部门日常的核算工作，一般适用于有经常性费用开支的内部用款单位。

  例 3-13 利达股份有限公司根据发生的有关定额备用金的经济业务，进行账务处理如下。

开出现金支票，支付总务科定额备用金 2 000 元：
　　借：其他应收款——备用金——总务科　　　　　　　　　　　　2 000
　　　　贷：银行存款　　　　　　　　　　　　　　　　　　　　　　　　2 000
总务科向财务部门报销日常办公用品费 1 800 元，财务部门以现金支付：
　　借：管理费用　　　　　　　　　　　　　　　　　　　　　　　　1 800
　　　　贷：库存现金　　　　　　　　　　　　　　　　　　　　　　　　1 800
若总务科不再需要备用金，将备用金 200 元退回：
　　借：库存现金　　　　　　　　　　　　　　　　　　　　　　　　　 200
　　　　贷：其他应收款——备用金——总务科　　　　　　　　　　　　　 200

2．非定额备用金

非定额备用金是指用款单位不按照固定额度持有的备用金。具体操作方法是：根据实际需要由财务部门拨付用款单位一定时期的备用金数额，用款单位使用备用金后，向财务部门报账核销；备用金使用完毕，再根据需要由财务部门拨付下一时期的备用金。非定额备用金的特点是用款单位报账核销时，财务部门并不以货币资金补充其备用金，而是作为债权收回处理。其手续简单，但不便于企业对备用金的使用进行控制，一般适用于用款单位的非经常性开支。

例 3-14　利达股份有限公司根据发生的有关非定额备用金的经济业务，编制会计分录如下：
以现金支付营销科备用金 1 000 元：
　　借：其他应收款——备用金——营销科　　　　　　　　　　　　1 000
　　　　贷：库存现金　　　　　　　　　　　　　　　　　　　　　　　　1 000
营销科报销业务招待费 800 元：
　　借：管理费用　　　　　　　　　　　　　　　　　　　　　　　　　 800
　　　　贷：其他应收款——备用金——营销科　　　　　　　　　　　　　 800

3.5　应收款项减值

3.5.1　应收款项减值损失的确认

企业无法收回的应收款项称为坏账，因坏账而造成的损失称为坏账损失或减值损失。一般符合下列条件之一的即可认为发生了坏账。

（1）债务人被依法宣告破产、撤销，其剩余财产确实不足清偿的应收款项。
（2）债务人死亡或依法被宣告死亡、失踪，其财产或遗产确实不足清偿的应收款项。
（3）债务人遭受重大自然灾害或意外事故，损失巨大，以其财产（包括保险赔款等）确实无法清偿的应收款项。
（4）债务人逾期未履行偿债义务，经法院裁决，确实无法清偿的应收款项。
（5）逾期 3 年以上仍未收回的应收款项。
（6）经法定机构批准可核销的应收款项。

3.5.2 核算应收款项减值损失的方法

企业应当在资产负债表日,对应收款项的账面价值进行评估,应收款项发生减值的,应当将减计的金额确认为减值损失,同时进行坏账准备。应收款项减值有两种核算方法:直接转销法和备抵法。

1. 直接转销法

直接转销法是指企业在日常核算中,不考虑应收款项可能发生的坏账损失,只有在实际发生坏账时才作为坏账损失,并冲减应收款项。账务处理如下。

借:资产减值损失
　　贷:应收账款

例 3-15 利达股份有限公司 20×6 年发生的一笔应收账款 80 000 元,由于债务人财务状况不佳导致无法收回,于 20×8 年年末确认为坏账。利达股份有限公司 20×8 年年末应编制会计分录如下。

借:资产减值损失——坏账损失　　　　　　　　　　　　　　　80 000
　　贷:应收账款　　　　　　　　　　　　　　　　　　　　　　　　80 000

直接转销法的优点是账务处理简单,操作方便;缺点是不符合权责发生制原则,采用这种方法,只有在坏账损失发生时,才将其确认为当期费用,从而导致虚增企业资产,各期损益不实。在资产负债表上,"应收款项"项目反映的是账面余额,而没有真正反映其价值,这一定程度上歪曲了期末的财务状况。

需要注意的是,我国企业会计准则规定,应收款项的减值核算,只能采用备抵法,不能采用直接转销法。

2. 备抵法

备抵法是指采用一定的方法,按期估计坏账损失计入当期损益,同时建立坏账准备,待坏账实际发生时,冲销已计提的坏账准备和相应的应收款项。采用备抵法,企业应当定期或者至少于每年年度终了,对应收款项进行减值测试,分析各项应收款项的可收回性,以历史损失率为基础,并结合债务人当前的营业情况等信息,合理确定坏账比例,预计可能发生的减值损失。在备抵法下,企业财务报表上列示的是应收账款的净额,财务报表使用者能了解企业应收款项预期可收回的金额和真实的财务状况。

企业应当设置"坏账准备"账户,核算应收款项坏账准备的计提、转销等情况,"坏账准备"账户的贷方登记当期计提的坏账准备、收回已转销的应收账款而恢复的坏账准备;借方登记实际发生的坏账损失金额和冲减的坏账准备金额;期末余额在贷方,反映企业已计提但尚未转销的坏账准备。

使用备抵法核算坏账准备,应采用一定的方法合理估计各会计期间的坏账损失。按期估计坏账损失的方法主要有两种:应收款项余额百分比法和账龄分析法。

1)应收款项余额百分比法

应收款项余额百分比法是按应收款项余额的一定比例估计应收款项坏账损失的方法。采用这种方法时,每期估计的坏账损失,应根据坏账损失占应收款项余额的比例和应收款项余额进行确定。

坏账准备可按以下公式计算：

当期应计提的坏账准备＝当期按应收款项余额计算应提坏账准备金额－
"坏账准备"账户的贷方余额

其中：

当期按应收款项余额计算应提坏账准备金额＝应收款项期末余额×坏账比率

企业使用应收款项余额百分比法计提坏账准备，应做以下账务处理。

计提坏账准备时：

借：资产减值损失
　　贷：坏账准备

发生坏账转销坏账准备时：

借：坏账准备
　　贷：应收账款

确认并转销的应收款项重新收回：

借：应收账款　　　　　　　　　　　借：银行存款
　　贷：坏账准备　　　　　　　　　　　贷：应收账款

例 3-16 利达股份有限公司采用应收款项余额百分比法计算坏账损失。根据以往的历史数据、债务单位的财务状况和现金流量，并结合当前的市场情况等相关信息，利达股份有限公司确定应收账款坏账比例为5%。该公司的相关账务处理如下。

20×4年12月31日，"应收账款"账户余额为5 000 000元，"坏账准备"账户无余额，则

本年应计提的坏账准备＝5 000 000×5%＝250 000（元）

借：资产减值损失　　　　　　　　　　　　　　　　　　　　　　　250 000
　　贷：坏账准备　　　　　　　　　　　　　　　　　　　　　　　　250 000

20×5年5月25日，确认应收甲企业的账款150 000元已无法收回，予以转销。

借：坏账准备　　　　　　　　　　　　　　　　　　　　　　　　　150 000
　　贷：应收账款——甲企业　　　　　　　　　　　　　　　　　　　150 000

20×5年12月31日，"应收账款"账户余额为4 500 000元。

本年应计提的坏账准备＝4 500 000×5%－(250 000－150 000)＝125 000（元）

借：资产减值损失　　　　　　　　　　　　　　　　　　　　　　　125 000
　　贷：坏账准备　　　　　　　　　　　　　　　　　　　　　　　　125 000

20×5年年末"坏账准备"账户贷方余额为225 000元（100 000+125 000）。

20×6年10月31日，确认应收乙企业的账款100 000元已无法收回，予以转销。

借：坏账准备　　　　　　　　　　　　　　　　　　　　　　　　　100 000
　　贷：应收账款——乙企业　　　　　　　　　　　　　　　　　　　100 000

20×6年12月31日，"应收账款"账户余额为2 000 000元，则

本年应计提的坏账准备＝2 000 000×5%－(225 000－100 000)
　　　　　　　　　　＝－25 000（元）

借：坏账准备　　　　　　　　　　　　　　　　　　　　　　　　　25 000

　　　　贷：资产减值损失　　　　　　　　　　　　　　　　　　　　　　　　25 000

20×6年年末"坏账准备"账户贷方余额为100 000元（225 000-100 000-25 000）。

20×7年4月15日，确认应收丙企业的账款180 000元已无法收回，予以转销。

　　借：坏账准备　　　　　　　　　　　　　　　　　　　　　　　　　　180 000
　　　　贷：应收账款——丙企业　　　　　　　　　　　　　　　　　　　　180 000

20×7年12月31日，"应收账款"账户余额为1 500 000元。

　　　　本年应计提的坏账准备 = 1 500 000×5%-（100 000-180 000）
　　　　　　　　　　　　　　 = 155 000（元）

　　借：资产减值损失　　　　　　　　　　　　　　　　　　　　　　　　155 000
　　　　贷：坏账准备　　　　　　　　　　　　　　　　　　　　　　　　155 000

20×7年年末"坏账准备"账户贷方余额为 = 75 000元（100 000-180 000+155 000）。

20×8年3月5日，利达股份有限公司已于20×6年4月15日确认坏账的丙企业账款180 000元，由于丙公司财务状况好转，应收账款全部收回。

　　借：应收账款　　　　　　　　　　　　　　　　　　　　　　　　　　180 000
　　　　贷：坏账准备　　　　　　　　　　　　　　　　　　　　　　　　180 000
　　借：银行存款　　　　　　　　　　　　　　　　　　　　　　　　　　180 000
　　　　贷：应收账款　　　　　　　　　　　　　　　　　　　　　　　　180 000

对于坏账收回，也可以采用以下简化的方法进行账务处理。

　　借：银行存款　　　　　　　　　　　　　　　　　　　　　　　　　　180 000
　　　　贷：坏账准备　　　　　　　　　　　　　　　　　　　　　　　　180 000

2）账龄分析法

　　账龄是指负债人所欠账款的时间。一般来说，账龄越长，发生坏账损失的可能性就越大。账龄分析法是根据各种应收款项的时间长短来估计坏账损失的方法。采用账龄分析法时，应将不同账龄的应收款项进行分组，并根据前期坏账实际发生的有关资料，确定各账龄组的估计坏账损失百分比，再将各账龄组的应收款项金额乘以对应的估计坏账损失百分比，计算出各组的估计坏账损失额之和，即为当期的坏账损失预计金额。

　　运用账龄分析法，在估计坏账损失之前，可将应收款项按账龄编制应收款项账龄分析表，借以了解应收款项在各个客户之间的金额分布情况及其拖欠时间的长短。根据表中各账龄段应收账款的余额，乘以相应的坏账损失率，就可以计算出期末应计提的坏账准备。账龄分析表提供的信息，可使企业管理当局了解收款、欠款情况，判断欠款的可收回程度和可能发生的损失。利用该表，企业管理当局还可酌情作出采取放宽或紧缩商业信用政策，并可作为衡量负责收款部门和资信部门工作效率的依据。具体可按下列步骤操作。

　　第一步：在会计末期，应根据企业应收款项资料编制应收款项账龄分析表。

　　第二步：根据应收款项账龄分析表和企业事先确定的不同账龄的估计坏账损失率编制期末应收账款减值金额计算表。

　　第三步：根据表中计算所得的估计损失金额，确定期末应补提或冲销的坏账准备金额。

　　第四步：编制相应的会计分录，登记账簿。

例 3-17 丰都公司采用账龄分析法计提坏账准备。通过分析 20×8 年 12 月 31 日各客户的应收账款明细账，编制应收账款账龄分析表，同时根据历史资料和有关市场条件，为不同账龄的应收账款分别估计坏账损失率，并编制应收账款减值金额计算表（表3-1）。

表 3-1　应收账款减值金额计算表

按账龄分组	应收账款余额/元	坏账比例/%	减值金额/元
未过信用期限	500 000	1	5 000
超过一年期限不足三个月	350 000	5	17 500
超过信用期间三个月但不足半年	280 000	15	42 000
超过信用期限半年，但不足一年	150 000	20	30 000
超过信用期限一年，但不足两年	120 000	30	36 000
超过信用期限两年，但不足三年	70 000	40	28 000
超过信用期限三年以上	30 000	70	21 000
合计	1 500 000		179 500

根据表 3-1 资料，假设丰都公司本年计提坏账准备前，"坏账准备"账户贷方余额为 110 000 元，则

　　　　　　　本年应计提的坏账准备 = 179 500-110 000 = 69 500（元）
　　借：资产减值损失　　　　　　　　　　　　　　　　　　　　　　　69 500
　　　　贷：坏账准备　　　　　　　　　　　　　　　　　　　　　　　　69 500

账龄分析法与应收款项余额百分比法的实质都是百分比法，在账务处理上也是相同的，只是估计的基础不同。前者不考虑账龄结构，将全部应收款项按同一个比例计提坏账准备；而账龄分析法则按不同账龄，分不同的比例计提坏账准备，相对而言更精确、更合理。

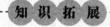

往来结算会计岗位职责

1. 岗位职责

往来结算岗位的职责包括以下几个方面。
（1）建立往来款项结算手续制度。
（2）办理往来款项的结算业务。
（3）负责往来款项结算的明细核算。

2. 主要工作内容

（1）各种往来款项，分户设账，序时登记，进行明细核算。
（2）按月编制应收、应付往来款项的明细报表。
（3）做好往来款项的催收工作，年终对未清算的外部往来款项逐笔办理债权债务签认单。
（4）督促相关单位做好债权债务清理工作。

思考练习题

1. 说明应收款项及其减值的计量对资产负债表、利润表、现金流量表的影响。

2. 甲企业采用备抵法核算坏账损失，并按应收账款年末余额的5%计提坏账准备。20×8年1月1日，甲企业应收账款余额为5 000 000元，坏账准备余额为180 000元。20×8年度，甲企业发生了以下经济业务。

（1）销售商品一批，增值税专用发票上注明的价款为4 000 000元，增值税税额为640 000元，货款尚未收到。

（2）销售一批产品给A企业，货已发出，增值税专用发票上标明的销售价款为200 000元，增值税销项税额为32 000元，当日收到A企业签发的商业承兑汇票一张。

（3）收回上年度已转销为坏账损失的应收账款10 000元并存入银行。

（4）收到某客户以前所欠的货款3 000 000元并存入银行。

（5）因某客户破产，该客户所欠货款30 000元不能收回，确认为坏账损失。

（6）上述A企业的商业承兑汇票到期，A企业无法支付票据款。甲企业将应收票据转入应收账款。

要求：

（1）编制20×8年度确认坏账损失的会计分录。

（2）编制收到上年度已转销为坏账损失的应收账款的会计分录。

（3）计算20×8年年末"坏账准备"账户余额。

（4）编制20×8年年末计提坏账准备的会计分录。

3. 乙企业为增值税一般纳税人，适用增值税税率为16%。采用备抵法核算坏账。20×8年12月1日，乙企业"应收账款"账户借方余额为6 000 000元，"坏账准备"账户贷方余额为200 000元，计提坏账准备的比例为期末应收账款余额的5%。12月份，乙企业发生以下经济业务。

（1）12月5日，向B企业赊销商品一批，按商品价目表标明的价格计算的金额为10 000 000元（不含增值税），由于是成批销售，B企业给予B企业10%的商业折扣。

（2）12月9日，C客户破产，根据清算程序，有应收账款400 000元不能收回，确认为坏账。

（3）12月11日，收到B企业的销货款5 000 000元，存入银行。

（4）12月21日，收到2016年已转销为坏账的应收账款100 000元，存入银行。

（5）12月30日，向D企业销售商品一批，增值税专用发票上标明的售价为1 000 000元，增值税税额为160 000元。乙企业为了及早收回货款而在合同中规定的现金折扣条件为2/10, 1/20, *N*/30。（假定现金折扣不考虑增值税）

要求：

（1）编制乙企业上述经济业务的会计分录。

（2）计算乙企业本期应计提的坏账准备并编制会计分录。（"应交税金"账户要求写出明细账户和专栏名称）

第 4 章 存 货

通过本章的学习,学生应了解存货的概念、特征、确认条件及分类;掌握存货按实际成本和计划成本核算取得、发出的会计处理方法;理解和掌握存货期末计量及其会计处理。

存货成本的确定;按实际成本计价存货发出的 4 种计价方法的优缺点;按计划成本计价存货的核算需要设置的账户;存货期末计量原则及其可变现净值的确定。

4.1 存货概述

4.1.1 存货的含义

存货,是指企业在日常经营活动中持有以备出售的产成品或商品、处在生产过程中的在产品、在生产过程或提供劳务过程中耗用的材料和物质等,包括各类原材料、在产品、半成品、产成品、周转材料、委托代销商品等。

(1) 原材料。原材料是指企业在生产过程中经加工改变其形态或性质并构成产品主要实体的各种原料及主要材料、辅助材料、外购半成品等

(2) 在产品。在产品是指企业正在制造尚未完工的生产物,包括正在各个生产工序加工的产品或已加工完毕但尚未检验或已检验但尚未办理入库手续的产品。

(3) 产成品。产成品是指企业已经完成全部生产过程并已验收入库,可以按照合同规定的条件送交订货单位,或者可以作为商品对外销售的产品。

(4) 周转材料。周转材料是指能够多次使用但不符合固定资产条件的用品,主要包括用于包装本企业产品的各种包装物和工具、管理用具等低值易耗品。

4.1.2 存货成本的确定

存货成本包括采购成本、加工成本和其他成本。

1. 存货的采购成本

存货的采购成本包括购买价款、相关税费、运输费、装卸费、保险费,以及其他可归属于存货采购成本的费用。

其中,存货的购买价款是指企业购入的材料或商品的发票上列明的价款,但不包括按照规定可以抵扣的增值税进项税额。存货的相关税费是指企业购买存货发生的进口关税、消费税、资源税和不能抵扣的增值税进项税额以及相应的教育费附加等应计入存货采购成本的税费。其他可归属于存货采购成本的费用,是指采购成本中除上述各项以外的可归属于存货采购的费用,如在存货采购过程中发生的仓储费、包装费、运输途中的合理损耗、入库前的挑选整理费用等。

商品流通企业在采购商品过程中发生的运输费、装卸费、保险费及其他可归属于存货采购成本的费用等进货费用,应计入所购商品成本。在实务中,企业也可以将发生的运输费、装卸费、保险费及其他可归属于存货采购成本的费用等进货费用先进行归集,期末,按照所购商品的存销情况进行分摊。对于已销售商品的进货费用,计入主营业务成本;对于未售商品的进货费用,计入期末存货成本。商品流通企业采购商品的进货费用金额较小的,可以在发生时直接计入当期销售费用。

2. 存货的加工成本

存货的加工成本是指在存货的加工过程中发生的追加费用,包括直接人工及按照一定方法分配的制造费用。其实质是企业在进一步加工存货的过程中追加发生的生产成本,因此,不包括直接由材料存货转移来的价值。

3. 存货的其他成本

存货的其他成本是指除采购成本、加工成本以外的,使存货达到目前场所和状态所发生的其他支出。企业设计产品发生的设计费用通常应计入当期损益,但是为特定客户设计产品所发生的、可直接确定的设计费用应计入存货的成本。

4.1.3 存货的确认条件

存货只有在符合其定义的前提下,同时满足下列条件的,才能予以确认。
(1)该存货有关的经济利益很可能流入企业。
(2)该存货的成本能够可靠地计量。

4.2 按实际成本计价存货的确认与计量

企业按实际成本进行存货的会计处理时,应设置"原材料""在途物资"等账户。

"原材料"账户用于核算企业库存各种材料的收入、发出与结存情况。该账户的借方登记入库材料的实际成本,贷方登记发出材料的实际成本,期末余额在借方,反映企业库存材料的实际成本。

"在途物资"账户用于核算企业采用实际成本计价进行材料、商品等物资的日常核算、价款已付尚未验收入库的各种物资的采购成本。该账户的借方登记企业购入的在途物资的实际成本,贷方登记已验收入库的在途物资的实际成本,期末余额在借方,反映企业在途物资的采购成本。

4.2.1 存货取得的确认与计量

1. 外购存货

外购存货的成本即存货的采购成本,包括买价、运杂费、运输途中的合理损耗、入库前的挑选整理费用,以及按规定应计入存货成本的税费和其他费用。

由于支付方式不同,原材料入库的时间与付款的时间可能一致,也可能不一致,在账务处理上也有所不同。

1)货款已经支付或开出承兑商业汇票,材料已验收入库

借:原材料
　　应交税费——应交增值税(进项税额)
　　　贷:银行存款、其他货币资金、应付票据等

2)货款已经支付或已开出承兑商业汇票,材料尚未到达或尚未验收入库

借:在途物资
　　应交税费——应交增值税(进项税额)
　　　贷:银行存款、其他货币资金、应付票据等

材料到达验收入库时:

借:原材料
　　　贷:在途物资

3)货款尚未支付,材料已验收入库

(1)结算凭证未到未付款。平时不做账务处理,待结算凭证到时再做相关处理。但是,如果月末结算时凭证仍未到,需要按暂估价入账:

借:原材料
　　　贷:应付账款

下月初用红字冲回,以便结算凭证到达时,作正常付款处理。

(2)赊购材料:

借:原材料
　　应交税费——应交增值税(进项税额)
　　　贷:应付账款

4)货款已经预付,材料尚未验收入库

在采用预付货款方式购入存货的情况下,企业应该于预付货款时,按照实际预付的金额:

借:预付账款

贷：银行存款
购入的存货验收入库时：
　　借：原材料等
　　　　应交税费——应交增值税（进项税额）
　　贷：预付账款
预付的货款不足、需补足货款时：
　　借：预付账款
　　贷：银行存款
供货方退回多付的货款时：
　　借：银行存款
　　贷：预付账款

例 4-1 利达股份有限公司为一般纳税人，20×8 年 3 月 22 日从乙企业购入原材料一批，取得的增值税专用发票上注明的原材料价款为 400 000 元，增值税税额为 64 000 元。利达股份有限公司按照实际成本对原材料进行日常核算。

（1）假定发票等结算凭证已经收到，货款已通过银行转账支付，材料已运到并已验收入库（单料同到）。据此，利达股份有限公司的账务处理如下。

　　借：原材料　　　　　　　　　　　　　　　　　　　　　　400 000
　　　　应交税费——应交增值税（进项税额）　　　　　　　　　64 000
　　　　贷：银行存款　　　　　　　　　　　　　　　　　　　　　　　464 000

（2）假定购入材料的发票等结算凭证已收到，货款已经银行转账支付，但材料尚未运到（单到料未到），则利达股份有限公司应于收到发票等结算凭证时进行以下账务处理。

　　借：在途物资　　　　　　　　　　　　　　　　　　　　　400 000
　　　　应交税费——应交增值税（进项税额）　　　　　　　　　64 000
　　　　贷：银行存款　　　　　　　　　　　　　　　　　　　　　　　464 000

在上述材料到达入库时，进行以下账务处理。

　　借：原材料　　　　　　　　　　　　　　　　　　　　　　400 000
　　　　贷：在途物资　　　　　　　　　　　　　　　　　　　　　　　400 000

（3）假定购入的材料已经运到，并已验收入库，但发票等结算凭证尚未收到，货款尚未支付。3 月末，利达股份有限公司应按暂估价入账，假定其暂估价为 360 000 元（料到单未到）。利达股份有限公司应进行以下账务处理。

　　借：原材料　　　　　　　　　　　　　　　　　　　　　　360 000
　　　　贷：应付账款——暂估应付账款　　　　　　　　　　　　　　360 000

4 月初将上述会计分录原账冲回：

　　借：原材料　　　　　　　　　　　　　　　　　　　　　　360 000
　　　　贷：应付账款——暂估应付账款　　　　　　　　　　　　　　360 000

在收到发票等结算凭证，并支付货款时：

　　借：原材料　　　　　　　　　　　　　　　　　　　　　　400 000
　　　　应交税费——应交增值税（进项税额）　　　　　　　　　64 000
　　　　贷：银行存款　　　　　　　　　　　　　　　　　　　　　　　464 000

2. 自制存货

企业自制存货的成本主要由采购成本和加工成本构成,某些存货还包括使存货达到目前场所和状态所发生的其他成本。加工成本是指存货制造过程中发生的直接人工和制造费用。其中,直接人工是指企业在生产产品过程中,直接从事产品生产的工人的职工薪酬。制造费用是指企业为生产产品和提供劳务而发生的各项间接费用。制造费用是一项间接生产成本,包括企业生产部门(如生产车间)管理人员的职工薪酬、折旧费、办公费、水电费、机物料消耗、劳动保护费、车间固定资产的修理费用、季节性和修理期间的停工损失等。其他成本是指除采购成本、加工成本以外,使存货达到目前场所和状态所发生的其他支出。自制存货完成生产过程验收入库时,账务处理如下。

借:库存商品、周转材料
　　贷:生产成本

例 4-2 利达股份有限公司的基本生产车间制造完成一批产成品,已验收入库。经计算,该批产成品的实际成本为 50 000 元。编制会计分录如下。

借:库存商品　　　　　　　　　　　　　　　　　50 000
　　贷:生产成本——基本生产成本　　　　　　　　　　50 000

3. 委托加工存货

委托加工存货的成本,一般包括加工过程中实际耗用的原材料或半成品成本、加工费、运输费、装卸费等,以及按规定应计入加工成本的税金。但是,一般纳税人的增值税不计入委托加工物资成本。具体会计处理如下。

1)企业拨付待加工的材料物资、委托其他单位加工存货
借:委托加工物资
　　贷:原材料、库存商品等
2)支付加工费和往返运杂费
借:委托加工物资
　　贷:银行存款
3)由委托方代收代缴的增值税
借:应交税费——应交增值税(进项税额)
　　贷:银行存款、应付账款等

需要缴纳消费税的委托加工存货,由受托加工方代收代缴的消费税,应分别以下情况处理。

(1)委托加工存货收回后直接用于销售,由受托加工方代收代缴的消费税应计入委托加工物资成本:

借:委托加工物资
　　贷:银行存款、应付账款等

待销售委托加工存货时,不需要再缴纳消费税。

(2)委托加工存货收回后用于连续生产应税消费品,由受托方代收代缴的消费税按规定准予抵扣的:

借:应交税费——应交消费税

贷：银行存款、应付账款等

　　待连续生产的应税消费品生产完成并销售时，从生产完成的应税消费品应纳消费税额中抵扣。

　　委托加工的存货加工完成验收入库并收回剩余物质时：
　　借：原材料、库存商品等
　　　　贷：委托加工物资

　　例 4-3 利达股份有限公司委托乙企业加工材料一批（属于应税消费品）。原材料成本为20 000元，支付的加工费为7 000元（不含增值税），适用消费税税率为10%，材料加工完成并已验收入库，加工费用等已经支付。双方适用的增值税税率为16%。利达股份有限公司按实际成本核算原材料，有关账务处理如下。

（1）发出委托加工材料：
　　借：委托加工物资——乙企业　　　　　　　　　　　　　　　　20 000
　　　　贷：原材料　　　　　　　　　　　　　　　　　　　　　　　20 000

（2）支付加工费用和税金：

　　　　消费税组成计税价格 =（发出加工材料成本+加工费）/（1-消费税税率）
　　　　　　　　　　　　 =（20 000+7 000）/（1-10%）= 30 000（元）
　　　　受托方代收代交的消费税税额 = 30 000×10% = 3 000（元）
　　　　应交增值税税额 = 7 000×16% = 1 120（元）

① 利达股份有限公司收回加工后的材料用于连续生产应税消费品的：
　　借：委托加工物资　　　　　　　　　　　　　　　　　　　　　 7 000
　　　　应交税费——应交增值税（进项税额）　　　　　　　　　　 1 120
　　　　　　　　——应交消费税　　　　　　　　　　　　　　　　 3 000
　　　　贷：银行存款　　　　　　　　　　　　　　　　　　　　　 11 120

② 利达股份有限公司收回加工后的材料直接用于销售的：
　　借：委托加工物资——乙企业　　　　　　　　　　10 000（7 000+3 000）
　　　　应交税费——应交增值税（进项税额）　　　　　　　　　　 1 120
　　　　贷：银行存款　　　　　　　　　　　　　　　　　　　　　 11 120

（3）加工完成，收回委托加工材料。

① 利达股份有限公司收回加工后的材料用于连续生产应税消费品的：
　　借：原材料　　　　　　　　　　　　　　　　　　27 000（20 000+7 000）
　　　　贷：委托加工物资——乙企业　　　　　　　　　　　　　　 27 000

② 利达股份有限公司收回加工后的材料直接用于销售的：
　　借：库存商品　　　　　　　　　　　　　　　　 30 000（20 000+10 000）
　　　　贷：委托加工物资——乙企业　　　　　　　　　　　　　　 30 000

4. 投资者投入存货

　　投资者投入存货的成本，应当按照投资合同和协议约定的价值确定，但合同或协议约定价值不公允的除外。在投资合同或协议约定价值不公允的情况下，以该项存货的公允价值作为其入账价值。

企业收到投资者投入的存货时，做账务处理如下。

借：原材料、库存商品等
　　应交税费——应交增值税（进项税额）
　贷：实收资本（或股本）
　　资本公积

例4-4 20×8年3月1日，A、B、C三方共同投资成立了甲股份有限公司（以下简称"甲公司"）。A以其生产的产品作为投资（甲公司作为原材料管理和核算），该批产品的公允价值是5 000 000元，甲公司取得增值税专用发票上注明的不含税价款为5 000 000元，增值税税额为800 000元。假定甲公司的股本总额为10 000 000元，A在甲公司享有的份额为35%。甲公司为一般纳税人，适用的增值税税率为16%。甲公司采用实际成本法核算存货。

本例中，由于甲公司为一般纳税人，投资合同约定的该项原材料的价值为5 000 000元。因此，甲公司接受的这批原材料的入账价值为5 000 000元，增值税税额800 000元单独作为可抵扣的进项税额进行核算。

　　A在甲公司享有的股本金额 = 10 000 000×35% = 3 500 000（元）
　A在甲公司投资的股本溢价 = 5 000 000+800 000-3 500 000 = 2 300 000（元）

甲公司的账务处理如下。

借：原材料	5 000 000
应交税费——应交增值税（进项税额）	800 000
贷：股本——A	3 500 000
资本公积——股本溢价	2 300 000

4.2.2 存货发出的确认与计量

1. 发出存货的计价方法

我国企业会计准则规定，企业在确定发出存货的成本时，可以采用先进先出法、加权平均法（包括月末一次加权平均法和移动加权平均法）或者个别计价法。企业应当根据实际情况，综合考虑存货的性质、实物流转方式和管理的要求，选择适当的存货计价方法，合理确定发出存货的实际成本。对于性质和用途相似的存货，应当采用相同的存货计价方法。存货计价方法一旦选定，前后各期应当保持一致，并在会计报表附注中予以披露。

1）先进先出法

先进先出法是指以存货成本流转假设为前提，对先发出的存货按先入库的存货单位成本计价，后发出的存货按后入库的存货单位成本计价，据以确定本期发出存货和期末存货成本。

采用先进先出法进行存货计价，可以随时确定发出存货的成本，从而保证了产品成本和销售成本计算的及时性，并且期末存货成本是按最近购货成本确定的，比较接近现行的市场价值。但采用该方法计价，有时对同一批发出存货要采用两个或两个以上的单位成本计价，计算烦琐，对存货进出频繁的企业更是如此。从该方法对财务报告的影响来看，在物价上涨期间，会高估当期利润和存货价值；反之，则会低估当期利润和存货价值。

2）月末一次加权平均法

月末一次加权平均法，是指以月初结存存货数量和本月各批收入存货数量作为权数，计

算本月存货的加权平均单位成本,具体确定本月发出存货成本和月末结存存货成本。其计算公式为

加权平均单位成本 =(月初结存存货成本+本月收入存货成本)
/(月初结存存货数量+本月收入存货数量)

本月发出存货成本 = 加权平均单位成本×本月发出存货数量

月末结存存货成本 = 加权平均单位成本×本月结存存货数量

采用月末一次加权平均法,只在月末一次计算加权平均单位成本并结转发出存货成本,平时不对发出存货计价,因而日常核算工作量较小,简便易行,适用于存货收发比较频繁的企业。但也正因为存货计价集中在月末进行,所以平时无法提供发出存货和结存存货的单价及金额,不利于存货的管理。

3)移动加权平均法

移动加权平均法是指平时每入库一批存货,就以原有存货数量和本次入库存货数量为权数,计算一个加权平均单位成本,据以对其后发出存货进行计价。相关计算公式为

移动加权平均单位成本 =(原有存货成本+本批入库存货成本)
/(原有存货数量+本批入库存货数量)

本批发出存货成本 = 最近移动加权平均单位成本×本批发出存货数量

期末结存存货成本 = 期末移动加权平均单位成本×本期结存存货数量

移动加权平均法的特点是将存货计价和明细账的登记分散在平时进行,从而可以随时掌握发出存货的成本和结存存货的成本,为存货管理及时提供所需信息。但采用这种方法,每次收货都要计算一次加权平均单位成本,计算工作量较大,不适合收发货比较频繁的企业使用。

4)个别计价法

个别计价法是指本期发出存货和期末结存存货的成本,完全按照该存货所属购进批次或生产批次入账时的实际成本进行确定。

个别计价法的特点是存货的成本流转与实物流转完全一致,因而能准确反映本期发出存货和期末结存存货的成本。但采用该方法必须具备详细的存货收、发、储存记录,日常核算非常烦琐,存货实物流转的操作程序也相当复杂。一般来说,个别计价法只适用于不能替代使用的存货或为特定项目专门购入或制造的存货的计价,以及品种数量不多、单位价值较高或体积较大、容易辨认的存货的计价。

例4-5 利达股份有限公司20×8年3月份,A商品的购进、发出和结存资料如表4-1所示。

表4-1 存货明细账   计量单位:元或件

××年		凭证编号	摘要	收入			发出			结存		
月	日			数量	单价	金额	数量	单价	金额	数量	单价	金额
3	1		期初结存							200	60	12 000
	6		购进	500	66	33 000				700		
	9		发出				400			300		
	15		购进	600	70	42 000				900		
	20		发出				800			100		
	25		购进	500	68	34 000				600		

续表

××年		凭证编号	摘要	收入			发出			结存		
月	日			数量	单价	金额	数量	单价	金额	数量	单价	金额
	28		发出				300			300		
3	31		期末结存	1 600		109 000	1 500			300		

利达股份有限公司采用先进先出法、加权平均法、移动加权平均法和个别计价法计算的A商品本月发出和月末结存成本如下。

（1）先进先出法：

$\qquad$ 本月发出A商品成本 =（60×200+66×200）+（66×300+70×500）+

$\qquad\qquad\qquad$ （70×100+68×200）

$\qquad\qquad\qquad$ = 100 600（元）

$\qquad$ 月末结存A商品成本 = 68×300 = 20 400（元）

（2）月末一次加权平均法：

$\qquad$ 加权平均单位成本 =（月初结存存货成本+本月收入存货成本）

$\qquad\qquad\qquad$ /（月初结存存货数量+本月收入存货数量）

$\qquad\qquad\qquad$ =（12 000+109 000）/（200+1 600）

$\qquad\qquad\qquad$ = 67.22（元/件）

$\qquad$ 月末结存存货成本 = 加权平均单位成本×本月结存存货的数量

$\qquad\qquad\qquad$ = 67.22×300 = 20 166（元）

本月发出存货成本 = 加权平均单位成本×本月发出存货的数量

$\qquad\qquad$ =（月初结存存货成本+本月收入存货成本）-月末结存存货成本

$\qquad\qquad$ =（12 000+109 000）-20 166

$\qquad\qquad$ = 100 834（元）

（3）移动加权平均法：

$\qquad$ 3月6日购进后移动加权平均单位成本 =（12 000+33 000）/（200+500）

$\qquad\qquad\qquad\qquad\qquad$ = 64.29（元/件）

$\qquad$ 3月9日结存A商品成本 = 64.29×300 = 19 287（元）

$\qquad$ 3月9日发出A商品成本 = 45 000-19 287 = 25 713（元）

$\qquad$ 3月15日购进后移动加权平均单位成本 =（19 287+42 000）/（300+600）

$\qquad\qquad\qquad\qquad\qquad$ = 68.10（元/件）

$\qquad$ 3月20日结存A商品成本 = 68.10×100 = 6 810（元）

$\qquad$ 3月20日发出A商品成本 = 61 287-6 810 = 54 477（元）

$\qquad$ 3月25日购进后移动加权平均单位成本 =（6 810+34 000）/（100+500）

$\qquad\qquad\qquad\qquad\qquad$ = 68.02（元/件）

$\qquad$ 3月28日结存A商品成本 = 68.02×300 = 20 406（元）

$\qquad$ 3月28日发出A商品成本 = 40 810-20 406 = 20 404（元）

$\qquad$ 月末结存存货成本 = 68.02×300 = 20 406（元）

（4）个别计价法。假设经具体辨认，3月9日发出的400件A商品中，有100件属于期初结存的商品，有300件属于3月6日第一批购进的商品；3月20日发出的800件A商品中，有100件属于期初结存的商品，有100件属于3月6日第一批购进的商品，其余600件属于3月15日第二批购进的商品；3月28日发出的300件A商品，均属于3月25日第三批购进的商品。计算如下：

$$本月发出A商品成本 = 60×100+66×300+60×100+66×100+70×600+68×300$$
$$= 100\ 800（元）$$
$$月末结存A商品成本 = 66×100+68×200 = 20\ 200（元）$$

2. 发出存货的会计核算

1）生产经营领用的原材料

企业应按发出原材料的用途，将其成本直接计入相关资产成本或当期费用。领用原材料时，按计算确定的实际成本，做账务处理如下。

借：生产成本
　　制造费用
　　委托加工物资
　　在建工程
　　销售费用
　　管理费用等
　　贷：原材料

2）生产经营领用的周转材料

企业领用的周转材料分布于生产经营的各个环节，具体用途不同，会计处理也不尽相同。

（1）生产部门领用的周转材料，构成产品实体一部分的，其账面价值应直接计入产品生产成本；属于车间一般性物料消耗的，其账面价值应计入制造费用。

（2）销售部门领用的周转材料，随同商品出售但不单独计价的，其账面价值应计入销售费用；随同商品出售并单独计价的，应视为材料销售，将取得的收入作为其他业务收入，相应的周转材料账面价值计入其他业务成本。

（3）用于出租的周转材料，收取的租金应作为其他业务收入并计算应交增值税，相应的周转材料账面价值应计入其他业务成本；用于出借的周转材料，其账面价值应计入销售费用。

（4）管理部门领用的周转材料，其账面价值应计入管理费用。

企业一般应设置"周转材料"账户核算各种周转材料的实际成本或计划成本，也可以单独设置"包装物""低值易耗品"账户分别核算企业的包装物和低值易耗品。企业应根据周转材料的消耗方式、价值大小、耐用程度等，选择适当的摊销方法，将其账面价值一次或分期计入有关成本费用。常用的周转材料摊销方法有一次摊销法、五五摊销法、分期摊销法。周转材料的会计处理与原材料核算基本相同。

3）销售的存货

（1）销售的库存商品等存货。企业对外销售的商品、产成品、自制半成品等存货，取得的销售收入构成其主营业务收入的，相应的存货成本应计入主营业务成本。销售存货时，按从购货方应收的全部合同或协议价款：

借：银行存款、应收账款等
  贷：主营业务收入
    应交税费——应交增值税（销项税额）
同时，按发出存货的账面价值结转销售成本：
借：主营业务成本
  贷：库存商品

（2）销售的原材料等存货。企业对外销售的原材料、周转材料等存货，取得的销售收入构成其他业务收入的，相应的存货成本应计入其他业务成本。销售存货时，按从购货方已收或应收的全部合同或协议价款：

借：银行存款、应收账款等
  贷：其他业务收入
    应交税费——应交增值税（销项税额）
同时，按发出存货的账面价值结转销售成本：
借：其他业务成本
  贷：原材料

例 4-6 利达股份有限公司 20×8 年 3 月份发出存货的业务如下。

（1）20×8 年 3 月 10 日，销售库存商品一批，售价 20 000 元，增值税销项税额 3 200 元。货款尚未收到，该批商品的账面价值为 15 000 元。编制会计分录如下。

借：应收账款   23 200
  贷：主营业务收入   20 000
    应交税费——应交增值税（销项税额）   3 200
借：主营业务成本   15 000
  贷：库存商品   15 000

（2）20×8 年 3 月 18 日，销售一批原材料，售价 8 000 元，增值税销项税额 1 280 元，价款已收存银行，该批原材料的账面价值 6 000 元。编制会计分录如下。

借：银行存款   9 280
  贷：其他业务收入   8 000
    应交税费——应交增值税（销项税额）   1 280
借：其他业务成本   6 000
  贷：原材料   6 000

（3）利达股份有限公司的管理部门 3 月份领用一批周转材料，账面价值为 2 000 元，采用一次摊销法。编制会计分录如下。

借：管理费用   2 000
  贷：周转材料   2 000

（4）20×8 年 3 月 31 日，根据本月发料凭证汇总，本月共领用原材料实际成本 300 000 元，其中基本生产领用 200 000 元，辅助生产领用 50 000 元，生产车间一般耗用 20 000 元，在建工程领用 20 000 元，管理部门领用 10 000 元。编制会计分录如下。

借：生产成本——基本生产成本   200 000
  生产成本——辅助生产成本   50 000

制造费用	20 000
在建工程	20 000
管理费用	10 000
贷：原材料	300 000

4.3　按计划成本计价存货的确认与计量

　　计划成本法是指存货的日常收入、发出和结存均按预先制定的计划成本计价，并设置"材料成本差异"账户登记实际成本与计划成本之间的差异；月末再通过对存货成本差异的分摊，将发出存货的计划成本与结存存货的计划成本调整为实际成本进行反映。采用计划成本法进行存货日常核算需要的会计账户如下。

　　"原材料"账户，用于核算库存各种材料的收入、发出与结存情况。在采用计划成本核算材料时，该账户的借方登记入库材料的计划成本，贷方登记发出材料的计划成本，期末余额在借方，反映企业库存材料的计划成本。

　　"材料采购"账户，用来核算按计划成本核算的原材料的实际采购成本，对购入存货的实际成本与计划成本进行计价对比。该账户的借方登记购入存货的实际成本，贷方登记入库存货的计划成本。借方大于贷方表示超支，从"材料采购"账户的贷方转入"材料成本差异"账户的借方；贷方大于借方表示节约，从"材料采购"账户的借方转入"材料成本差异"账户的贷方。期末为借方余额，反映企业在途材料的采购成本。

　　"材料成本差异"账户，反映企业已入库各种材料的实际成本与计划成本的差异。该账户的借方登记超支差异及发出材料应分摊的节约差异，贷方登记节约差异及发出材料应分摊的超支差异。期末如为借方余额，反映企业库存材料的实际成本大于计划成本的差异（即超支差异）；如为贷方余额，反映企业库存材料的实际成本小于计划成本的差异（即节约差异）。

4.3.1　存货取得的确认与计量

1. 外购的存货

1）购进存货
借：材料采购（按确定的实际采购成本）
　　应交税费——应交增值税（进项税额）（按增值税专用发票上注明的增值税进项税额）
　　　贷：银行存款、应付账款、预付账款等（按已付或应支付的金额）
2）购进的存货验收入库
若实际成本小于计划成本：
借：原材料、周转材料（按其计划成本）
　　贷：材料采购（按其实际成本）
　　　　材料成本差异（按实际成本小于计划成本的差额）
若实际成本大于计划成本：
借：原材料、周转材料（按其计划成本）

材料成本差异（按实际成本大于计划成本的差额）
   贷：材料采购（按其实际成本）

注意：对于验收入库但尚未收到发票账单的存货，月末按计划成本暂估入账：
借：原材料等
   贷：应付账款——暂估应付账款

下月初再用红字做相同的会计分录予以冲回；下月收到发票账单并结算时，按正常的程序进行会计处理。

2. 其他方式取得的存货

企业通过外购以外的其他方式取得的存货，不需要通过"材料采购"账户确定存货成本差异，而应直接按取得存货的计划成本借记"原材料"等存货账户，按确定的实际成本贷记"生产成本""委托加工物资"等相关账户，按实际成本与计划成本之间的差额借记或贷记"材料成本"差异账户。

4.3.2 存货发出的确认与计量

采用计划成本对存货进行日常核算，发出存货时先按计划成本计价；月末，再将月初结存存货的成本差异和本月取得存货形成的成本差异，在本月发出存货和月末结存存货之间进行分摊，将本月发出存货和月末结存存货的计划成本调整为实际成本。

1. 分摊材料成本差异

为了便于存货成本差异的分摊，企业应当计算材料成本差异率，作为分摊存货成本差异的依据。其计算公式为

$$本月材料成本差异率 = \frac{（月初结存材料的成本差异 + 本月验收入库材料的成本差异）}{（月初结存材料的计划成本 + 本月验收入库材料的计划成本）} \times 100\%$$

本月发出存货应负担的成本差异 = 发出存货的计划成本 × 材料成本差异率
本月发出存货的实际成本 = 发出存货的计划成本 + 发出存货应负担的超值差异
   （或减去发出存货应负担的节约差异）
月末结存存货应负担的成本差异 = 结存存货的计划成本 × 材料成本差异率
月末结存存货的实际成本 = 结存存货的计划成本 + 结存存货应负担的超值差异
   （或减去结存存货应负担的节约差异）

2. 发出存货的会计处理

1）发出存货时
借：生产成本
   制造费用
   管理费用等
   贷：原材料等
2）分摊差异
如为超支差异：

借：生产成本
　　制造费用
　　管理费用等
　　贷：材料成本差异

如为节约差异，则做相反的处理或用红字做如上处理。

例4-7 利达股份有限公司为增值税一般纳税人，适用的增值税税率为16%，原材料按计划成本进行日常核算。20×8年3月1日，月初结存甲材料的计划成本为1 310 000元，成本差异为超支差90 000元。有关购入、发出材料的相关业务如下。

（1）20×8年3月5日，购入甲材料一批，增值税专用发票上注明的价款为3 000 000元，增值税税额为480 000元，发票账单已经收到，计划成本为3 200 000元，已验收入库，全部款项以银行存款支付。编制会计分录如下。

借：材料采购　　　　　　　　　　　　　　　　　　　　　　3 000 000
　　应交税费——应交增值税（进项税额）　　　　　　　　　　480 000
　　贷：银行存款　　　　　　　　　　　　　　　　　　　　　3 480 000
借：原材料　　　　　　　　　　　　　　　　　　　　　　　　3 200 000
　　贷：材料采购　　　　　　　　　　　　　　　　　　　　　3 000 000
　　　　材料成本差异　　　　　　　　　　　　　　　　　　　　200 000

（2）20×8年3月15日，采用汇兑结算方式购入甲材料一批，增值税专用发票上注明的价款为200 000元，增值税税额为32 000元，发票账单已收到，计划成本为180 000元，材料尚未入库，款项已用银行存款支付。编制会计分录如下。

借：材料采购　　　　　　　　　　　　　　　　　　　　　　　200 000
　　应交税费——应交增值税（进项税额）　　　　　　　　　　　32 000
　　贷：银行存款　　　　　　　　　　　　　　　　　　　　　　232 000

（3）20×8年3月23日，采用商业承兑汇票支付方式购入甲材料一批，增值税专用发票上注明的价款为500 000元，增值税税额为80 000元，发票账单已收到，计划成本为490 000元，材料已验收入库。编制会计分录如下。

借：材料采购　　　　　　　　　　　　　　　　　　　　　　　500 000
　　应交税费——应交增值税（进项税额）　　　　　　　　　　　80 000
　　贷：应付票据　　　　　　　　　　　　　　　　　　　　　　580 000
借：原材料　　　　　　　　　　　　　　　　　　　　　　　　　490 000
　　材料成本差异　　　　　　　　　　　　　　　　　　　　　　 10 000
　　贷：材料采购　　　　　　　　　　　　　　　　　　　　　　500 000

（4）20×8年3月30日，购入甲材料一批材料已验收入库，发票账单未到，月末应按照计划成本600 000元估价入账。编制会计分录如下。

借：原材料　　　　　　　　　　　　　　　　　　　　　　　　　600 000
　　贷：应付账款——暂估应付账款　　　　　　　　　　　　　　600 000
下月初用红字冲销原暂估入账金额：
借：原材料　　　　　　　　　　　　　　　　　　　　　　　　　600 000
　　贷：应付账款——暂估应付账款　　　　　　　　　　　　　　600 000

(5) 20×8 年 3 月 31 日,根据发料凭证汇总表的记录,利达股份有限公司本月消耗的材料的计划成本为:基本生产车间领用 3 000 000 元,辅助生产车间领用 400 000 元,车间管理部门领用 1 000 000 元,企业行政管理部门领用 200 000 元。编制会计分录如下。

借:生产成本——基本生产成本 3 000 000
　　生产成本——辅助生产成本 400 000
　　制造费用 100 000
　　管理费用 200 000
　贷:原材料 3 700 000

(6) 经汇总,3 月份已经付款或已开出、承兑商业汇票,并已验收入库的原材料的计划成本为 3 690 000 元,实际成本为 3 500 000 元,材料成本差异为节约差 190 000 元。计算本期发出材料成本差异,并编制分摊材料成本差异的会计分录如下。

材料成本差异率 = [(90 000−190 000)/(1 310 000+3 690 000)]×100% = −2%

借:生产成本——基本生产成本 60 000
　　生产成本——辅助生产成本 8 000
　　制造费用 2 000
　　管理费用 4 000
　贷:材料成本差异 74 000

4.4 存货清查与期末计量

4.4.1 存货清查

为了加强对存货的控制,维护存货的安全完整,企业应当定期或不定期对存货的实物进行盘点和抽查,以确定存货的实有数量,并与账面记录进行核对,确保存货账实相符。企业至少应当在编制年度财务报告之前,对存货进行一次全面的清查盘点。

存货清查采用实地盘点、账实核对的方法。在进行存货清查盘点时,如果发现存货盘盈或盘亏,应于期末前查明原因,并根据企业的管理权限,报经股东大会或董事会会议或经理会议等类似机构批准后,在期末结账前处理完毕。

1. 存货的盘亏

存货盘亏,是指存货的实有数量少于账面结存数量的差额。
1) 存货发生盘亏
借:待处理财产损溢——待处理流动资产损溢
　贷:原材料、库存商品等
盘亏存货涉及增值税的,还应进行相应处理。
2) 查明原因
按管理权限报经批准处理后,根据造成盘亏的原因,分别按以下情况进行会计处理。
(1) 属于定额内自然损耗造成的短缺,计入管理费用。

(2) 属于收发计量差错和管理不善等原因造成的短缺或毁损,将扣除可收回的保险公司和过失人赔款以及材料价值后的净损失,计入管理费用。

(3) 属于自然灾害等非常原因造成的毁损,将扣除可收回的保险公司和过失人赔款以及材料价值后的净损失,计入营业外支出。

相关账务处理如下。

借:管理费用(或营业外支出)
　　贷:待处理财产损溢——待处理流动资产损溢

2. 存货的盘盈

存货盘盈,是指存货的实存数量超过账面结存数量的差额。存货发生盘盈,应按其重置成本作为入账价值及时予以登记入账。

1) 发现盘盈
借:原材料、库存商品等
　　贷:待处理财产损溢——待处理流动资产损溢

2) 查明原因
按管理权限报经批准处理后,冲减当期管理费用。相关账务处理如下。
借:待处理财产损溢——待处理流动资产损溢
　　贷:管理费用

例 4-8 利达股份有限公司在财产清查中,发现以下盘盈盘亏存货业务。

(1) 盘盈甲材料 1 000 千克,实际单位成本 80 元,经查属于材料收发计量方面的错误。编制会计分录如下。

批准处理前:
借:原材料　　　　　　　　　　　　　　　　　　　　　　　　　　80 000
　　贷:待处理财产损溢——待处理流动资产损溢　　　　　　　　　　　　80 000

批准处理后:
借:待处理财产损溢——待处理流动资产损溢　　　　　　　　　　　　80 000
　　贷:管理费用　　　　　　　　　　　　　　　　　　　　　　　　80 000

(2) 发现毁损乙材料 200 千克,实际成本为 20 000 元,相关增值税专用发票上注明的增值税税额为 3 200 元。经查属于材料保管员的过失造成的,按规定由其个人赔偿 15 000 元。编制会计分录如下。

批准处理前:
借:待处理财产损溢——待处理流动资产损溢　　　　　　　　　　　　23 200
　　贷:原材料　　　　　　　　　　　　　　　　　　　　　　　　20 000
　　　　应交税费——应交增值税(进项税额转出)　　　　　　　　　 3 200

批准处理后,由过失人赔偿的部分:
借:其他应收款　　　　　　　　　　　　　　　　　　　　　　　　15 000
　　贷:待处理财产损溢——待处理流动资产损溢　　　　　　　　　　15 000

材料毁损净损失:
借:管理费用　　　　　　　　　　　　　　　　　　　　　　　　　8 200

贷：待处理财产损溢——待处理流动资产损溢　　　　　　　　　　　　8 200

4.4.2 存货的期末计量

1. 存货期末计量的原则

资产负债表日，存货应当按照成本与可变现净值孰低计量。

当存货成本低于可变现净值时，存货按成本计量；当存货成本高于可变现净值时，存货按可变现净值计量，同时按照成本高于可变现净值的差额计提存货跌价准备，计入当期损益。其中，成本是指期末存货的实际成本。可变现净值，是指在日常活动中，存货的估计售价减去至完工时估计将要发生的成本、估计的销售费用及相关税费后的金额。

企业应以确凿证据为基础计算确定存货的可变现净值。

2. 存货可变现净值的确定

1) 存货减值迹象的判断

存货存在下列情况之一的，通常表明存货的可变现净值低于成本。

（1）该存货的市场价格持续下跌，并且在可预见的未来无回升的希望。

（2）企业使用该项原材料生产的产品成本大于产品的销售价格。

（3）企业因产品更新换代，原有库存材料已不适应新产品的需要，而该原材料的市场价格又低于其账面成本。

（4）因企业提供的商品或劳务过时或消费者偏好改变，而使市场的需求发生变化，导致市场价格逐渐下跌。

（5）其他足以证明该项存货实质上已经发生减值的情形。

存货存在下列情形之一的，通常表明存货的可变现净值为零：①已霉烂变质的存货；②已过期且无转让价值的存货；③生产中已不再需要，并且已无使用价值和转让价值的存货；④其他足以证明已无使用价值和转让价值的存货。

2) 可变现净值的确定

企业确定存货的可变现净值时，应考虑存货可变现净值的确凿证据、持有存货的目的、资产负债表日后事项等的影响。持有存货的目的不同，确定可变现净值的方法有所不同。

（1）持有以备出售的商品存货。产成品、商品和准备处置的材料等直接用于出售的商品存货，在正常生产经营过程中，应当以该存货的估计售价减去估计的销售费用和相关税费后的金额，确定其可变现净值。

（2）持有以备继续加工或耗用的材料存货。需要经过加工后再出售的原材料以及在产品、委托加工物资等材料存货，在正常生产经营过程中，应当以所生产的产成品的估计售价减去至完工时估计将要发生的成本、估计的销售费用和相关税费后的金额，确定其可变现净值。

在确定存货的可变现净值时，应合理确定估计售价、至完工将要发生的成本、估计的销售费用和相关税费。其中，至完工将要发生的成本可以根据企业成本核算的历史资料合理确定，估计的销售费用和相关税费也可以根据以往的营业经验可靠估计。

3) 估计售价的确定

企业应当根据存货是否有约定的销售合同，区别情况确定存货的估计售价。

（1）为执行销售合同或者劳务合同而持有的存货，通常应当以产成品或商品的合同价格作为其可变现净值的计算基础。

（2）如果企业持有存货的数量多于销售合同或劳务合同订购数量，超出部分的存货可变现净值应当以产成品或商品的一般销售价格作为计算基础。

（3）没有销售合同或者劳务合同约定的存货，其可变现净值应当以产成品或商品的一般销售价格作为计算基础。

（4）用于出售的原材料、半成品等存货，通常以该原材料或半成品的市场销售价格作为其可变现净值的计算基础。如果用于出售的原材料或半成品，存在销售合同约定，应按合同价格作为其可变现净值计算基础。

例 4-9 20×8 年 10 月 15 日，利达股份有限公司与天宇公司签订了一份不可撤销的销售合同，双方协定 20×9 年 2 月 5 日，利达股份有限公司按每台 1 250 000 元的价格（不包括增值税）向天宇公司提供 A 型设备 50 台。20×8 年 12 月 31 日，利达股份有限公司库存 A 型设备 40 台，每台单位成本 980 000 元，总成本 39 200 000 元。库存用于生产 A 型设备的甲材料 2 000 千克，每千克单位成本 2500 元，总成本 5 000 000 元，可以生产 10 台 A 型设备。利达股份有限公司将甲材料加工成 A 型设备，每台估计尚需投入人工及制造费用 480 000 元；销售 A 型设备，估计每台会发生销售费用及相关税费 50 000 元。20×8 年 12 月 31 日，A 型设备的市场销售价格为每台 1 200 000 元。

在本例中，由于利达股份有限公司与天宇公司签订的销售合同已经对 A 型设备的销售价格作出约定，并且合同约定的销售数量等于库存 A 型设备数量与库存甲材料可以生产 A 型设备数量之和，因此库存 A 型设备与库存甲材料的可变现净值均应以合同约定的销售价格为基础计算。A 型设备与甲材料的可变现净值计算如下。

A 型设备可变现净值 = 1 250 000×40-50 000×40 = 48 000 000（元）

甲材料可变现净值 = 1 250 000×10-480 000×10-50 000×10 = 7 200 000（元）

例 4-10 沿用**例 4-9** 资料，现假定利达股份有限公司与天宇公司签订的销售合同，约定 A 型设备销售数量为 30 台，其他条件不变。

在这种情况下，利达股份有限公司库存的 A 型设备中，有 30 台已由合同约定了销售价格，其余 10 台并没有合同约定，同时库存的用于生产 A 型设备的甲材料均没有合同约定，因此对于有销售合同约定的 30 台 A 型设备其可变现净值应以销售合同约定的价格作为计算基础，而对于无销售合同约定的 10 台 A 型设备及用于生产 A 型设备的甲材料，其可变现净值均应以市场销售价格作为计算基础。A 型设备与甲材料的可变现净值计算如下。

A 型设备的可变现净值 = 1 250 000×30-50 000×30+1 200 000×10-50 000×10 = 47 500 000（元）

甲材料的可变现净值 = 1 200 000×10-480 000×10-50 000×10 = 6 700 000（元）

例 4-11 沿用**例 4-9** 资料，现假定利达股份有限公司没有签订有关 A 型设备的销售合同。其他条件不变。

在这种情况下，由于利达股份有限公司没有就 A 型设备签订任何销售合同，因此，A 型设备与甲材料的可变现净值均应以市场销售价格作为计算基础。A 型设备与甲材料的可变现净值计算如下。

A 型设备的可变现净值 = 1 200 000×40-50 000×40 = 46 000 000（元）

甲材料的可变现净值 = 1 200 000×10-480 000×10-50 000×10 = 6 700 000（元）

例 4-12 利达股份有限公司根据市场需求的变化，决定从 20×9 年 1 月 1 日起全面停止 B 型设备的生产，并决定将库存原材料中专门用于生产 B 型设备的外购乙材料予以出售。20×8 年 12 月 31 日，乙材料的账面成本为 2 000 000 元，市场销售价格为 1 600 000 元，销售乙材料估计会发生销售费用及相关税费，共计 30 000 元。

本例中由于利达股份有限公司已经决定从 20×9 年 1 月 1 日起全面停止 B 型设备的生产，因此专门用于生产 B 型设备的外购乙材料的可变现净值不能再以 B 型设备的销售价格作为计算基础，而应按乙材料本身的市场销售价格作为计算基础。乙材料的可变现净值计算如下。

$$乙材料的可变现净 = 1\ 600\ 000 - 30\ 000 = 1\ 570\ 000（元）$$

4）材料存货期末计量的特殊考虑

企业持有的材料存货主要用于继续生产产品。会计期末，在运用成本与可变现净值孰低法对材料存货进行后续计量时，应当以该材料存货所生产的产成品的可变现净值与成本的比较为基础，如果用该材料生产的产成品的可变现净值预计高于生产成本，则该材料应当按照成本计量；如果材料价格的下降导致产成品的价格下降，从而导致产成品的可变现净值低于生产成本，则该材料应当按可变现净值计量，并相应地计提存货跌价准备。

例 4-13 20×8 年 12 月 31 日，利达股份有限公司库存原材料 A 的账面价值（成本）为 1 500 000 元，市场销售价格总额（不含增值税）为 1 400 000 元。假定不发生其他购买费用，用 A 材料生产的产成品 B 机器的可变现净值高于其成本。

本例中，虽然 A 材料在 20×8 年 12 月 31 日的账面价值高于其市场价格，但是由于用其生产的产成品 B 机器的可变现净值高于其成本，即用该原材料生产的最终产品此时并没有发生价值减损，因而在这种情况下，A 材料即使其账面价值已高于市场价格，也不应计提存货跌价准备，仍应按原账面价值 1 500 000 元列示在利达股份有限公司 20×8 年 12 月 31 日资产负债表的存货项目中。

例 4-14 20×8 年 12 月 31 日，利达股份有限公司库存原材料钢材的账面价值为 600 000 元，可用于生产一台新型机器，相对应的市场销售价格为 550 000 元，假设不发生其他购买费用，由于钢材的市场销售价格下降，用钢材作为原材料生产的新型机器的市场销售价格由 1 500 000 元下降为 1 350 000 元，但其生产成本为 1 400 000 元，将该批钢材加工成新型机器尚需投入 800 000 元，估计销售费用及税金为 50 000 元。

根据上述资料，可按以下步骤确定该批钢材的账面价值。

第一步，计算用该原材料生产的产成品的可变现净值：

$$新型机器的可变现净值 = 新型机器估计售价 - 估计销售费用及税金$$
$$= 1\ 350\ 000 - 50\ 000$$
$$= 1\ 300\ 000（元）$$

第二步，将用该原材料生产的产成品的可变现净值，与其成本进行比较。新型机器的可变现净值为 1 300 000 元，小于其成本 1 400 000 元，即钢材价格的下降和新型机器销售价格的下降，表明新型机器的可变现净值低于其成本，因此该批钢材应当按可变现净值计量。

第三步，计算该批钢材的可变现净值，并确定其期末价值：

$$该批钢材的可变现净值 = 新型机器的估计售价 - 将该批钢材加工成新型机器尚需投入的成本 - 估计销售费用及税金$$
$$= 1\ 350\ 000 - 800\ 000 - 50\ 000 = 500\ 000（元）$$

该批钢材的可变现净值 500 000 元小于其成本 600 000 元,因此该批钢材的期末价值应为其可变现净值 500 000 元,即该批钢材应按 500 000 元列示在利达股份有限公司 20×8 年 12 月 31 日资产负债表的存货项目中。

3. 存货期末计量的会计处理

1)设置的会计账户

(1)"资产减值损失"账户,属于损益类账户,用来核算企业各项资产期末减值准备发生的损失。

(2)"存货跌价准备"账户,属于资产类账户的备抵调整账户,用来核算存货因可变现净值低于成本而计提存货跌价准备累计金额。

2)会计处理

(1)存货跌价准备的计提。资产负债表日,计算确定本期应计提的存货跌价准备金额,计提本期应确认的存货跌价准备时:

$$某期应计提的存货跌价准备 = 当期可变现净值低于成本的差额 - 存货跌价准备科目原有余额$$

借:资产减值损失
　　贷:存货跌价准备

(2)存货跌价准备的转回。当以前减计存货价值的影响因素已经消失,减计的金额应当予以恢复,并在原已计提的存货跌价准备金额内转回,转回的金额计入当期损益。转回计提的存货跌价准备时:

借:存货跌价准备
　　贷:资产减值损失

需要注意的是,导致存货跌价准备转回的是以前减计存货价值的影响因素消失,而不是在当前造成存货可变现净值高于其成本的其他影响因素。

(3)存货跌价准备的结转。已经计提了跌价准备的存货,在生产经营领用、销售或其他原因转出时,应当根据不同情况同时结转已计提的存货跌价准备。

例 4-15 20×7 年年末,利达股份有限公司 A 存货的账面成本为 100 000 元,由于本年以来 A 存货的市场价格持续下跌,根据资产负债表日状况确定的 A 存货可变现净值为 95 000 元,存货跌价准备期初余额为零,应计提的存货跌价准备为 5 000 元(100 000-95 000)。编制会计分录如下:

借:资产减值损失　　　　　　　　　　　　　　　　　　　　　　　　5 000
　　贷:存货跌价准备　　　　　　　　　　　　　　　　　　　　　　　　5 000

例 4-16 沿用例 4-15 资料,假设 20×8 年年末,利达股份有限公司存货的种类和数量、账面成本和已计提的存货跌价准备均未发生变化,但是 20×8 年以来 A 存货市场价格持续上升,市场前景明显好转,至 20×8 年年末,根据当时状态确定的 A 存货的可变现净值为 110 000 元。

本例中,由于 A 存货市场价格上涨,20×8 年年末 A 存货的可变现净值高于其账面成本,可以判断以前造成减计存货价值的影响因素已经消失,A 存货减计的金额应当在原已计提的存货跌价准备金额 5 000 元内予以恢复。编制会计分录如下:

借：存货跌价准备　　　　　　　　　　　　　　　　　　　　　　5 000
　　贷：资产减值损失　　　　　　　　　　　　　　　　　　　　　　5 000

例 4-17　20×7 年年末，利达股份有限公司库存 C 机器 5 台，每台成本为 5 000 元，已经计提的存货跌价准备合计为 6 000 元。20×8 年 3 月，利达股份有限公司将库存的 5 台机器全部以每台 6 000 元的价格售出，适用的增值税税率为 16%，货款尚未收到。编制会计分录如下。

借：应收账款　　　　　　　　　　　　　　　　　　　　　　　34 800
　　贷：主营业务收入　　　　　　　　　　　　　　　　　　　　　30 000
　　　　应交税费——应交增值税（销项税额）　　　　　　　　　　 4 800
借：主营业务成本　　　　　　　　　　　　　　　　　　　　　　19 000
　　存货跌价准备　　　　　　　　　　　　　　　　　　　　　　 6 000
　　贷：库存商品　　　　　　　　　　　　　　　　　　　　　　　25 000

知识拓展

存货会计岗位职责

1. 岗位职责

（1）材料入库单、领料单的审核。
（2）库存材料数量、金额的结转。
（3）研发材料的领用、记账及单独归集。
（4）核对材料领用与材料预算的一致性。
（5）材料收发存汇总表的编制。
（6）仓库盘点。
（7）采购价格、采购成本、库存量变动情况分析。

2. 存货会计的工作内容

（1）完善存货核算的二、三级账户，参与编制存货核算相关制度。
（2）审核存货采购、领用、消耗的相关原始凭证，据以填制记账凭证。
（3）登记存货核算明细账。
（4）月末编制成本会计核算所需的材料消耗汇总表。
（5）月末对材料明细账和总账进行核对，对材料已到、发票未到的材料进行估价入账。
（6）月末将各类材料出入库情况与仓库保管员进行核对。
（7）参加清产核资工作。

思考练习题

1. 说明按实际成本计价存货发出的 4 种计价方法对期末资产价值和当期损益的影响。

2. 说明存货可变现净值的确定及其对期末资产价值和当期损益的影响。

3. 甲企业为增值税一般纳税人,增值税税率为16%。原材料采用实际成本核算,原材料发出采用月末一次加权平均法计价。运输费不考虑增值税。

2018年4月,与A材料相关的资料如下。

(1) 1日,"原材料——A材料"账户余额20 000元（共2 000千克,其中含3月末验收入库但因发票账单未到而以2 000元暂估入账的A材料200千克）。

(2) 5日,收到3月末以暂估价入库A材料的发票账单,货款1 800元,增值税税额288元;对方代垫运输费400元,增值税税额40元,全部款项已用转账支票付讫。

(3) 8日,以汇兑结算方式购入A材料3 000千克,发票账单已收到,货款36 000元,增值税税额5 760元;运输费用1 000元,增值税税额100元。材料尚未到达,款项已由银行存款支付。

(4) 11日,收到8日采购的A材料,验收时发现只有2950千克。经检查,短缺的50千克确定为运输途中的合理损耗,A材料验收入库。

(5) 18日,持银行汇票80 000元购入A材料5 000千克,增值税专用发票上注明的货款为49 500元,增值税税额为7 920元;另支付运输费用2 000元,增值税税额200元。材料已验收入库,剩余票款退回并存入银行。

(6) 21日,基本生产车间自制A材料50千克验收入库,总成本为600元。

(7) 30日,根据发料凭证汇总表的记录,4月份基本生产车间为生产产品领用A材料6 000千克,车间管理部门领用A材料1 000千克,企业管理部门领用A材料1 000千克。

要求:

(1) 计算甲企业4月份发出A材料的单位成本。

(2) 根据上述资料,编制甲企业4月份与A材料有关的会计分录。("应交税费"账户要求写出明细账户和专栏名称,答案中的金额单位用元表示)

4. 某工业企业为增值税一般纳税企业,适用增值税税率为16%。材料按计划成本计价核算。甲材料计划单位成本为每千克10元。该企业2018年4月份有关资料如下。

(1) "原材料"账户月初余额40 000元,"材料成本差异"账户月初贷方余额500元,"材料采购"账户月初借方余额10 600元（上述账户核算的均为甲材料）。

(2) 4月5日,企业上月已付款的甲材料1 000千克如数收到,已验收入库。

(3) 4月15日,从外地A公司购入甲材料6 000千克,增值税专用发票注明的材料价款为59 000元,增值税税额9 440元,企业已用银行存款支付上述款项,材料尚未到达。

(4) 4月20日,从A公司购入的甲材料到达,验收入库时发现短缺40千克,经查明为途中定额内自然损耗。按实收数量验收入库。

(5) 4月30日,汇总本月发料凭证,本月共发出甲材料7 000千克,全部用于产品生产。

要求:根据上述业务编制相关的会计分录,并计算本月材料成本差异率、本月发出材料应负担的成本差异及月末库存材料的实际成本。

5. 华宇公司期末存货采用成本与可变现净值孰低法计价。2017年2月26日,华宇公司与M公司签订销售合同:由华宇公司于2018年3月6日向M公司销售笔记本电脑20 000台,每台15 000元。2018年2月28日华宇公司库存笔记本电脑24 000台,单位成本14 100元。2018年2月28日市场销售价格为每台13 000元,预计销售税费均为每台500元。华宇公司于 2018 年 3 月 6 日向 M 公司销售笔记本电脑 20 000 台,每台 15 000 元。华宇公司于 2018 年 3 月 2 日销售笔记本电脑 1 000 台,市场销售价格为每台 12 000 元。货款均已收到。华宇公司是一般纳税人企业,适用的增值税税率为 16%。

要求:

(1) 编制计提存货跌价准备会计分录,并列示计算过程。

(2) 编制有关销售业务的会计分录。

6. 大华公司对存货按照单项计提存货跌价准备,20×8 年年末关于计提存货跌价准备的资料如下。

(1) 库存商品甲,账面余额为 5 000 000 元,已计提存货跌价准备 500 000 元。按照一般市场价格预计售价为 5 800 000 元,预计销售费用和相关税金为 100 000 元。

(2) 库存商品乙,账面余额为 6 000 000 元,未计提存货跌价准备。库存商品乙中,有 40%已签订销售合同,合同价款为 2 600 000 元;另外 60%未签订合同,按照一般市场价格预计销售价格为 3 000 000 元。库存商品乙的预计销售费用和税金为 250 000 元。

(3) 库存材料丙因改变生产工艺,导致无法使用,准备对外销售。丙材料的账面余额为 1 000 000 元,预计销售价格为 950 000 元,预计销售费用及相关税金为 50 000 元,未计提跌价准备。

(4) 库存材料丁 20 吨,每吨实际成本 1 600 元。全部 20 吨丁材料用于生产 A 产品 10 件,A 产品每件加工成本为 2 000 元,每件一般售价为 5 000 元,现有 8 件已签订销售合同,合同约定每件为 4 500 元,假定销售税费均为销售价格的 10%。丁材料未计提存货跌价准备。

要求:计算上述存货的期末可变现净值和应计提的跌价准备,并进行相应的账务处理。

第 5 章

金融资产

通过本章的学习,学生应掌握金融资产的分类;理解和掌握交易性金融资产初始计量、持有收益及期末计量的会计处理;理解和掌握以摊余成本计量的债权投资的初始计量、实际利率法摊销收益的确认及到期收回的会计处理;理解和掌握以公允价值计量且其变动计入其他综合收益的其他债权投资和其他权益工具投资初始计量、持有期间、期末计量及处置的会计处理;了解金融资产重分类及金融资产减值的处理原则。

金融资产是如何分类的;以公允价值计量且其变动计入当期损益的金融资产、以摊余成本计量的金融资产、以公允价值计量且其变动计入其他综合收益的金融资产初始成本确定的差异;实际利率法;交易性金融资产与其他权益工具投资期末计量的差异。

5.1 金融资产及分类

5.1.1 金融工具概述

《企业会计准则第 22 号——金融工具确认和计量》将金融工具定义为:形成一个企业的金融资产并形成其他单位的金融负债或权益工具的合同。金融工具包括金融资产、金融负债和权益工具。金融资产是指企业持有的现金、其他单位的权益工具及符合下列条件之一的资产。

(1) 从其他单位收取现金或其他金融资产的合同权利。例如,企业的银行存款、应收账款、应收票据和贷款等,均属于金融资产。再如,预付账款不是金融资产,因其产生的未来经济利益的是商品或服务,不是收取现金或其他金融资产的权利。

(2) 在潜在有利条件下,与其他单位交换金融资产或金融负债的合同权利。例如,企业持有的看涨期权或看跌期权等。

(3) 将来须用或可用企业自身权益工具进行结算的非衍生工具合同,且企业根据该合同将收到可变数量的权益工具。

（4）将来须用或可用企业自身权益工具进行结算的衍生工具合同，但以固定数量的自身权益工具交换固定金额的现金或其他金融资产的衍生工具合同除外。

5.1.2 金融资产的分类

根据《企业会计准则第 22 号——金融工具确认和计量》的规定，企业应根据其管理金融资产的业务模式和金融资产的合同现金流特征，将金融资产划分为以下 3 类：以摊余成本计量的金融资产；以公允价值计量且其变动计入其他综合收益的金融资产；以公允价值计量且其变动计入当期损益的金融资产。

企业管理金融资产的业务模式，是指企业如何管理其金融资产以产生现金流量。业务模式决定企业管理金融资产现金流量的来源是收取合同现金流量、出售金融资产，还是两者兼有。一个企业可能会采用多个业务模式管理其金融资产。例如，企业持有一组以收取合同现金流量为目标的投资组合，同时还持有另一组既以收取合同现金流量为目标又以出售该金融资产为目标的投资组合。企业应当在金融资产组合的层次上确定管理金融资产的业务模式，而不必按照单个金融资产逐项确定业务模式。企业管理金融资产的业务模式，应当以企业关键管理人员决定的对金融资产进行管理的特定目标为基础确定。企业确定管理金融资产的业务模式，应当以客观事实为依据，不得以按照合同预期不会发生的情形为基础确定。

金融资产的合同现金流特征，是指金融工具合同约定的、反映相关金融资产经济特征的现金流量属性。企业分类为以摊余成本计量和以公允价值计量且其变动计入其他综合收益的金融资产，其合同现金流量特征，应当与基本借贷安排相一致，即相关金融资产在特定日期产生的合同现金流量仅为对本金和以未偿付本金金额为基础的利息的支付。

对金融资产的分类一经确定，不得随意变更。

1. 以摊余成本计量的金融资产

金融资产同时符合下列条件的，应当被分类为以摊余成本计量的金融资产。

（1）企业管理该金融资产的业务模式是以收取合同现金流量为目标。

（2）该金融资产的合同条款规定，在特定日期产生的现金流量，仅为对本金和以未偿付本金金额为基础的利息的支付。

例如，企业持有的普通债券的合同现金流量是到期收回本金及按约定利率在合同期间按时收取固定利息或浮动利息的权利。在没有其他特殊安排的情况下，普通债券的合同现金流量一般情况下可能符合仅为对本金和以未偿付本金金额为基础的利息支付的要求。如果企业管理该债券的业务模式是以收取合同现金流量为目标，则该债券应当分类为以摊余成本计量的金融资产。

企业一般应当设置"银行存款""贷款""应收账款""债权投资"等账户，核算分类为以摊余成本计量的金融资产。

2. 以公允价值计量且其变动计入其他综合收益的金融资产

金融资产同时符合下列条件的，应当分类为以公允价值计量且其变动计入其他综合收益的金融资产。

（1）企业管理该金融资产的业务模式既以收取合同现金流量为目标，又以出售该金融资产为目标。

（2）该金融资产的合同条款规定，在特定日期产生的现金流量，仅为对本金和以未偿付本金金额为基础的利息的支付。

例如，企业持有的普通债券的合同现金流量是到期收回本金及按约定利率在合同期间按时收取固定或浮动利息的权利。在没有其他特殊安排的情况下，普通债券的合同现金流量一般情况下可能符合仅为对本金和以未偿付本金金额为基础的利息支付的要求。如果企业管理该债券的业务模式既以收取合同现金流量为目标，又以出售该债券为目标，则该债券应当分类为以公允价值计量且其变动计入其他综合收益的金融资产。

企业应当设置"其他债权投资""其他权益工具投资"账户，核算分类为以公允价值计量且其变动计入其他综合收益的金融资产。

3. 以公允价值计量且其变动计入当期损益的金融资产

按照金融工具确认和计量准则分类为以摊余成本计量的金融资产和以公允价值计量且其变动计入其他综合收益的金融资产之外的金融资产，企业应当将其分类为以公允价值计量且其变动计入当期损益的金融资产。

例如，企业持有的普通股股票的合同现金流量是收取被投资企业未来股利分配以及清算时获取剩余收益的权利。由于股利及获得剩余收益的权利均不符合本金和利息的定义，因此企业持有的普通股股票应当分类为以公允价值计量且其变动计入当期损益的金融资产。

企业应当设置"交易性金融资产"账户，核算以公允价值计量且其变动计入当期损益的金融资产。企业持有的直接指定为以公允价值计量且其变动计入当期损益的金融资产，也用该账户核算。

4. 金融资产分类的特殊规定

权益工具投资的合同现金流量评估一般不符合基本借贷安排，因此只能分类为以公允价值计量且其变动计入当期损益的金融资产。然而在初始确认时，企业可以将非交易性权益工具投资指定为以公允价值计量且其变动计入其他综合收益的金融资产，并按照《企业会计准则第22号——金融工具确认和计量》确认股利收入。该指定一经作出，不得撤销。企业投资其他上市公司股票或者非上市公司股权的，都可能属于这种情形。

初始确认时，企业可基于单项非交易性权益工具投资，将其指定为以公允价值计量且其变动计入其他综合收益的金融资产，其公允价值的后续变动计入其他综合收益，不需计提减值准备。除了获得的股利（明确代表投资成本部分收回的股利除外）计入当期损益外，其他相关的利得和损失（包括汇兑损益）均应当计入其他综合收益，且后续不得转入当期损益。当金融资产终止确认时，之前计入其他综合收益的累计利得或损失，应当从其他综合收益中转出，计入留存收益。

需要注意的是，企业在非同一控制下的企业合并中确认的或有对价构成金融资产的，该金融资产应当分类为以公允价值计量且其变动计入当期损益的金融资产，不得指定为以公允价值计量且其变动计入其他综合收益的金融资产。

5.2 交易性金融资产

金融资产满足下列条件之一的，表明企业持有该金融资产的目的是交易性：①取得相关金融资产的目的，主要是为了近期出售或回购；②相关金融资产在初始确认时属于集中管理的可辨认金融工具组成的一部分，且有客观证据表明近期实际存在短期获利模式；③相关金融资产属于衍生工具，但符合财务担保合同定义的衍生工具及被指定为有效套期工具的衍生工具除外。

在初始确认时，如果能够消除或显著减少会计错配，则企业可以将金融资产指定为以公允价值计量且其变动计入当期损益的金融资产。该指定一经作出，不得撤销。

5.2.1 设置的会计账户

1. "交易性金融资产"账户

"交易性金融资产"账户核算为交易目的而持有的债券投资、股票投资、基金投资等交易性金融资产的公允价值。账户的借方登记交易性金融资产的取得成本、资产负债表日其公允价值高于账面余额的差额，以及出售交易性金融资产时结转公允价值低于账面余额的变动金额；贷方登记资产负债表日其公允价值低于账面余额的差额，以及企业出售交易性金融资产时结转的成本和公允价值高于账面余额的变动金额。企业应当按照交易性金融资产的类别和品种，分别设置"成本""公允价值变动"等明细账户进行核算。其中，"成本"明细账户反映交易性金融资产的初始入账金额；"公允价值变动"明细账户反映交易性金融资产在持有期间的公允价值变动金额。

2. "公允价值变动损益"账户

"公允价值变动损益"账户核算企业交易性金融资产等的公允价值变动而形成的应计入当期损益的利得或损失。账户的借方登记资产负债表日企业持有的交易性金融资产等的公允价值低于账面余额的差额；贷方登记资产负债表日企业持有的交易性金融资产等的公允价值高于账面余额的差额。

3. "投资收益"账户

"投资收益"账户核算企业持有交易性金融资产等的期间内取得的投资收益以及出售交易性金融资产等实现的投资收益或投资损失。账户的借方登记企业取得交易性金融资产时支付的交易费用、出售交易性金融资产等发生的损失；贷方登记企业持有交易性金融资产等的期间内取得的投资收益及出售交易性金融资产等实现的投资收益。

5.2.2 交易性金融资产的取得

企业取得交易性金融资产时，应当按照取得时的公允价值作为初始入账金额。公允价值是指市场参与者在计量日发生的有序交易中，出售一项资产所能收到或者转移一项负债所需支付的价格，即在公平交易中，熟悉情况的交易双方自愿进行资产交换或者债务清偿的金额。金融资产的公允价值，应当以市场交易价格为基础加以确定。

企业取得交易性金融资产所发生的相关交易费用应当在发生时计入当期损益，作为投资收益进行会计处理，发生交易费用取得增值税专用发票的，进项税额经认证后可从当月销项税额中扣除。交易费用是指可直接归属于购买、发行或处置金融工具的增量费用。增量费用包括支付给代理机构、咨询公司、证券公司、证券交易所、政府有关部门等的手续费、佣金、相关税费及其他必要支出，不包括债券溢价、折价、融资费用、内部管理成本和持有成本等与交易不直接相关的费用。

企业取得交易性金融资产所支付的价款中包含了已宣告但尚未发放的现金股利或已到付息期但尚未领取的债券利息，应单独确认为应收项目，不应构成交易性金融资产的初始入账金额。

企业取得交易性金融资产时：

借：交易性金融资产——成本（按该交易性金融资产取得时的公允价值）
　　应收股利（按实际支付价款中包含的已宣告尚未发放的现金股利）
　　应收利息（按实际支付价款中包含的已到付息期尚未支付的债券利息）
　　投资收益（按发生的交易费用）
　　应交税费——应交增值税（进项税额）（按增值税专用发票注明的增值税进项税额）
　　贷：其他货币资金——存出投资款

例 5-1 20×8 年 3 月 1 日，利达股份有限公司从上海证券交易所购入甲公司股票 1 000 000 股，该笔股票投资在购买日的公允价值为 9 000 000 元（其中包含已宣告但尚未发放的现金股利 600 000 元），该现金股利于 3 月 25 日收到。另支付相关交易费用 30 000 元，取得的增值税专用发票上注明的增值税税额为 1 800 元。利达股份有限公司将其划分为交易性金融资产进行管理和核算。编制会计分录如下。

（1）20×8 年 3 月 1 日，购买甲公司的股票时：

借：交易性金融资产——成本　　　　　　　　　　　　　　　8 400 000
　　应收股利　　　　　　　　　　　　　　　　　　　　　　　600 000
　　贷：其他货币资金——存出投资款　　　　　　　　　　　　9 000 000

（2）20×8 年 3 月 1 日，支付相关交易费用时：

借：投资收益　　　　　　　　　　　　　　　　　　　　　　30 000
　　应交税费——应交增值税（进项税额）　　　　　　　　　　1 800
　　贷：其他货币资金——存出投资款　　　　　　　　　　　　31 800

在本例中，取得交易性金融资产所发生的相关交易费用 30 000 元应当在发生时记入"投资收益"账户，而不计交易性金融资产的初始成本。取得交易性金融资产所支付的价款中包含的已宣告但尚未发放的现金股利 600 000 元，作为应收项目核算，不应该计入交易性金融资产的初始成本。

（3）20×8 年 3 月 25 日，收到现金股利时：

借：其他货币资金——存出投资款　　　　　　　　　　　　　600 000
　　贷：应收股利　　　　　　　　　　　　　　　　　　　　　600 000

5.2.3 交易性金融资产的持有收益

企业在持有交易性金融资产期间获得的现金股利或债券利息应当确认为投资收益。

1. 股票投资

持有交易性金融资产期间，被投资单位宣告发放现金股利时，投资企业按应享有的份额：
借：应收股利
　　贷：投资收益
实际收到现金股利时：
借：其他货币资金——存出投资款
　　贷：应收股利

2. 债券投资

资产负债表日，投资企业按分期付息、一次还本债券投资的面值和票面利率计提利息时：
借：应收利息
　　贷：投资收益
收到上述债券利息时：
借：其他货币资金——存出投资款
　　贷：应收利息

例 5-2 20×8 年 1 月 1 日，利达股份有限公司购入乙公司发行的公司债券，支付价款 21 300 000 元（其中包括已到付息期但尚未领取的债券利息 300 000 元），另支付交易费用 80 000 元，取得的增值税专用发票上注明的增值税税额为 4 800 元。该笔乙公司债券于 20×7 年 7 月 1 日发行，面值为 20 000 000 元，票面利率为 3%，上年债券利息于下年年初支付。利达股份有限公司将其划分为交易性金融资产进行管理和核算。20×8 年 1 月 31 日，利达股份有限公司收到该笔债券利息 300 000 元。20×9 年年初，利达股份有限公司收到债券利息 600 000 元。假定债券利息不考虑相关税费，利达股份有限公司应编制会计分录如下。

（1）20×8 年 1 月 1 日，购入乙公司债券时：

借：交易性金融资产——成本　　　　　　　　　　　　　　　21 000 000
　　应收利息　　　　　　　　　　　　　　　　　　　　　　　　300 000
　　投资收益　　　　　　　　　　　　　　　　　　　　　　　　 80 000
　　应交税费——应交增值税（进项税额）　　　　　　　　　　　 4 800
　　贷：其他货币资金——存出投资款　　　　　　　　　　　　21 384 800

（2）20×8 年 1 月 31 日，收到购买价款中包含的已到付息期但尚未领取的债券利息时：

借：其他货币资金——存出投资款　　　　　　　　　　　　　　 300 000
　　贷：应收利息　　　　　　　　　　　　　　　　　　　　　　 300 000

（3）20×8 年 12 月 31 日，确认债券利息收入 600 000 元（20 000 000×3%）时：

借：应收利息　　　　　　　　　　　　　　　　　　　　　　　 600 000
　　贷：投资收益　　　　　　　　　　　　　　　　　　　　　　 600 000

（4）20×9年年初，收到持有乙公司债券利息时：

借：其他货币资金——存出投资款　　　　　　　　　　　　　　600 000
　　贷：应收利息　　　　　　　　　　　　　　　　　　　　　　600 000

5.2.4　交易性金融资产的期末计量

根据企业会计准则的规定，资产负债表日，交易性金融资产应按公允价值计量，公允价值与账面价值之间的差额计入当期损益。

1. 交易性金融资产的公允价值高于其账面余额

应按二者之间的差额调整交易性金融资产的账面余额，同时确认公允价值上升的收益，编制会计分录如下。

借：交易性金融资产——公允价值变动
　　贷：公允价值变动损益

2. 交易性金融资产的公允价值低于账面余额

应按二者之间的差额调减交易性金融资产的账面余额，同时确认公允价值下跌的损失，编制会计分录如下。

借：公允价值变动损益
　　贷：交易性金融资产——公允价值变动

例5-3　承例5-2，假定20×8年6月30日，利达股份有限公司购买的乙公司债券的公允价值为20 800 000元。20×8年12月31日，利达股份有限公司购买的乙公司债券的公允价值为21 500 000元。利达股份有限公司应编制会计分录如下。

（1）20×8年6月30日，确认乙公司债券的公允价值变动损益时：

借：公允价值变动损益　　　　　　　　　　　　　　　　　　　200 000
　　贷：交易性金融资产——公允价值变动　　　　　　　　　　　200 000

（2）20×8年12月31日，确认乙公司债券的公允价值变动损益时：

借：交易性金融资产——公允价值变动　　　　　　　　　　　　　700 000
　　贷：公允价值变动损益　　　　　　　　　　　　　　　　　　700 000

5.2.5　交易性金融资产的处置

企业出售交易性金融资产时，应当将该交易性金融资产出售时的公允价值与其账面余额之间的差额作为投资损益进行会计处理；同时，将原计入公允价值变动损益的该交易性金融资产的公允价值变动，由公允价值变动损益转为投资收益。

企业出售交易性金融资产时：

借：其他货币资金——存出投资款（按照实际收到的金额）
　　贷：交易性金融资产——成本（按该金融资产账面余额的成本部分）
　　贷或借：交易性金融资产——公允价值变动（按该金融资产账面余额的公允价值变动部分）
　　贷或借：投资收益（按其差额）

例5-4 承例5-2,假定20×8年3月15日,利达股份有限公司出售了所持有的全部乙公司债券,售价为22 300 000元。编制会计分录如下。

借：其他货币资金——存出投资款 22 300 000
　　贷：交易性金融资产——成本 21 000 000
　　　　　　　　　　　——公允价值变动 500 000
　　　　投资收益 800 000
借：公允价值变动损益 500 000
　　贷：投资收益 500 000

注意：金融资产转让按照卖出价扣除买入价（不需要扣除已宣告未发放现金股利和已到付息期未领取的利息）后的余额作为销售额计算增值税，即转让金融资产按盈亏相抵后的余额为销售额。若相抵后出现负值，可结转下一纳税期与下期转让金融资产销售额互抵。但年末时仍出现负值的，不得转入下一会计年度。

5.3 以摊余成本计量的金融资产

企业应当设置"债权投资"账户，核算以摊余成本计量的金融资产的摊余成本，并设置"成本""利息调整""应计利息"等明细账户。其中，"成本"明细账户反映债权投资的面值；"利息调整"明细账户反映债权投资的初始入账金额与面值的差额，以及按照实际利率法分期摊销后该差额的摊余金额；"应计利息"明细账户反映企业计提的到期一次还本付息债权投资的应计未付的利息。

5.3.1 债权投资取得

债权投资应当按照取得时的公允价值与相关交易费用之和作为初始入账金额。如果实际支付的价款中包含已到付息期但尚未领取的债券利息，应单独确认为应收项目，不构成债权投资的初始入账金额。

企业取得债权投资时：

借：债权投资——成本（按债券的面值）
　　应收利息（按实际支付价款中包含的已到付息期但尚未支付的债券利息）
　　贷：银行存款（按实际支付的金额）
　　贷或借：债权投资——利息调整（按其差额）

例5-5 20×4年1月1日，利达股份有限公司支付价款10 000 000元（含交易费用）从上海证券交易所购入甲公司同日发行的五年期公司债券12 500份，债券面值总额为12 500 000元，票面年利率为5.72%，于年末支付本年度债券利息（即每年利息为590 000元），本金在债券到期时一次性偿还。合同约定，该债券的发行方在遇到特定情况时可以将债券赎回，且不需要为提前赎回支付额外款项。利达股份有限公司在购买债券时，预计发行方不会提前赎回。利达股份有限公司根据其管理该债券的业务模式和该债券的合同现金流量特征，将该债券分类为以摊余成本计量的金融资产。

20×4年1月1日，利达股份有限公司购入甲公司债券的会计处理如下：
借：债权投资——成本　　　　　　　　　　　　　　　　　　　12 500 000
　　贷：银行存款　　　　　　　　　　　　　　　　　　　　　　10 000 000
　　　　债权投资——利息调整　　　　　　　　　　　　　　　　 2 500 000

5.3.2　以摊余成本计量的金融资产的后续计量

1. 计算程序及方法

1）摊余成本

《企业会计准则第 22 号——金融工具确认和计量》规定，金融资产的摊余成本应当以该金融资产的初始确认金额经下列调整后的结果确定。

（1）扣除已偿还的本金。

（2）加上或减去采用实际利率法将该初始确认金额与到期日金额之间的差额进行摊销形成的累计摊销额。

（3）扣除累计计提的损失准备。

2）实际利率法

实际利率法是指计算金融资产的摊余成本以及将利息收入分摊计入各会计期间的方法。实际利率是指将金融资产在预计存续期的估计未来现金流量，折现为该金融资产账面余额后所使用的利率。在确定实际利率时，应当在考虑金融资产所有合同条款（如提前还款、展期、看涨期权或其他类似期权等）的基础上估计预期现金流量，但不应当考虑预期信用损失。

3）利息收入

企业应当按实际利率法（即摊余成本乘以实际利率）计算确认当期利息收入，计入投资收益。实际利率法可以用以下公式计算利息收入：

利息收入 = 债权投资的期初摊余成本×实际利率

应收利息 = 债券面值×票面利率

当期利息调整摊销额 = 利息收入 - 应收利息

期末摊余成本 = 期初摊余成本 ± 当期利息调整摊销额

2. 会计处理

1）分期付息债券利息收入的确认

债权投资如为分期付息、一次还本的债权，企业应当于付息日或资产负债表日计提债券利息，计提的利息通过"应收利息"账户核算，同时确认利息收入。

付息日和资产负债表日：

借：应收利息（按照债权投资的面值和票面利率计算确定的应收利息）
　　贷：投资收益（按照债权投资的期初摊余成本和实际利率计算确定的利息收入）
　　贷或借：债权投资——利息调整（按其差额）

收到上列计提的利息时：

借：银行存款
　　贷：应收利息

例 5-6 承例 5-5，利达股份有限公司计算确认各年的利息收入时，假定不考虑所得税、减值损失等因素，计算该债券的实际利率 r。

$590\,000\times(1+r)^{-1}+590\,000\times(1+r)^{-2}+590\,000\times(1+r)^{-3}+590\,000\times(1+r)^{-4}+(590\,000+12\,500\,000)\times(1+r)^{-5}=10\,000\,000$（元）

利用插值法，计算得

$$r=10\%$$

利达股份有限公司采用实际利率法编制的利息收入与摊余成本计算表，如表 5-1 所示。

表 5-1　利息收入与摊余成本计算表　　　　　　　　　　　单位：元

日期	期初摊余成本（A）	实际利息收入（B＝A×10%）	现金流入（C）	期末摊余成本（D＝A+B−C）
20×4	10 000 000	1 000 000	590 000	10 410 000
20×5	10 410 000	1 040 000	590 000	10 860 000
20×6	10 860 000	1 090 000	590 000	11 360 000
20×7	11 360 000	1 140 000	590 000	11 910 000
20×8	11 910 000	1 180 000*	590 000+12 500 000	0

*尾数调整 12 500 000+590 000−11 910 000＝1 180 000（元）。

利达股份有限公司确认各年利息收入的有关账务处理如下。

（1）20×4 年 12 月 31 日，确认甲公司债券实际利息收入、收到债券利息时：

借：应收利息　　　　　　　　　　　　　　　　　　　　　　　590 000
　　债权投资——利息调整　　　　　　　　　　　　　　　　　410 000
　　贷：投资收益　　　　　　　　　　　　　　　　　　　　1 000 000
借：银行存款　　　　　　　　　　　　　　　　　　　　　　　590 000
　　贷：应收利息　　　　　　　　　　　　　　　　　　　　　590 000

（2）20×5 年 12 月 31 日，确认甲公司债券实际利息收入、收到债券利息时：

借：应收利息　　　　　　　　　　　　　　　　　　　　　　　590 000
　　债权投资——利息调整　　　　　　　　　　　　　　　　　450 000
　　贷：投资收益　　　　　　　　　　　　　　　　　　　　1 040 000
借：银行存款　　　　　　　　　　　　　　　　　　　　　　　590 000
　　贷：应收利息　　　　　　　　　　　　　　　　　　　　　590 000

（3）20×6 年 12 月 31 日，确认甲公司债券实际利息收入、收到债券利息时：

借：应收利息　　　　　　　　　　　　　　　　　　　　　　　590 000
　　债权投资——利息调整　　　　　　　　　　　　　　　　　500 000
　　贷：投资收益　　　　　　　　　　　　　　　　　　　　1 090 000
借：银行存款　　　　　　　　　　　　　　　　　　　　　　　590 000
　　贷：应收利息　　　　　　　　　　　　　　　　　　　　　590 000

（4）20×7 年 12 月 31 日，确认甲公司债券实际利息收入、收到债券利息时：

借：应收利息　　　　　　　　　　　　　　　　　　　　　　　590 000
　　债权投资——利息调整　　　　　　　　　　　　　　　　　550 000
　　贷：投资收益　　　　　　　　　　　　　　　　　　　　1 140 000

借：银行存款 590 000
　　贷：应收利息 590 000

（5）20×8年12月31日，确认甲公司债券实际利息收入、收到债券利息时：

借：应收利息 590 000
　　债权投资——利息调整 590 000
　　　贷：投资收益 1 180 000

借：银行存款 590 000
　　贷：应收利息 590 000

（6）债权投资到期收回本金时：

借：银行存款 12 500 000
　　贷：债权投资——成本 12 500 000

2）到期一次还本付息债券利息收入的确认

债权投资如为到期一次还本付息的债券，企业应当于资产负债表日计提债券利息，计提的利息通过"债权投资——应计利息"账户核算，同时按实际利率法确认利息收入并摊销利息调整。

资产负债表日：

借：债权投资——应计利息（按照债权投资面值和票面利率计算确定的应收利息）
　　贷：投资收益（按照债权投资的期初摊余成本和实际利率计算确定的利息收入）
　　贷或借：债权投资——利息调整

例5-7 假定例5-5中，利达股份有限公司购买的甲公司债券不是分次付息，而是到期一次还本付息，且利息不是以复利计算。此时，该公司所购买甲公司债券的实际利率 r 计算如下：

$(590\,000+590\,000+590\,000+590\,000+590\,000+12\,500\,000)\times(1+r)^{-5}=10\,000\,000$（元）

由此计算得

$$r\approx 9.05\%$$

利达股份有限公司采用实际利率法编制的利息收入与摊余成本计算表，如表5-2所示。

表5-2　利息收入与摊余成本计算表　　　　　　　　　　　　　　单位：元

日期	期初摊余成本（A）	实际利息收入（B=A×9.05%）	现金流入（C）	期末摊余成本（D=A+B-C）
20×4	10 000 000	905 000	0	10 905 000
20×5	10 905 000	986 900	0	11 891 900
20×6	11 891 900	1 076 200	0	12 968 100
20×7	12 968 100	1 173 600	0	14 141 700
20×8	14 141 700	1 308 300*	15 450 000	0

*尾数调整 12 500 000+2 950 000-14 141 700 = 1 308 300（万元）。

（1）20×4年12月31日，确认甲公司债券实际利息收入：

借：债权投资——应计利息 590 000
　　　　　　——利息调整 315 000
　　贷：投资收益 905 000

（2）20×5年12月31日，确认甲公司债券实际利息收入：

借：债权投资——应计利息　　　　　　　　　　　　　　590 000
　　　　　　——利息调整　　　　　　　　　　　　　　396 900
　　贷：投资收益　　　　　　　　　　　　　　　　　　986 900

（3）20×6年12月31日，确认甲公司债券实际利息收入：
借：债权投资——应计利息　　　　　　　　　　　　　　590 000
　　　　　　——利息调整　　　　　　　　　　　　　　486 200
　　贷：投资收益　　　　　　　　　　　　　　　　　1 076 200

（4）20×7年12月31日，确认甲公司债券实际利息收入、收到债券利息时：
借：债权投资——应计利息　　　　　　　　　　　　　　590 000
　　　　　　——利息调整　　　　　　　　　　　　　　583 600
　　贷：投资收益　　　　　　　　　　　　　　　　　1 173 600

（5）20×8年12月31日，确认甲公司债券实际利息收入、收回债券本金和利息时：
借：债权投资——应计利息　　　　　　　　　　　　　　590 000
　　　　　　——利息调整　　　　　　　　　　　　　　718 300
　　贷：投资收益　　　　　　　　　　　　　　　　　1 308 300
借：银行存款　　　　　　　　　　　　　　　　　　　15 450 000
　　贷：债权投资——成本　　　　　　　　　　　　　12 500 000
　　　　　　　——应计利息　　　　　　　　　　　　 2 950 000

5.4　以公允价值计量且其变动计入其他综合收益的金融资产

企业应当设置"其他债权投资""其他权益工具投资"账户，核算持有的以公允价值计量且其变动计入其他综合收益的金融资产，并设置"成本""利息调整""应计利息""公允价值变动"明细账户。其中，"成本"明细账户反映其他权益工具投资的初始入账金额或其他债权投资的面值；"利息调整"明细账户反映其他债权投资的初始入账金额与其面值的差额，以及按照实际利率法分期摊销后该债权的摊余金额；"应计利息"明细账户反映企业计提的到期一次还本付息其他债权投资应计未付的利息；"公允价值变动"明细账户反映其他权益工具投资的公允价值变动金额。

5.4.1　以公允价值计量且其变动计入其他综合收益的其他债权投资的计量

其他债权投资或其他权益工具投资应当按取得该金融资产的公允价值和相关交易费用之和作为初始入账金额。如果支付的价款中包含已宣告但尚未发放的现金股利或已到付息期但尚未领取的利息，应单独确认为应收项目，不构成金融资产的初始入账金额。

1. 企业取得债权投资

借：其他债权投资——成本（按债券面值）
　　应收利息（按支付的价款中包含的已到付息期但尚未领取的利息）

    贷：银行存款等（按实际支付的金额）
    贷或借：其他债权投资——利息调整（按其差额）

2. 资产负债表日按期计提利息确认利息收入

   借：应收利息（按照债权投资的面值和票面利率计算确定的分次付息到期还本的债权投资利息）
       其他债权投资——应计利息（按照债权投资的面值和票面利率计算确定的到期一次还本付息的债权投资利息）
     贷：投资收益（按照债权投资摊余成本和实际利率计算确定的利息收入）
     贷或借：其他债权投资——利息调整（按其差额）

3. 资产负债表日确认债权投资的公允价值变动损益

   公允价值大于期末摊余成本时：
   借：其他债权投资——公允价值变动
     贷：其他综合收益
   公允价值小于期末摊余成本时：
   借：其他综合收益
     贷：其他债权投资——公允价值变动

4. 处置债权投资

   借：银行存款（实际收到的金额）
     贷：其他债权投资——成本（债权投资的初始确认金额）
     贷或借：其他债权投资——公允价值变动（累计公允价值变动额）
                       ——利息调整（尚未摊销的利息调整金额）
     贷或借：投资收益（按其差额）
   同时，结转其他综合收益中的公允价值累计金额：
   借或贷：其他综合收益
       贷或借：投资收益

例 5-8 承例 5-5，若利达股份有限公司根据其管理甲公司债券的业务模式和该债券的合同现金流量特征，将该债券分类为以公允价值计量且其变动计入其他综合收益的金融资产。其他资料如下：

（1）20×4年12月31日，甲公司债券公允价值为 12 000 000 元（不含利息）；
（2）20×5年12月31日，甲公司债券公允价值为 13 000 000 元（不含利息）；
（3）20×6年12月31日，甲公司债券公允价值为 12 500 000 元（不含利息）；
（4）20×7年12月31日，甲公司债券公允价值为 12 000 000 元（不含利息）；
（5）20×8年1月20日，通过上海证券交易所出售甲公司债券 12 500 份，取得价款 12 600 000 元。

假定不考虑所得税、减值损失等因素，计算该债券的实际利率 r：

590 000×$(1+r)^{-1}$+590 000×$(1+r)^{-2}$+590 000×$(1+r)^{-3}$+590 000×$(1+r)^{-4}$+（590 000+12 500 000）×$(1+r)^{-5}$=10 000 000（元）

利用插值法，计算得

$$r = 10\%$$

利达股份有限公司采用实际利率法编制的利息收入与摊余成本计算表，如表 5-3 所示。

表 5-3 利息收入与摊余成本计算表 单位：元

日期	现金流入（A）	实际利息收入（B = 期初 D×10%）	已收回的本金（C = A-B）	公允价值（E）	公允价值变动额（F = E-D-期初 G）	公允价值变动累计金额（G = 期初 G+F）
20×4 年 1 月 1 日				10 000 000	0	0
20×4 年 12 月 31 日	590 000	1 000 000	-410 000	12 000 000	1 590 000	1 590 000
20×5 年 12 月 31 日	590 000	1 040 000	-450 000	13 000 000	550 000	2 140 000
20×6 年 2 月 31 日	590 000	1 090 000	-500 000	12 500 000	-1 000 000	1 140 000
20×7 年 12 月 31 日	590 000	1 130 000	-540 000	12 000 000	-1 040 000	100 000
20×8 年 1 月 20 日	0	700 000*	-700 000	12 600 000	-100 000	0
小计	2 360 000	4 960 000	-2 600 000	—		
20×8 年 1 月 20 日	12 600 000	—	12 600 000			
合计	14 960 000	4 960 000	10 000 000			

*尾数调整 12 600 000+0-11 900 000 = 700 000（元）。

利达股份有限公司的有关账务处理如下。

（1）20×4 年 1 月 1 日，购入甲公司债券时：

借：其他债权投资——成本　　　　　　　　　　　　　　　　　　　　　　12 500 000
　　贷：银行存款　　　　　　　　　　　　　　　　　　　　　　　　　　10 000 000
　　　　其他债权投资——利息调整　　　　　　　　　　　　　　　　　　 2 500 000

（2）20×4 年 12 月 31 日，确认甲公司债券实际利息收入、公允价值变动、收到债券利息时：

借：应收利息　　　　　　　　　　　　　　　　　　　　　　　　　　　　　590 000
　　其他债权投资——利息调整　　　　　　　　　　　　　　　　　　　　　410 000
　　贷：投资收益　　　　　　　　　　　　　　　　　　　　　　　　　　1 000 000
借：银行存款　　　　　　　　　　　　　　　　　　　　　　　　　　　　　590 000
　　贷：应收利息　　　　　　　　　　　　　　　　　　　　　　　　　　　590 000
借：其他债权投资——公允价值变动　　　　　　　　　　　　　　　　　　1 590 000
　　贷：其他综合收益　　　　　　　　　　　　　　　　　　　　　　　　1 590 000

（3）20×5 年 12 月 31 日，确认甲公司债券实际利息收入、公允价值变动、收到债券利息时：

借：应收利息　　　　　　　　　　　　　　　　　　　　　　　　　　　　　590 000
　　其他债权投资——利息调整　　　　　　　　　　　　　　　　　　　　　450 000
　　贷：投资收益　　　　　　　　　　　　　　　　　　　　　　　　　　1 040 000

借：银行存款 590 000
　　贷：应收利息 590 000
借：其他债权投资——公允价值变动 550 000
　　贷：其他综合收益 550 000

（4）20×6年12月31日，确认甲公司债券实际利息收入、公允价值变动、收到债券利息时：

借：应收利息 590 000
　　其他债权投资——利息调整 500 000
　　贷：投资收益 1 090 000
借：银行存款 590 000
　　贷：应收利息 590 000
借：其他债权投资——公允价值变动 1 000 000
　　贷：其他综合收益 1 000 000

（5）20×7年12月31日，确认甲公司债券实际利息收入、公允价值变动、收到债券利息时：

借：应收利息 590 000
　　其他债权投资——利息调整 540 000
　　贷：投资收益 1 130 000
借：银行存款 590 000
　　贷：应收利息 590 000
借：其他债权投资——公允价值变动 1 040 000
　　贷：其他综合收益 1 040 000

（6）20×8年1月20日，确认出售甲公司债券实现的损益时：

借：其他债权投资——利息调整 700 000
　　贷：投资收益 700 000
借：银行存款 12 600 000
　　投资收益 100 000
　　贷：其他债权投资——成本 12 500 000
　　　　　　　　　　——公允价值变动 100 000
　　　　　　　　　　——利息调整 100 000

甲公司债券的成本 = 12 500 000（元）
甲公司债券的利息调整余额 = -2 500 000+410 000+450 000+500 000+540 000+700 000
　　　　　　　　　　　　 = -100 000（元）
甲公司债券公允价值变动余额 = 1 590 000+550 000-1 000 000-1 040 000 = 100 000（元）

同时，应从其他综合收益中转出的公允价值累计金额为100 000元：

借：其他综合收益 100 000
　　贷：投资收益 100 000

5.4.2 以公允价值计量且其变动计入其他综合收益的其他权益工具投资的计量

1. 企业取得其他权益工具投资

借：其他权益工具投资——成本（按其公允价值与交易费用之和）
    应收股利（按支付的价款中包含的已宣告但尚未发放的现金股利）
    贷：银行存款（按实际支付的金额）

2. 投资期间被投资企业宣告分配现金股利

借：应收股利
    贷：投资收益

3. 资产负债表日确认公允价值变动损益

公允价值大于账面价值时：
借：其他权益工具投资——公允价值变动
    贷：其他综合收益
公允价值小于账面价值时：
借：其他综合收益
    贷：其他权益工具投资——公允价值变动

4. 处置股权投资时

借：银行存款（按实际收到的金额）
    贷：其他权益工具投资——成本（按初始成本）
    贷或借：其他权益工具投资——公允价值变动（按累计的公允价值变动金额）
    贷或借：其他综合收益（按累计的公允价值变动损益）
    贷或借：盈余公积——法定盈余公积（按其差额×10%）
    贷或借：利润分配未分配利润（按其差额×90%）

例 5-9 20×7 年 5 月 6 日，利达股份有限公司支付价款 10 160 000 元（含交易费用 10 000 元和已宣告发放但尚未支付的现金股利 150 000 元），购入甲公司发行的股票 2 000 000 股，占甲公司有表决权股份的 0.5%。利达股份有限公司将其指定为以公允价值计量且其变动计入其他综合收益的非交易性权益工具投资。

20×7 年 5 月 10 日，利达股份有限公司收到甲公司发放的现金股利 150 000 元。
20×7 年 6 月 30 日，该股票市价为每股 5.2 元。
20×7 年 12 月 31 日，利达股份有限公司仍持有该股票，当日该股票市价为每股 5 元。
20×8 年 5 月 9 日，甲公司宣告发放股利 40 000 000 元。
20×8 年 5 月 13 日，利达股份有限公司收到甲公司发放的现金股利。
20×8 年 5 月 20 日，利达股份有限公司由于某特殊原因，以每股 5.9 元的价格将股票全部转让。

假定不考虑其他因素，利达股份有限公司的账务处理如下：

（1）20×7年5月6日，购入股票时：

借：其他权益工具投资——成本	10 010 000
应收股利	150 000
贷：银行存款	10 160 000

（2）20×7年5月10日，收到现金股利时：

借：银行存款	150 000
贷：应收股利	150 000

（3）20×7年6月30日，确认股票价格变动时：

借：其他权益工具投资——公允价值变动	390 000
贷：其他综合收益	390 000

（4）20×7年12月31日，确定股票价格变动时：

借：其他综合收益	400 000
贷：其他权益工具投资——公允价值变动	400 000

（5）20×8年5月9日，确认应收现金股利时：

　　　　应收股利 = 40 000 000×0.5% = 200 000（元）

借：应收股利	200 000
贷：投资收益	200 000

（6）20×8年5月13日，收到现金股利时：

借：银行存款	200 000
贷：应收股利	200 000

（7）20×8年5月20日，出售股票时：

借：银行存款	9 800 000
其他权益工具投资——公允价值变动	10 000
盈余公积——法定盈余公积	21 000
利润分配——未分配利润	189 000
贷：其他权益工具投资——成本	10 010 000
其他综合收益	10 000

5.5 金融资产的重分类及期末计量

5.5.1 金融资产的重分类

企业将一项以摊余成本计量的金融资产重分类为以公允价值计量且其变动计入当期损益的金融资产，应当按照该金融资产在重分类日的公允价值进行计量。原账面价值与公允价值之间的差额计入当期损益。

企业将一项以摊余成本计量的金融资产重分类为以公允价值计量且其变动计入其他综合收益的金融资产，应当按照该金融资产在重分类日的公允价值进行计量。原账面价值与公价值之间的差额计入其他综合收益。该金融资产重分类不影响其实际利率和预期信用损失的计量。

5.5.2 金融资产的减值

《企业会计准则第 22 号——金融工具确认和计量》规定，企业应当以预期信用损失为基础，对以摊余成本计量金融资产和以公允价值计量且其变动计入其他综合收益的金融资产项目进行减值会计处理并确认损失准备。损失准备，是指针对按照以摊余成本计量的金融资产的预期信用损失计提的准备；按照以公允价值计量且其变动计入其他综合收益的金融资产的累计减值金额计提的准备。

1. 金融资产信用减值的客观信息

当对金融资产预期未来现金流量具有不利影响的一项或多项事件发生时，该金融资产成为已发生信用减值的金融资产。金融资产已发生信用减值的证据包括下列可观察信息。

（1）发行方或债务人发生重大财务困难。
（2）债务人违反合同，如偿付利息或本金违约或逾期的。
（3）债权人出于与债务人财务困难有关的经济或合同考虑，给予债务人在任何其他情况下都不会作出的让步。
（4）债务人很可能破产或进行其他财务重组。
（5）发行方或债务人财务困难，导致该金融资产的活跃市场消失。
（6）以大幅折扣购买或源生一项金融资产，该折扣反映了发生信用损失的事实。

2. 预期信用损失及其计量

预期信用损失是指以发生违约的风险为权重的金融工具信用损失的加权平均值。信用损失是指企业按照原实际利率折现的、根据合同应收的所有合同现金流量与预期收取的所有现金流量之间的差额，即全部现金短缺的现值。对于企业购买或源生的已发生信用减值的金融资产，应按照该金融资产经信用调整的实际利率折现。因为预期信用损失考虑付款的金额和时间分布，所以即使企业预计可以全额收款但收款时间晚于合同规定的到期期限，也会产生信用损失。信用损失的计量方法如下。

（1）对于金融资产，信用损失应为企业应收取的合同现金流量与预期收取的现金流量之间差额的现值。
（2）对于资产负债表日已发生信用减值但并非购买或源生的已发生信用减值的金融资产，信用损失应为该金融资产账面余额与按原实际利率折现的估计未来现金流量的现值之间的差额。

3. 金融资产减值的账务处理

对于购买或源生的已发生信用减值的金融资产，企业应当在资产负债表日将自初始确认后整个存续期内预期信用损失的累计变动确认为损失准备。在每个资产负债表日，企业应当将整个存续期内预期信用损失的变动金额作为减值损失或利得计入当期损益。

企业在前一会计期间已经按照相当于金融资产整个存续期内预期信用损失的金额计量了损失准备，但在当期资产负债表日，该金融资产已不再属于自初始确认后信用风险显著增加的情形的，企业应当在当期资产负债表日按照相当于未来12个月内预期信用损失的金额计量该金融资产的损失准备，由此形成的损失准备的转回金额应当作为减值利得计入当期损益。

对于分类为以公允价值计量且其变动计入其他综合收益的金融资产，企业应当在其他综合收益中确认其损失准备，并将减值损失或利得计入当期损益，且不应减少该金融资产在资产负债表中列示的账面价值。

思考练习题

1. 从会计报告角度说明金融资产分类及不同种类金融资产期末计量对资产负债表和利润表的影响。

2. 20×8年3月至5月，甲上市公司发生的交易性金融资产业务如下：

（1）3月1日，向D证券公司划出投资款10 000 000元，款项已通过开户行转入D证券公司银行账户。

（2）3月2日，委托D证券公司购入A上市公司股票80万股，每股9元，另发生相关的交易费用20 000元，并将该股票划分为交易性金融资产。

（3）3月31日，该股票在证券交易所的收盘价格为每股8.5元。

（4）4月30日，该股票在证券交易所的收盘价格为每股9.5元。

（5）5月10日，将所持有的该股票全部出售，所得价款8 000 000元，已存入银行。假定不考虑相关税费。

要求：逐笔编制甲上市公司上述业务的会计分录。（会计账户要求写出明细账户）

3. A公司于20×5年1月2日从证券市场上购入B公司于20×4年1月1日发行的债券，该债券四年期、票面年利率为4%、每年1月5日支付上年度的利息，到期日为20×9年1月1日，到期日一次归还本金和最后一次利息。

A公司购入债券的面值为10 000 000元，实际支付价款为9 927 700元，另支付相关费用200 000元。A公司购入后将其划分为以摊余成本计量的债权投资。购入债券的实际利率为5%。假定按年计提利息。

要求：编制A公司从20×5年1月2日—20×9年1月1日上述有关业务的会计分录。

4. 20×8年5月6日，甲公司支付价款10 210 000元（含交易费用10 000元和已宣告但尚未发放的现金股利200 000元），购入乙公司发行的股票2 000 000股，占乙公司有表决权股份的0.5%。甲公司将其划分为以公允价值计量且其变动计入其他综合收益的非权益工具投资。其他资料如下。

（1）20×8年5月10日，甲公司收到乙公司发放的现金股利200 000元。

（2）20×8年6月30日，该股票市价为每股5.2元。

（3）20×8年12月31日，甲公司仍持有该股票；当日，该股票市价为每股5元。

（4）20×9年5月9日，乙公司宣告发放股利40 000 000元。

（5）20×9年5月13日，甲公司收到乙公司发放的现金股利。

（6）20×9年5月20日，甲公司以每股5.9元的价格将该股票全部转让。假定不考虑其他因素的影响。

要求：根据上述资料编制甲公司有关会计分录。

第 6 章

长期股权投资

通过本章的学习,学生应了解长期股权投资的相关概念;掌握长期股权投资初始计量、后续计量及其处理方法;理解和掌握长期股权投资转换及长期股权投资处置的会计处理。

企业合并与非企业合并形成的长期股权投资的初始成本的差异;长期股权投资核算的成本法和长期股权投资核算的权益法的适用情形;长期股权投资成本法和权益法确认投资账面价值和投资收益的差异。

6.1 长期股权投资概述

6.1.1 长期股权投资的概念及特征

《企业会计准则第 2 号——长期股权投资》规定:长期股权投资是指投资方对被投资单位实施控制、具有重大影响的权益性投资,以及对其合营企业的权益性投资。该准则所指的长期股权投资,包括以下内容。

(1) 投资方能够对被投资单位实施控制的权益性投资,即对子公司投资。

(2) 投资方对被投资单位具有重大影响的权益性投资,即对联营企业投资。

(3) 投资企业与其他合营方一同对被投资单位实施共同控制的权益性投资,即对合营企业投资。

《企业会计准则第 2 号——长期股权投资》对这 3 类的权益性投资的判断进行了进一步解释:一是在确定能否对被投资单位实施控制时,投资方应按照《企业会计准则第 33 号——合并财务报表》的有关规定进行判断;二是在确定被投资单位是否为合营企业时,应当按照《企业会计准则第 40 号——合营安排》的有关规定进行判断;三是在对联营企业的投资进行判断时,重大影响是指投资方对被投资单位的财务和经营决策有参与决策的权利,但并不能够控制或者与其他方一起共同控制这些政策的制定。在确定能否对被投资单位施加重大影响时,应当考虑投资方和其他方持有的被投资单位当期可转换公司债券、当期可执行认股权证等潜在表决权因素。实务中较为常见的重大影响体现为：在被投资单位的董事会或类似权力机构中派有代表，通过在被投资单位生产经营决策制定过程中的发言权实施重大影响。投资企业直接或通过子公司间接拥有被投资单位 20%以上但低于 50%的表决权股份时，一般认为投资企业对被投资单位具有重大影响。若有明确的证据表明该种情况下不能参与被投资单位的生产经营决策，则投资企业对被投资企业不形成重大影响。

6.1.2 长期股权投资后续计量模式及适用

企业取得的长期股权投资在持有期间，要根据对被投资方是否能够实施控制，分别采用成本法和权益法进行核算。

（1）投资方对被投资方能够实施控制的长期股权投资，指对子公司的长期股权投资，应当采用成本法核算。

（2）投资方对被投资方具有共同控制或重大影响的长期股权投资，即对合营企业或联营企业的长期股权投资应当采用权益法核算。

6.1.3 "长期股权投资"账户的设置

采用成本法核算长期股权投资的，设置"长期股权投资"账户，反映长期股权投资的初始投资成本。在收回投资前，无论被投资方经营情况如何，净资产是否增减，投资方一般不对股权投资的账面价值进行调整。如果发生追加投资或收回投资等情况，应按追加或收回投资的成本增加或减少长期股权投资的账面价值。

采用权益法核算长期股权投资的，在"长期股权投资"账户下设置"投资成本""损益调整""其他综合收益""其他权益变动"等明细账户，分别反映长期股权投资的初始投资成本以及因被投资方所有者权益发生变动而对长期股权投资账面价值进行调整的金额。

"投资成本"明细账户反映长期股权投资的初始投资成本，以及在长期股权投资的初始投资成本小于取得投资时应享有被投资方可辨认净资产公允价值份额的情况下，按其差额调整初始投资成本后形成的账面价值。

"损益调整"明细账户反映被投资方因发生净损益、分配利润引起的所有者权益变动中投资方按持股比例计算的应享有或应分担的份额。

"其他综合收益"明细账户反映被投资方应确认其他综合收益引起的所有者权益变动中，投资方按持股比例计算的应享有或应分担的份额。

"其他权益变动"明细账户反映被投资方除发生净损益、分配股利以及确认其他综合收益以外所有者权益的其他变动中，投资方应按持股比例计算的应享有或应分担的份额。

6.2 长期股权投资的初始计量

6.2.1 企业合并形成的长期股权投资

根据《企业会计准则第 2 号——长期股权投资》，对于企业控股合并形成的长期股权投资，应分别形成同一控制下控股合并与非同一控制下控股合并两种情况确定长期股权投资的初始投资成本。

1. 同一控制下企业合并形成的长期股权投资

合并方以支付现金、转让非现金资产或承担债务方式作为合并对价的，应当在合并日按照所取得的被合并方在最终控制方合并财务报表中的净资产的账面价值的份额，作为长期股权投资的初始投资成本。长期股权投资的初始投资成本与支付的现金、转让的非现金资产及所承担债务账面价值之间的差额，应当调整资本公积（资本溢价或股本溢价）；资本公积（资本溢价或股本溢价）余额不足冲减的，依次冲减盈余公积和未分配利润。

合并方以发行权益性工具作为合并对价的，应按发行股份的面值总额作为股本。长期股权投资的初始投资成本与所发行股份面值总额之间的差额，应当调整资本公积（资本溢价或股本溢价）；资本公积（资本溢价或股本溢价）余额不足冲减的，依次冲减盈余公积和未分配利润。

合并方发生的审计、法律服务、评估咨询等中介费用及其他相关管理费用，于发生时计入当期损益。

与发行权益性工具作为合并对价直接相关的交易费用，应当冲减资本公积（资本溢价或股本溢价）；资本公积（资本溢价或股本溢价）余额不足冲减的，依次冲减盈余公积和未分配利润。与发行债务性工具作为合并对价直接相关的交易费用，应当计入债务性工具的初始确认金额。

具体会计处理如下。

（1）如果支付的合并对价账面价值小于合并方在合并日取得被合并方所有者权益账面价值份额的：

借：长期股权投资（按合并日取得被合并方所有者权益账面价值的份额）
　　应收股利（按应享有被投资单位已宣告但尚未发放的现金股利或利润）
贷：银行存款等（按支付的合并对价的账面价值）
　　股本（股票面值）
　　资本公积——资本溢价或股本溢价

（2）如果支付的合并对价账面价值大于合并方在合并日取得被合并方所有者权益账面价值份额的：

借：长期股权投资（按合并日取得被合并方所有者权益账面价值的份额）
　　应收股利（按应享有被投资单位已宣告但尚未发放的现金股利或利润）
　　资本公积——资本溢价（或股本溢价）
　　盈余公积
　　利润分配——未分配利润
贷：银行存款等（按支付的合并对价的账面价值）

例 6-1 利达股份有限公司和 A 公司是同为 X 公司所控制的两个子公司。20×8 年 3 月 10 日，利达股份有限公司与 A 公司达成合并协议。约定利达股份有限公司以 38 000 000 元的银行存款作为合并对价，取得 A 公司 80%的股份。20×8 年 4 月 1 日，利达股份有限公司实际取得对 A 公司的控制权。当日，A 公司所有者权益在最终控制方合并财务报表中的账面价值总额为 45 000 000 元，利达股份有限公司"资本公积——股本溢价"账户余额为 1 000 000 元，在与 A 公司的合并中，利达股份有限公司以银行存款支付审计费用、评估费用、法律服务费用等共计 350 000 元。

本例中，利达股份有限公司和 A 公司在合并前后均受 X 公司控制。通过合并，利达股份有限公司取得了对 A 公司的控制权，因此该合并为同一控制下的企控股合并，利达股份有限公司为合并方，A 公司为被合并方。X 公司为能够对参与合并各方在合并前及合并后均实施最终控制的一方。合并日为 20×8 年 4 月 1 日，利达股份有限公司在合并日的会计处理如下。

（1）确认取得的长期股权投资：

初始投资成本 = 45 000 000×80% = 36 000 000（元）

借：长期股权投资	36 000 000
资本公积——股本溢价	1 000 000
盈余公积	1 000 000
贷：银行存款	38 000 000

（2）支付直接相关费用：

借：管理费用	350 000
贷：银行存款	350 000

例 6-2 利达股份有限公司和 B 公司同为 X 公司控制的两个子公司。根据利达股份有限公司和 B 公司达成的合并协议，20×8 年 3 月 1 日，利达股份有限公司以增发的权益性证券作为合并对价取得 B 公司 90% 的股份。利达股份有限公司增发的权益性证券为每股面值 1 元的普通股股票，共增发 2 500 万股。支付手续费及佣金等发行费用 800 000 元。20×8 年 4 月 1 日，利达股份有限公司实际取得对 B 公司的控制权，当日 B 公司所有者权益在最终控制方合并财务报表中的账面价值总额为 50 000 000 元。

在本例中，利达股份有限公司与 B 公司在合并前后均受 X 公司控制。通过合并，利达股份有限公司取得了对 B 公司的控制权，因此该合并为同一控制下的控股合并，利达股份有限公司为合并方，B 公司为被合并方，X 公司为能够对参与合并各方在合并前及合并后均实施最终控制的一方，合并日为 20×8 年 4 月 1 日。利达股份有限公司在合并日的会计处理如下。

初始投资成本 = 50 000 000×90% = 45 000 000（元）

借：长期股权投资	45 000 000
贷：股本	25 000 000
资本公积——股本溢价	20 000 000
借：资本公积——股本溢价	800 000
贷：银行存款	800 000

2. 非同一控制下企业合并形成的长期股权投资

非同一控制下的控股合并中，购买方应当按照确定的企业合并成本作为长期股权投资的初始投资成本。企业合并成本包括购买方付出的资产、发生或承担的负债、发行的权益性工具或债务性工具的公允价值之和。

购买方为企业合并发生的审计、法律服务、评估咨询等中介费用及其他相关管理费用，应于发生时计入当期损益。

购买方作为合并对价发行的权益性工具或债务性工具的交易费用,应当计入权益性工具或债务性工具的初始确认金额。

1)购买方以支付现金等方式作为合并对价

购买方以支付现金、转让非现金资产或承担债务方式作为合并对价的,合并成本为购买方在购买日为取得被购买方的控制权而付出的资产、发生或承担负债的公允价值。

购买方作为合并对价付出的资产,应当按照以公允价值处置该资产进行会计处理。其中,付出资产为固定资产、无形资产的,付出资产的公允价值与其账面价值的差额,计入营业外收入或营业外支出;付出资产为金融资产的,付出资产的公允价值与其账面价值的差额,计入投资收益;付出资产为存货的,按其公允价值确认收入,同时按其账面价值结转成本,涉及增值税的还应相应确认销项税额。

购买日的具体会计处理如下。

(1)取得投资时:

借:长期股权投资(按购买日企业的合并成本)
　　应收股利(按享有被投资单位已宣告但尚未发放的现金股利或利润)
　贷:有关资产(按支付合并对价的账面价值)
　　　营业外收入
　　　投资收益等

或

借:长期股权投资(按购买日企业的合并成本)
　　应收股利(按享有被投资单位已宣告但尚未发放的现金股利或利润)
　　营业外支出
　　投资收益等
　贷:有关资产(按支付合并对价的账面价值)

(2)支付相关合并费用时:

借:管理费用
　贷:银行存款

例 6-3 利达股份有限公司和 C 公司为两个独立的法人企业,合并之前不存在任何关联方关系。20×8 年 2 月 20 日,利达股份有限公司和 C 公司达成合并协议,约定利达股份有限公司以库存商品、其他权益工具投资和银行存款作为合并对价,取得 C 公司 70% 的股份。利达股份有限公司付出库存商品的账面价值为 32 000 000 元,购买日公允价值为 40 000 000 元,增值税税额为 6 400 000 元;付出其他权益工具投资的账面价值为 29 000 000 元(其中,成本为 20 000 000 元,公允价值变动为 9 000 000 元),购买日公允价值为 30 000 000 元;付出银行存款的金额为 50 000 000 元。20×8 年 3 月 1 日,利达股份有限公司实际取得对 C 公司的控制权。在与 C 公司的合并中,利达股份有限公司以银行存款支付审计费用、评估费用、法律服务费用,共计 1 800 000 元。

在本例中,利达股份有限公司和 C 公司为两个独立的法人企业,在合并之前不存在任何关联方关系。通过合并,利达股份有限公司取得了对 C 公司的控制权。因此,该合并为非同一控制下的控股合并,利达股份有限公司为购买方,C 公司为被购买方,购买日为 20×8 年 3 月 1 日。利达股份有限公司在购买日的会计处理如下。

合并成本 = 40 000 000+6 400 000+30 000 000+50 000 000 = 126 400 000（元）

借：长期股权投资　　　　　　　　　　　　　　　　　126 400 000
　　贷：主营业务收入　　　　　　　　　　　　　　　　40 000 000
　　　　应交税费——应交增值税（销项税额）　　　　　　6 400 000
　　　　其他权益工具投资——成本　　　　　　　　　　20 000 000
　　　　　　　　　　　　——公允价值变动　　　　　　　9 000 000
　　　　投资收益　　　　　　　　　　　　　　　　　　　1 000 000
　　　　银行存款　　　　　　　　　　　　　　　　　　50 000 000
借：主营业务成本　　　　　　　　　　　　　　　　　　32 000 000
　　贷：库存商品　　　　　　　　　　　　　　　　　　32 000 000
借：其他综合收益　　　　　　　　　　　　　　　　　　　9 000 000
　　贷：投资收益　　　　　　　　　　　　　　　　　　　9 000 000
借：管理费用　　　　　　　　　　　　　　　　　　　　　1 800 000
　　贷：银行存款　　　　　　　　　　　　　　　　　　　1 800 000

2）购买方以发行权益性证券作为合并对价

购买方以发行权益性证券作为合并对价的，合并成本为购买方在购买日为取得被购买方的控制权而发行的权益性证券的公允价值。购买方为发行权益性证券而支付的手续费、佣金等费用应当抵减权益性证券的溢价发行收入，溢价发行收入不足抵减的，冲减留存收益，不构成初始投资成本。具体会计处理如下。

（1）取得长期股权投资时：

借：长期股权投资（按所发行权益性证券的公允价值）
　　应收股利（按应享有被购买方已宣告但尚未发放的现金股利或利润）
　　贷：股本（按所发行权益性证券的面值总额）
　　　　资本公积——股本溢价（按其差额）

（2）发行权益性证券过程中支付的手续费、佣金等费用：

借：资本公积——股本溢价
　　盈余公积
　　利润分配——未分配利润
　　贷：银行存款

（3）支付合并费用：

借：管理费用
　　贷：银行存款

例 6-4 利达股份有限公司和 D 公司为两个独立的法人企业，合并之前不存在任何关联方关系。利达股份有限公司和 D 公司达成合并协议，约定利达股份有限公司以发行的权益性证券作为合并对价，取得 D 公司 80%的股份。利达股份有限公司拟增发的权益性证券为每股面值 1 元的普通股股票，共增发 1 600 万股，每股公允价值为 3.50 元。20×8 年 3 月 1 日，利达股份有限公司完成了权益性证券的增发，发生手续费及佣金等发行费用 1 200 000 元。在与 D 公司的合并中，利达股份有限公司另以银行存款支付审计费用、评估费用、法律服务费用等，共计 800 000 元。

在本例中，利达股份有限公司和 D 公司为两个独立的法人企业，在合并之前不存在任何关联方关系。通过合并，利达股份有限公司取得了对 D 公司的控制权，因此该合并为非同一控制下的控股合并，利达股份有限公司为购买方，D 公司为被购买方，购买日为 20×8 年 3 月 1 日。利达股份有限公司在购买日的会计处理如下。

合并成本 = 3.50×16 000 000 = 56 000 000（元）

借：长期股权投资　　　　　　　　　　　　　　　　　　　56 000 000
　　贷：股本　　　　　　　　　　　　　　　　　　　　　16 000 000
　　　　资本公积——股本溢价　　　　　　　　　　　　　40 000 000
借：资本公积——股本溢价　　　　　　　　　　　　　　　 1 200 000
　　贷：银行存款　　　　　　　　　　　　　　　　　　　 1 200 000
借：管理费用　　　　　　　　　　　　　　　　　　　　　　 800 000
　　贷：银行存款　　　　　　　　　　　　　　　　　　　　 800 000

6.2.2　企业合并以外的其他方式取得的长期股权投资

1. 以支付现金取得的长期股权投资

应当按照实际支付的购买价款作为初始投资成本，包括与取得长期股权投资直接相关的费用、税金及其他必要支出，但不包括应自被投资单位收取的已宣告但尚未发放的现金股利或利润。

企业支付现金，取得长期股权投资时：

借：长期股权投资（按确定的初始投资成本）
　　应收股利（按应享有被投资方已宣告但尚未发放的现金股利或利润）
　　贷：银行存款（按照实际支付的买价及手续费、税金等）

例 6-5　利达股份有限公司于 20×8 年 3 月 10 日自公开市场中买入乙公司 20%的股份，实际支付价款 80 000 000 元，在购买过程中支付手续费等相关费用 1 000 000 元。利达股份有限公司取得该部分股权后，能够对乙公司施加重大影响。假定利达股份有限公司取得该项投资时，乙公司已宣告但尚未发放的现金股利为 300 000 元。

利达股份有限公司应当按照实际支付的购买价款扣减应收未收的现金股利后的余额，作为取得长期股权投资的成本。其账务处理如下。

借：长期股权投资　　　　　　　　　　　　　　　　　　　80 700 000
　　应收股利　　　　　　　　　　　　　　　　　　　　　　 300 000
　　贷：银行存款　　　　　　　　　　　　　　　　　　　81 000 000

2. 以发行权益性证券取得的长期股权投资

应当按照发行权益性证券的公允价值作为初始投资成本，但不包括应自被投资单位收取的已宣告但尚未发放的现金股利或利润。为发行权益性证券支付的手续费、佣金等与发行直接相关的费用，不构成长期股权投资的初始投资成本。这部分费用应自所发行证券的溢价发行收入中扣除；溢价收入不足冲减的，应依次冲减盈余公积和未分配利润。

1）企业发行权益性证券取得长期股权投资

借：长期股权投资（按照确定的初始投资成本）
　　应收股利（按应享有被投资方已宣告但尚未发放的现金股利或利润）
　贷：股本（按权益性证券的面值）
　　　资本公积——股本溢价（按其差额）

2）支付发行的权益性证券手续费、佣金等相关税费及其他直接相关支出

借：资本公积——股本溢价
　　盈余公积
　　利润分配——未分配利润
　贷：银行存款

例 6-6 利达股份有限公司 20×8 年 3 月通过增发 3 000 万股（每股面值 1 元）本企业普通股为对价，从非关联方处取得对 B 公司 20%的股权，所增发股份的公允价值为 52 000 000 元。为增发该部分普通股，利达股份有限公司支付了 2 000 000 元的佣金和手续费。取得 B 公司股权后，利达股份有限公司能够对 B 公司施加重大影响，不考虑相关税费等其他因素影响。

本例中，利达股份有限公司应当以所发行股份的公允价值作为取得长期股权投资的成本，编制会计分录如下。

借：长期股权投资——投资成本　　　　　　　　　　52 000 000
　贷：股本　　　　　　　　　　　　　　　　　　　30 000 000
　　　资本公积——股本溢价　　　　　　　　　　　22 000 000
借：资本公积——股本溢价　　　　　　　　　　　　2 000 000
　贷：银行存款　　　　　　　　　　　　　　　　　2 000 000

6.3　长期股权投资的后续计量

6.3.1　长期股权投资的成本法

成本法是指长期股权投资的账面价值按初始成本计量，除追加或收回投资外，一般不对长期股权投资的账面价值进行调整。

采用成本法核算的长期股权投资，应当按照初始投资成本计价，追加或收回投资，应当调整长期股权投资的成本。在追加投资时，按照追加投资支付的成本的公允价值及发生的相关交易费用增加长期股权投资的账面价值。

被投资单位宣告分派现金股利或利润的，投资方应根据应享有的部分确认当期投资收益。

投资企业在确认被投资单位应分得的现金股利或利润后，应当考虑长期股权投资发生减值。出现减值迹象时，应按照《企业会计准则第 8 号——资产减值》的规定进行减值测试，可收回金额低于长期股权投资账面价值的，应当计提减值准备。

1. 长期股权投资的取得

借：长期股权投资

应收股利（按已宣告但尚未发放的现金股利）
贷：银行存款

2. 投资收益的确认与计量

企业在持有长期股权投资期间，当被投资方宣告发放现金股利或利润时，投资方应当按照享有的份额：

借：应收股利
　　贷：投资收益

收到上述现金股利或利润时：

借：银行存款
　　贷：应收股利

3. 长期股权投资的处置

企业处置长期股权投资时，应相应结转与所售股权相对应的长期股权投资的账面价值，出售所得价款与处置长期股权投资账面价值之间的差额，应确认为处置损益。处置长期股权投资时：

借：银行存款
　　长期股权投资减值准备
　　贷：长期股权投资
　　　　投资收益（如为借方差额，借记"投资收益"账户）

例 6-7 利达股份有限公司于 20×7 年 3 月 10 日自非关联方取得乙公司 60%的股权，成本为 12 000 000 元，相关手续于当日完成，并能够对乙公司实施控制。20×8 年 3 月 15 日，乙公司宣告分派现金股利，利达股份有限公司按照持股比例可获得 100 000 元。乙公司于 20×8 年 3 月 25 日实际分派现金股利，不考虑相关税费等其他因素的影响。20×8 年 12 月 31 日，该长期股权投资出现了减值迹象，利达股份有限公司经测算认定，该长期股权投资的可收回金额为 9 000 000 元。20×9 年 4 月 25 日，利达股份有限公司处置该股权投资，全部转让所得价款 9 500 000 元。

取得该长期股权投资时：
借：长期股权投资　　　　　　　　　　　　　　　　　　12 000 000
　　贷：银行存款　　　　　　　　　　　　　　　　　　　　12 000 000

乙公司宣告发放现金股利时：
借：应收股利　　　　　　　　　　　　　　　　　　　　　100 000
　　贷：投资收益　　　　　　　　　　　　　　　　　　　　　100 000

收到发放的现金股利时：
借：银行存款　　　　　　　　　　　　　　　　　　　　　100 000
　　贷：应收股利　　　　　　　　　　　　　　　　　　　　　100 000

期末计提减值准备时：
借：资产减值损失　　　　　　　　　　　　3 000 000（12 000 000－9 000 000）
　　贷：长期股权投资减值准备　　　　　　　　　　　　　　3 000 000

处置长期股权投资时：
$$转让损益 = 9\,500\,000 - (12\,000\,000 - 3\,000\,000) = 500\,000（元）$$

借：银行存款　　　　　　　　　　　　　　　　　　　　9 500 000
　　长期股权投资减值准备　　　　　　　　　　　　　　3 000 000
　　贷：长期股权投资　　　　　　　　　　　　　　　　　　　　12 000 000
　　　　投资收益　　　　　　　　　　　　　　　　　　　　　　　500 000

6.3.2　长期股权投资的权益法

权益法是指投资初始以初始成本计量后，在投资持有期间，根据被投资单位所有者权益的变动，投资企业按应享有或应分担被投资企业所有者权益的份额，调整其投资账面价值的方法。

采用权益法核算的长期股权投资，一般的会计处理如下。

1. 初始投资或追加投资

按照初始投资成本或追加的投资成本，增加长期股权投资的账面价值。比较初始投资成本与投资时应享有被投资单位可辨认净资产公允价值的份额：初始投资成本大于投资时应享有被投资单位可辨认净资产公允价值的份额的，该部分差额是投资方在取得投资过程中，通过作价体现出的与所取得股权份额相对应的商誉价值，这种情况下不要求调整初始投资成本；初始投资成本小于被投资单位可辨认净资产公允价值的份额的，两者之间的差额体现为双方在交易作价过程中转让方的让步，该部分经济利益流入应计入取得投资当期的营业外收入，同时调整增加长期股权投资的账面价值。

（1）取得投资时，初始投资成本大于取得投资时应享有被投资单位可辨认净资产公允价值份额的：

借：长期股权投资——投资成本
　　贷：银行存款

（2）取得投资时，初始投资成本小于取得投资时应享有被投资单位可辨认净资产公允价值份额的：

借：长期股权投资——投资成本
　　贷：银行存款
　　　　营业外收入

例 6-8　利达股份有限公司于 20×8 年 1 月 2 日取得 B 公司 30%的股权，支付价款 30 000 000 元。取得投资时，被投资单位账面所有者权益的构成如下（假定该时点被投资单位各项可辨认资产负债的公允价值与其账面价值相同）：

实收资本　　　　　　　　　　30 000 000 元
资本公积　　　　　　　　　　24 000 000 元
盈余公积　　　　　　　　　　 6 000 000 元
未分配利润　　　　　　　　　15 000 000 元
所有者权益总额　　　　　　　75 000 000 元

假定在 B 公司的董事会中，所有股东均以其持股比例行使表决权，利达股份有限公司在取得对 B 公司的股权后，派人参与了 B 公司的财务和生产经营决策。因能够对 B 公司的生产经营决策施加重大影响，利达股份有限公司对该项投资采用权益法进行核算。

取得投资时，利达股份有限公司应进行的账务处理如下。

借：长期股权投资——投资成本　　　　　　　　　　　　　　30 000 000
　　贷：银行存款　　　　　　　　　　　　　　　　　　　　30 000 000

长期股权投资的成本 30 000 000 元大于取得投资时应享有 B 公司可辨认净资产公允价值的份额 22 500 000 元（75 000 000×30%），不对其初始投资成本进行调整。

假定例 6-8 中取得投资时 B 公司可辨认净资产公允价值为 120 000 000 元，利达股份有限公司按持股比例 30%计算确定应享有 36 000 000 元，则初始投资成本与应享有 B 公司可辨认净资产公允价值份额之间的差额 6 000 000 元，应计入取得投资当期的损益。利达股份有限公司应编制会计分录如下。

借：长期股权投资——投资成本　　　　　　　　　　　　　　36 000 000
　　贷：银行存款　　　　　　　　　　　　　　　　　　　　30 000 000
　　　　营业外收入　　　　　　　　　　　　　　　　　　　　6 000 000

2. 投资收益的确认与计量

投资方取得长期股权投资后，应当按照在被投资方实现的净利润或发生的净亏损中投资方应享有或应分担的份额确认投资收益，同时相应调整长期股权投资的账面价值。

1）被投资企业实现净利润
借：长期股权投资——损益调整
　　贷：投资收益

2）被投资企业发生亏损
借：投资收益
　　贷：长期股权投资——损益调整

投资方应当在被投资方账面净损益的基础上，考虑以下因素对被投资方净损益的影响并进行适当调整后作为确认投资损益的依据：一是被投资方采用的会计政策和会计期间与投资方不一致的，应当按照投资方的会计政策及会计期间对被投资方的财务报表进行调整，在此基础上确定被投资方的损益；二是以取得投资时被投资方各项可辨认资产等的公允价值为基础，对被投资方的净损益进行调整后，作为确认投资损益的依据；三是投资方与联营企业及合营企业之间进行商品交易形成的未实现内部交易损益按照持股比例计算的归属于投资方的部分，应当予以抵消，在此基础上确认投资收益。

3）应收股利的确认

长期股权投资采用权益法核算，当被投资方宣告分派现金股利或利润时，投资方按应获得的现金股利或利润确认应收股利，同时抵减长期股权投资的账面价值。

宣告分派现金股利时：
借：应收股利
　　贷：长期股权投资——损益调整

收到股利时：
借：银行存款

贷：应收股利

　　需要注意的是，被投资方分派股票股利时，投资方不进行账务处理，但应于除权日在备查簿中登记增加的股份。

　　4）超额亏损的确认

　　权益法下，投资方确认应分担被投资单位发生的亏损，应当以长期股权投资的账面价值及其他实质上构成对被投资方净投资的长期权益减计至零为限，投资方负有承担额外损失义务的除外。其中，实质上构成对被投资方净投资的长期权益，通常是指长期性的应收项目。投资方在确认应分担被投资方发生的亏损份额时，应当按照以下顺序进行处理。

　　首先，冲减长期股权投资的账面价值：

　　借：投资收益
　　　　贷：长期股权投资

　　其次，在长期股权投资的账面价值减计至零的情况下，考虑是否有其他构成长期权益的项目，如果有，则以其他实质上构成对被投资单位长期权益的账面价值为限，继续确认投资损失，冲减长期应收款项目等的账面价值：

　　借：投资收益
　　　　贷：长期应收款

　　最后，在其他实质上构成对被投资单位长期权益的价值也减计至零的情况下，如果按照投资合同或协议约定，投资方需要履行其他额外的损失赔偿义务，则需按预计将承担责任的金额确认预计负债，计入当期投资损失：

　　借：投资收益
　　　　贷：预计负债

　　经过上列顺序确认应分担的亏损份额后，如果仍有未确认的亏损分担额，投资方应在账外做备查登记。待被投资方以后年度实现盈利时，再按应享有的收益份额，首先扣减账外备查登记的未确认亏损分担额，然后按与上述相反的顺序分别减计已确认的预计负债，恢复其他长期权益和长期股权投资的账面价值，同时确认投资收益。

　　例6-9 20×6年7月1日，利达股份有限公司购入D公司股票1 600万股，占D公司普通股股份的25%，能够对D公司施加重大影响。利达股份有限公司对该项股权投资采用权益法核算。假定投资当时，D公司各项可辨认资产、负债的公允价值与账面价值相同，利达股份有限公司与D公司的会计年度及采用的会计政策相同，双方未发生任何内部交易。利达股份有限公司按照D公司的账面净损益和持股比例计算确认投资收益。D公司20×5—20×8年各年的净收益和利润分配情况以及利达股份有限公司相应的会计处理如下。

　　（1）20×6年度D公司报告净收益15 000 000元。20×7年3月10日，D公司宣告20×6年度利润分配方案，每股分派现金股利0.10元。

　　① 确认投资收益时：

$$应确认投资收益 = 15\,000\,000 \times 25\% \times \frac{1}{2} = 1\,875\,000（元）$$

　　借：长期股权投资——损益调整　　　　　　　　　　　　　　1 875 000
　　　　贷：投资收益　　　　　　　　　　　　　　　　　　　　　　　　1 875 000

② 确认应收股利时：

$$应收现金股利 = 0.1 \times 16\,000\,000 = 1\,600\,000（元）$$

借：应收股利　　　　　　　　　　　　　　　　　　　　　　　　1 600 000
　　贷：长期股权投资——损益调整　　　　　　　　　　　　　　　　　1 600 000

（2）20×7年度，D公司报告净亏损2 000 000元，未进行利润分配。

$$确认的投资损失 = 2\,000\,000 \times 25\% = 500\,000（元）$$

借：投资收益　　　　　　　　　　　　　　　　　　　　　　　　　　500 000
　　贷：长期股权投资——损益调整　　　　　　　　　　　　　　　　　　500 000

3. 被投资单位其他综合收益变动的处理

被投资单位其他综合收益发生变动的，投资方应当按照归属于本企业的部分，相应调整长期股权投资的账面价值，同时增加或减少其他综合收益。

例6-10 利达股份有限公司持有乙公司30%的股份，能够对乙公司施加重大影响。当期乙公司因持有的其他权益工具投资公允价值的变动计入其他综合收益的金额为20 000 000元。除该事项外，乙公司当期实现的净利润为80 000 000元。假定利达股份有限公司与乙公司适用的会计政策、会计期间相同，两者在当期及以前期间未发生任何内部交易，投资时乙公司各项可辨认资产负债的公允价值与其账面价值相同，不考虑相关税费等其他因素影响。利达股份有限公司应进行以下账务处理：

借：长期股权投资——损益调整　　　　　　　　　　　　　　　　24 000 000
　　　　　　　　——其他综合收益　　　　　　　　　　　　　　　6 000 000
　　贷：投资收益　　　　　　　　　　　　　　　　　　　　　　　24 000 000
　　　　其他综合收益　　　　　　　　　　　　　　　　　　　　　6 000 000

此外，被投资单位除净损益、其他综合收益及利润分配以外的所有者权益的其他变动的因素，主要包括被投资单位接受其他股东的资本性投入、被投资单位发行可分离交易的可转债中包含的权益成分、以权益结算的股份支付等。投资方应按所持股权比例计算应享有的份额调整长期股权投资的账面价值，同时计入资本公积（其他资本公积），并在备查簿中予以登记，投资方在后续处置股权投资但对剩余股权仍采用权益法核算时，应按出资比例将这部分资本公积转入当期投资收益；对剩余股权终止权益法核算时，将这部分资本公积全部转入当期投资收益。

4. 长期股权投资的处置

处置采用权益法核算的长期股权投资时，应当采用与被投资方直接处置相关资产或负债相同的基础，对相关的其他综合收益进行会计处理，对于可以转入当期损益的其他综合收益，应借记或贷记"其他综合收益"账户，贷记或借记"投资收益"账户；同时，还应将原计入资本公积的其他权益变动金额转出，计入当期损益，借记或贷记"资本公积——其他资本公积"账户，贷记或借记"投资收益"账户。

例6-11 利达股份有限公司对持有的乙公司股份采用权益法核算，20×8年3月5日，利达股份有限公司将持有的乙公司股份全部转让，收到转让价款35 000 000元。转让日，该项长期股权投资的账面余额为33 000 000元，其中，投资成本25 000 000元，损益调整（借方）5 000 000元，其他综合收益（借方）2 000 000元，其他权益变动（借方）1 000 000元。利达股份有限公司的账务处理如下。

转让损益 = 35 000 000 − 33 000 000 = 2 000 000（元）

借：银行存款	35 000 000
贷：长期股权投资——投资成本	25 000 000
——损益调整	5 000 000
——其他综合收益	2 000 000
——其他权益变动	1 000 000
投资收益	2 000 000
借：其他综合收益	2 000 000
贷：投资收益	2 000 000
借：资本公积——其他资本公积	1 000 000
贷：投资收益	1 000 000

6.4 长期股权投资的转换与重分类

长期股权投资的转换是指因追加或处置长期股权投资导致持股比例发生变动而将长期股权投资的核算方法由成本法转换为权益法，或者由权益法转换为成本法。

长期股权投资的重分类是指因追加或处置长期股权投资导致持股比例发生变动，而将长期股权投资重分类为以公允价值计量的金融资产，或者将以公允价值计量的金融资产重分类为长期股权投资。本节主要介绍权益法核算的长期股权投资与公允价值计量的金融资产之间的转换。

6.4.1 权益法核算的长期股权投资转换为按公允价值计量的金融资产

原持有的对被投资单位具有共同控制或重大影响的长期股权投资，因部分处置等原因导致持股比例下降，对被投资单位不再具有共同控制或重大影响的，处置后的剩余股权应当改按《企业会计准则第 22 号——金融工具确认和计量》核算，其在丧失共同控制或重大影响之日的公允价值与账面价值之间的差额计入当期损益。原股权投资因采用权益法核算而确认的其他综合收益，应当在终止采用权益法核算时，采用与被投资单位直接处置相关资产或负债相同的基础进行会计处理。因被投资单位除净损益、其他综合收益和利润分配以外的其他所有者权益变动而确认的所有者权益，应当在终止采用权益法时，全部转入当期损益。

例 6-12 利达股份有限公司持有乙公司 30%的有表决权股份，能够对乙公司施加重大影响，对该股权投资采用权益法核算。20×8 年 10 月，利达股份有限公司将该项投资中的 60% 出售给非关联方，取得价款 32 000 000 元，相关手续当日完成。利达股份有限公司无法再对乙公司施加重大影响，将剩余股权投资转为以公允价值计量且其变动计入其他综合收益的金融资产。出售时，该项长期股权投资的账面价值为 48 000 000 元，其中，投资成本 39 000 000 元，损益调整 4 500 000 元，其他综合收益为 3 000 000 元，除净损益、其他综合收益和利润分配外的其他所有者权益变动为 1 500 000 元。剩余股权的公允价值为 21 000 000 元。不考虑相关税费等其他因素影响。利达股份有限公司的账务处理如下。

(1) 确认有关股权投资的处置损益时：
借：银行存款　　　　　　　　　　　　　　　　　　　　　　　32 000 000
　　贷：长期股权投资——投资成本　　　　　　　　23 400 000（39 000 000×60%）
　　　　　　　　　　——损益调整　　　　　　　　　2 700 000（4 500 000×60%）
　　　　　　　　　　——其他综合收益　　　　　　　1 800 000（3 000 000×60%）
　　　　　　　　　　——其他权益变动　　　　　　　　 900 000（1 500 000×60%）
　　　　投资收益　　　　　　　　　　　　　　　　　　3 200 000

(2) 由于终止采用权益法核算，将原确认的相关其他综合收益全部转入当期损益：
借：其他综合收益　　　　　　　　　　　　　　　　　　　　　　3 000 000
　　贷：投资收益　　　　　　　　　　　　　　　　　　　　　　　3 000 000

(3) 由于终止采用权益法核算，将原计入资本公积的其他所有者权益变动全部转入当期损益：
借：资本公积——其他资本公积　　　　　　　　　　　　　　　　1 500 000
　　贷：投资收益　　　　　　　　　　　　　　　　　　　　　　　1 500 000

(4) 剩余股权投资转为以公允价值计量且其变动计入其他综合收益的金融资产，当日公允价值为21 000 000元，账面价值为19 200 000元，两者差异应计入当期投资收益：
借：其他权益工具投资　　　　　　　　　　　　　　　　　　　21 000 000
　　贷：长期股权投资——投资成本　　　　　　　　　　　　　15 600 000
　　　　　　　　　　——损益调整　　　　　　　　　　　　　 1 800 000
　　　　　　　　　　——其他综合收益　　　　　　　　　　　 1 200 000
　　　　　　　　　　——其他权益变动　　　　　　　　　　　　 600 000
　　　　投资收益　　　　　　　　　　　　　　　　　　　　　　1 800 000

6.4.2　公允价值计量的金融资产转换为权益法核算的长期股权投资

企业原持有的对被投资单位的股权投资（不具有控制、共同控制或重大影响）按照《企业会计准则第22号——金融工具确认和计量》进行会计处理的，因追加投资等原因，导致持股比例上升，能够对被投资单位施加共同控制或重大影响的，在转按权益法核算时，投资方应当按照《企业会计准则第22号——金融工具确认和计量》确定的原股权投资的公允价值，加上为取得新增投资支付对价的公允价值，作为改按权益法核算的初始投资成本。原持有的股权投资分类为以公允价值计量且其变动计入其他综合收益的金融资产的，其公允价值与账面价值之间的差额，以及原计入其他综合收益的累计公允价值变动应当转入改按权益法核算的当期损益。在比较上述计算所得的初始投资成本，与按照追加投资后全新的持股比例计算确定的应享有被投资单位在追加投资日可辨认净资产公允价值份额之间的差额，前者大于后者的，不调整长期股权投资的账面价值；前者小于后者的，差额应调整长期股权投资的账面价值，并计入当期营业外收入。

例6-13　20×6年2月，利达股份有限公司以9 000 000元现金自非关联方处取得乙公司10%的股权，利达股份有限公司根据《企业会计准则第22号——金融工具确认和计量》，将其作为以公允价值计量且其变动计入其他综合收益的其他权益工具投资管理。20×8年1月2日，利达股份有限公司又以18 000 000元现金自另一非关联方处取得乙公司15%的股权，相关手续于当日完成，当日乙公司可辨认净资产公允价值总额为120 000 000元。利达股份有限公司对乙公司的其他权益工具投资的公允价值 15 000 000 元，计入其他综合收益的累计公允价值变动为 6 000 000 元。取得该部分股权后，利达股份有限公司能够对乙公司施加重大影响，对该项股权投资转为采用权益法。不考虑相关税费等其他因素影响。

利达股份有限公司原持有 10%股权的公允价值为 15 000 000 元，为取得新增投资而支付对价的公允价值为 18 000 000 元，因此利达股份有限公司对乙公司 25%股权的初始投资成本为 33 000 000 元。

利达股份有限公司对乙公司新持股比例为 25%，应享有乙公司可辨认净资产公允价值的份额为 30 000 000 元（120 000 000×25%）。由于初始投资成本（33 000 000 元）大于应享有乙公司可辨认净资产公允价值（30 000 000 元）的份额，因此，利达股份有限公司无须调整长期股权投资的成本。

20×8 年 1 月 2 日，利达股份有限公司应进行账务处理如下：

借：长期股权投资——投资成本　　　　　　　　　　33 000 000
　　　　　　　——其他综合收益　　　　　　　　　　6 000 000
　　贷：其他权益工具投资　　　　　　　　　　　　　15 000 000
　　　　银行存款　　　　　　　　　　　　　　　　　18 000 000
　　　　投资收益　　　　　　　　　　　　　　　　　 6 000 000

6.5　长期股权投资的期末计量

6.5.1　长期股权投资期末计量的原则

企业在对资产进行减值测试并计算了资产可收回金额后，如果资产的可收回金额低于其账面价值的，应当将资产的账面价值减计至可收回金额，将减计的金额确认为资产减值损失，计入当期损益，同时计提相应的资产减值准备。资产减值损失确认后，在以后会计期间不得转回。以前期间计提的资产减值准备，在资产处置、出售、对外投资、以非货币性资产交换方式换出等时才可予以转出。

6.5.2　长期股权投资期末计量的会计处理

当企业确定资产发生了减值时，应当根据所确认的资产减值金额：

借：资产减值损失
　　贷：长期股权投资减值准备

需要注意的是，根据企业会计准则的规定，企业长期股权投资减值损失一经确定，在以后会计期间不得转回。

思考练习题

1．说明长期股权投资两种后续计量方法的差异。

2. 说明长期股权投资与期末按公允价值计量的金融资产之间的转换对期末资产价值及当期损益的影响。

3. 甲上市公司发生下列长期股权投资业务：

（1）20×7年1月3日，购入乙公司股票600万股，占乙公司有表决权股份的25%，对乙公司的财务和经营决策具有重大影响，甲上市公司将其作为长期股权投资核算。每股购入价8元。每股价格中包含已宣告但尚未发放的现金股利0.25元，另外支付相关税费70 000元。款项均以银行存款支付。当日，乙公司所有者权益的账面价值（与其公允价值不存在差异）为18 000 000元。

（2）20×7年3月16日，收到乙公司宣告分派的现金股利。

（3）20×7年度，乙公司实现净利润20 000 000元。

（4）20×8年2月16日，乙公司宣告分派20×7年度股利，每股分派现金股利0.20元。

（5）20×8年3月12日，甲上市公司收到乙公司分派的20×7年度的现金股利。

（6）20×9年1月4日，甲上市公司出售所持有的全部乙公司的股票，共取得价款52 000 000元（不考虑长期股权投资减值及相关税费）。

要求：根据上述资料，编制甲上市公司长期股权投资的会计分录。（"长期股权投资"账户要求写出明细账户，答案中的金额单位用元表示）

4. A公司适用的增值税税率为16%。A公司20×8—20×9年有关长期股权投资资料如下：

（1）20×8年1月1日，A公司以一项固定资产与一批库存商品作为对价，取得B公司60%的股权。A公司所付出固定资产的原价为40 000 000元，累计折旧为20 000 000元，公允价值为20 000 000元。存货的成本为5 000 000元，公允价值（等于计税价格）为6 000 000元。合并日，B公司所有者权益账面价值总额为等于其公允价值为50 000 000元。在企业合并过程中，A公司支付相关法律咨询费用300 000元，相关手续均已办理完毕。

（2）20×8年3月11日，B公司宣告分派20×7年度的现金股利2 000 000元。

（3）20×8年3月25日，A公司收到B公司分派的20×7年度现金股利。

（4）20×8年度，B公司实现净利润8 000 000元。

（5）20×9年3月15日，A公司处置该项股权投资，取得价款40 000 000元。

要求：

（1）假定合并前，A公司与B公司属于同一集团，编制A公司20×8—20×9年与该项长期股权投资有关的会计分录。

（2）假定合并前，A公司与B公司不具有关联方关系，编制A公司取得该项长期股权投资时的会计分录。（单位用元表示）。

固定资产

通过本章的学习，学生应理解固定资产的特征，了解其与其他资产的差异；理解和掌握固定资产初始成本的计量、固定资产折旧的性质及折旧的计算方法、固定资产后续支出的处理原则及会计处理、固定资产处置损益的计算及会计处理。

固定资产特征及分类目的；不同渠道取得的固定资产初始成本构成的差异；固定资产折旧的性质及不同折旧方法对固定资产期末账面价值及当期损益的影响；固定资产后续支出的处理原则及对固定资产期末账面价值及当期损益的影响；固定资产处置的账户设置及处置损益的处理原则。

7.1 固定资产概述

7.1.1 固定资产的概念及特征

《企业会计准则第4号——固定资产》明确规定，固定资产是指同时具有下列特征的有形资产：为生产商品、提供劳务、出租或经营管理而持有的；使用寿命超过一个会计年度。固定资产一般具有以下几个特征。

（1）企业持有固定资产的目的是为生产商品、提供劳务、出租或经营管理，而不是直接用于出售。其中，出租的固定资产是指以经营租赁方式出租的机器设备等，不包括符合投资性房地产确认条件的已出租房屋和建筑物。

（2）固定资产使用寿命超过一个会计年度。该特征使固定资产明显区别于流动资产。使用寿命超过一个会计年度，意味着固定资产属于长期资产。通常情况下，固定资产的使用寿命是指固定资产的预计使用期间，如自用房屋的使用寿命按使用年限表示。某些机器设备或运输设备等固定资产的使用寿命可以用该固定资产所能生产产品或提供劳务的数量来表示。

例如，发电设备按其预计发电量估计使用寿命，汽车或飞机等按其预计行驶里程估计使用寿命。固定资产使用寿命超过一个会计年度，意味着固定资产属于长期资产，随着使用和磨损，价值会发生变化。

（3）固定资产必须是有形资产。该特征将固定资产与无形资产区别开来。这些无形资产可能同时符合固定资产的其他特征，如无形资产是为生产商品、提供劳务而持有的，使用寿命超过一个会计年度，但是，由于其没有实物形态，所以不属于固定资产。

7.1.2 固定资产的确认条件

一项资产如要作为固定资产加以确认，首先应符合其定义和特征，其次还需要同时满足下列条件。

1. 与该固定资产有关的经济利益很可能流入企业

企业在确认固定资产时，需要判断与该固定资产有关的经济利益是否很可能流入企业，实务中，主要是通过判断与该固定资产所有权相关的风险和报酬是否转移到企业来确定。通常情况下，取得固定资产所有权是判断与固定资产所有权有关的风险和报酬是否转移到企业的一个重要标志。凡是所有权已属于企业，无论企业是否收到或拥有该固定资产，均可作为企业的固定资产；反之，如果没有取得所有权，即使存放在企业也不能作为企业的固定资产。但是所有权是否转移不是唯一的判断标准，在有些情况下，某项固定资产的所有权虽然不属于企业，但是企业能够控制与该项固定资产有关的经济利益流入企业，在这种情况下，企业应该将该固定资产予以确认。

2. 该固定资产的成本能够可靠地计量

成本能够可靠地计量是资产确认的一项基本条件。要确认固定资产，企业取得该固定资产所发生的支出必须能够可靠地计量。企业在确定固定资产成本时，有时需要根据获得的最新资料对固定资产的成本进行合理的估计，如果企业能够合理估计出固定资产的成本，则视同固定资产的成本能够可靠地计量。

3. 固定资产确认条件的具体运用

企业由于安全或环保的要求购入设备等，虽然不能直接给企业带来未来经济利益，但有助于企业从其他相关资产的使用中获得未来经济利益或者获得更多的未来经济利益，也应确认为固定资产。例如，为净化环境或者满足国家有关排污标准而需要购置的环保设备。

对于工业企业持有的工具、用具、备品备件、维修设备等资产，施工企业持有的模板、挡板、架料等周转材料，以及地质勘探企业持有的管材等资产，企业应当根据实际情况分别管理和核算。尽管该类资产具有固定资产的某些特征，如使用期限超过一年，也能够带来经济利益，但由于数量多、单价低，考虑到成本效益原则，在实务中通常确认为存货。但符合固定资产定义和确认条件的，如企业持有的高价周转件等，应当确认为固定资产。

构成固定资产的各组成部分，如果各自具有不同的使用寿命，或者以不同方式为企业提供经济利益，适用不同折旧率或折旧方法，则该各组成部分实际上是以独立的方式为企业提供经济利益，因此，企业应当分别将各组成部分确认为单项固定资产。例如飞机的引擎，如果其与飞机机身具有不同的使用寿命,适用不同的折旧率或折旧方法,则企业应当将其单独确认为一项固定资产。

7.1.3 固定资产的分类

1. 按经济用途分类

固定资产按经济用途可以分为生产经营用固定资产和非生产经营用固定资产。固定资产按经济用途进行分类,可以归类反映和监督企业各类固定资产之间的组成及变化情况,便于考核和分析企业固定资产的利用情况,合理配置固定资产。

2. 按使用情况分类

固定资产按使用情况可以分为使用中固定资产、未使用固定资产、出租固定资产和不需用固定资产四大类。固定资产按使用情况进行分类,便于企业分析固定资产的利用效率,促使企业合理使用固定资产,及时处置闲置资产。

3. 综合分类

企业可将固定资产分为经营用固定资产、非经营用固定资产、经营出租固定资产、未使用固定资产、不需用固定资产、融资租入固定资产等。

7.1.4 固定资产核算的账户设置

固定资产核算需要设置"固定资产""在建工程""工程物资""累计折旧""固定资产清理"等账户。

"固定资产"账户核算企业固定资产的原价。借方登记企业增加的固定资产原价;贷方登记企业减少的固定资产原价;期末借方余额,反映企业期末固定资产的账面原价。企业应当设置固定资产登记簿和固定资产卡片,按固定资产类别、使用部门和每项固定资产进行明细核算。

"累计折旧"账户属于"固定资产"账户的调整账户,核算企业固定资产的累计折旧。贷方登记企业计提的固定资产折旧;借方登记处置固定资产转出的累计折旧;期末贷方余额,反映企业固定资产的累计折旧额。

"在建工程"账户核算企业基建、更新改造等在建工程发生的支出。借方登记企业各项在建工程的实际支出;贷方登记完工工程转出的成本;期末借方余额,反映企业尚未达到预定可使用状态的在建工程的成本。

"工程物资"账户核算企业为在建工程而准备的各种物资的实际成本。借方登记企业购入工程物资的成本;贷方登记领用工程物资的成本;期末借方余额,反映企业为在建工程准备的各种物资的成本。

"固定资产清理"账户核算企业因出售、报废和毁损、对外投资、非货币性资产交换、债务重组等原因转入清理的固定资产价值,以及在清理过程中发生的清理费用和清理收益。借方登记转出的固定资产账面价值、清理过程中应支付的相关税费及其他费用;贷方登记出售固定资产取得的价款、残料价值和变价收入;期末借方余额,反映企业尚未清理完毕的固定资产清理净损失;期末如为贷方余额,则反映企业尚未清理完毕的固定资产清理净收益。固定资产清理完成时，借方登记转出的清理净收益，贷方登记转出的清理净损失，结转清理净收益净损失后，该账户无余额。企业应当按照被清理的固定资产项目设置明细账，进行明细核算。

此外，企业固定资产、在建工程、工程物资发生减值的，还应当设置"固定资产减值准备""在建工程减值准备""工程物资减值准备"等账户进行核算。

7.2 固定资产取得的确认与计量

固定资产取得应当按照成本进行初始计量。固定资产的成本是指企业购建某项固定资产达到预定可使用状态前所发生的一切合理、必要的支出。这些支出既包括直接发生的价款、相关税费（不包括允许抵扣的增值税进项税额）、运杂费、包装费和安装成本等，也包括间接发生的如应承担的借款利息及应分摊的其他间接费用。

7.2.1 外购的固定资产

企业外购的固定资产，其成本包括实际支付的买价、进口关税和其他税费及使固定资产达到预定可使用状态前所发生的可归属于该项资产的费用。外购固定资产增值税专用发票注明的应交增值税不能计入固定资产价值，而是按相关规定作为进项税额单独核算。

企业作为一般纳税人，自2016年5月1日后取得并按固定资产核算的不动产或者2016年5月1日后取得的不动产在建工程，取得增值税专用发票并通过税务机关认证的，应按增值税专用发票上注明的价款作为固定资产成本，其进项税额按现行增值税制度规定自取得之日起分两年从销项税额中抵扣，应按增值税专用发票上注明的增值税进项税额的60%作为当期可抵扣的进项税额，借记"应交税费——应交增值税（进项税额）"账户；按增值税专用发票上注明的增值税进项税额的40%作为自本月起第13个月可抵扣的进项税额，借记"应交税费——待抵扣进项税额"账户。上述待抵扣的进项税额在下年度同月允许抵扣时，按允许抵扣的金额借记"应交税费——应交增值税（进项税额）"账户，贷记"应交税费——待抵扣进项税额"账户。

企业作为小规模纳税人，购入固定资产发生的增值税进项税额应计入固定资产成本，不通过"应交税费——应交增值税"账户核算。

1. 购入不需要安装的固定资产

购入不需要安装的固定资产是指企业可以立即投入使用，只需按确认的入账价值直接增加企业的固定资产。

在实际工作中，企业可能以一笔款项购入多项没有单独标价的固定资产。此时应当按照各项固定资产的公允价值比例，对总成本进行分配，分别确定各项固定资产的成本。

例 7-1 利达股份有限公司 20×8 年 3 月 16 日购入不需要安装的机器设备一台，用银行存款支付买价 20 000 元，增值税进项税额 3200 元，运输费 200 元，运输费增值税 20 元，合计 23 420 元，机器设备投入使用。根据以上资料编制利达股份有限公司取得固定资产的会计分录如下：

借：固定资产　　　　　　　　　　　　　　　　　　　　　　　　　20 200
　　应交税费——应交增值税（进项税额）　　　　　　　　　　　　3 220
　　贷：银行存款　　　　　　　　　　　　　　　　　　　　　　　　23 420

例 7-2 20×8 年 3 月 21 日，利达股份有限公司向乙公司一次购入 3 套不同型号且具有不同生产能力的设备 A、B 和 C。利达股份有限公司为该批设备共支付价款 4 000 000 元，增值税进项税额 640 000 元，保险费 20 000 元，装卸费 5 000 元，全部以银行转账支付。假设 A 设备、B 设备、C 设备分别满足固定资产确认条件，公允价值分别为 1 600 000 元、1 900 000 元和 1 500 000 元。假定不考虑其他相关税费。利达股份有限公司的账务处理如下：

（1）应计入固定资产成本的金额，包括购买价款、保险费、装卸费等，即

$$4\ 000\ 000+20\ 000+5\ 000 = 4\ 025\ 000（元）$$

（2）确定 A 设备、B 设备和 C 设备的价值分配比例：

A 设备应分配的固定资产价值比例为

$$1\ 600\ 000/（1\ 600\ 000+1\ 900\ 000+1\ 500\ 000）\times 100\% = 32\%$$

B 设备应分配的固定资产价值比例为

$$1\ 900\ 000/（1\ 600\ 000+1\ 900\ 000+1\ 500\ 000）\times 100\% = 38\%$$

C 设备应分配的固定资产价值比例为

$$1\ 500\ 000/（1\ 560\ 000+2\ 340\ 000+1\ 300\ 000）\times 100\% = 30\%$$

（3）确定 A 设备、B 设备和 C 设备各自的成本：

$$A\ 设备的成本 = 4\ 025\ 000\times 32\% = 1\ 288\ 000（元）$$
$$B\ 设备的成本 = 4\ 025\ 000\times 38\% = 1\ 529\ 500（元）$$
$$C\ 设备的成本 = 4\ 025\ 000\times 30\% = 1\ 207\ 500（元）$$

（4）利达股份有限公司编制会计分录如下：

借：固定资产——A 设备　　　　　　　　　　　　　　　　　　　1 288 000
　　　　　　——B 设备　　　　　　　　　　　　　　　　　　　1 529 500
　　　　　　——B 设备　　　　　　　　　　　　　　　　　　　1 207 500
　　应交税费——应交增值税（进项税额）　　　　　　　　　　　640 000
　　贷：银行存款　　　　　　　　　　　　　　　　　　　　　　4 665 000

2. 购入需要安装的固定资产

对于购入需要安装的固定资产，企业应先通过"在建工程"账户核算购置固定资产所支付的价款、运输费和安装成本，待固定资产安装完毕并达到预定可使用状态后，再将"在建工程"账户归集的固定资产成本一次转入"固定资产"账户。

例 7-3 利达股份有限公司购入一台需要安装的专用设备，增值税专用发票上注明价款 60 000 元，应交增值税 9 600 元，支付运输费、装卸费等合计 2 000 元（假设不考虑运输费的增值税），支付安装成本 2 400 元。上述款项均通过银行支付。其账务处理如下。

（1）设备运抵企业等待安装：

借：工程物资　　　　　　　　　　　　　　　　　　　　　　　　62 000
　　应交税费——应交增值税（进项税额）　　　　　　　　　　　9 600
　　贷：银行存款　　　　　　　　　　　　　　　　　　　　　　71 600

(2) 设备投入安装,并支付安装成本:
借:在建工程　　　　　　　　　　　　　　　　　　　74 000
　　贷:工程物资　　　　　　　　　　　　　　　　　　71 600
　　　　银行存款　　　　　　　　　　　　　　　　　　 2 400
(3) 设备安装完毕,达到预定可使用状态:
借:固定资产　　　　　　　　　　　　　　　　　　　74 000
　　贷:在建工程　　　　　　　　　　　　　　　　　　74 000

例 7-4 20×8 年 3 月 1 日,利达股份有限公司购入一幢商业大楼作为生产车间并交付使用,取得的增值税专用发票上注明的价款为 200 000 000 元,增值税额为 32 000 000 元,款项以银行存款支付。利达股份有限公司为增值税一般纳税人,进项税额分两年从销项税额中抵扣,当年可抵扣 60%,下一年可抵扣 40%。利达股份有限公司编制会计分录如下。

(1) 20×8 年 3 月 1 日购入固定资产时:
借:固定资产　　　　　　　　　　　　　　　　　　　200 000 000
　　应交税费——应交增值税(进项税额)　　　　　　　 19 200 000
　　待抵扣进项税额　　　　　　　　　　　　　　　　　12 800 000
　　贷:银行存款　　　　　　　　　　　　　　　　　　232 000 000
(2) 20×9 年 3 月 1 日进项税额可抵扣销项税额时:
借:应交税费——应交增值税(进项税额)　　　　　　　12 800 000
　　贷:应交税费——待抵扣进项税额　　　　　　　　　12 800 000

7.2.2 自行建造的固定资产

企业自行建造的固定资产,其成本由建造该项固定资产达到预定可使用状态前所发生的必要支出构成,包括工程用物资成本、人工成本、缴纳的相关税费、应予资本化的借款费用及应分摊的间接费用等。为了便于归结和计算固定资产的实际建造成本,企业应设置"在建工程"账户核算企业自建、更新改造的在建工程发生的支出。企业自行建造的固定资产包括自营工程和出包工程两种方式。

1. 自营方式建造固定资产

企业以自营方式建造固定资产,是指企业自行组织工程物资采购、自行组织施工人员从事工程施工完成固定资产建造,其成本应当按照实际发生的材料、人工、机械施工费等计量。

1) 购进工程物资

企业为建造固定资产准备的各种物资,包括工程用材料、尚未安装的设备及为生产准备的工器具等,通过"工程物资"账户进行核算。工程物资应当按照实际支付的买价、运输费、保险费等相关税费作为实际成本,并按照各种专项物资的种类进行明细核算。

购入工程物资时:
借:工程物资
　　应交税费——应交增值税(进项税额)
　　　　　　——待抵扣进项税额
　　贷:银行存款

领用工程物资时：
借：在建工程
　　贷：工程物资

工程完工后，剩余的工程物资转为本企业存货的，按其实际成本或计划成本进行结转，盘亏、盘盈、报废和毁损的工程物资，减去残料价值及保险公司、过失人等赔款后的差额，计入当期损益。

2）领用企业的原材料和库存商品

建造固定资产领用企业的原材料或库存商品，应按其实际成本转入所建工程成本：
借：在建工程
　　贷：原材料（或库存商品）

同时，根据现行增值税制度，核算领用原材料或库存商品的进项税额中以后期间可抵扣的部分（40%）：
借：应交税费——待抵扣进项税额
　　贷：应交税费——应交增值税（进项税额转出）

3）自营方式建造固定资产发生的其他支出

自营方式建造固定资产应负担的职工薪酬，辅助生产部门为之提供的水、电、修理、运输等劳务，以及其他必要支出等也应计入所建工程项目的成本。
借：在建工程
　　贷：应付职工薪酬
　　　　生产成本——辅助生产成本

4）固定资产达到预定使用状态

所建造的固定资产已达到预定可使用状态但尚未办理竣工结算的，应当至达到预定可使用状态之日起，根据工程预算、造价或者工程实际成本等，按暂估价值转入固定资产，并按有关计提固定资产折旧的规定计提固定资产折旧；待办理竣工决算手续后，再调整原来的暂估价值，但不需要调整原已计提的折旧额。
借：固定资产
　　贷：在建工程

例 7-5 利达股份有限公司利用剩余生产能力自行建造一台设备，该设备用于产品生产。在建造过程中，主要发生下列支出：

20×8 年 3 月 6 日，用银行存款购入工程物资 116 000 元，其中价款 100 000 元，应交增值税 16 000 元，工程物资验收入库。

20×8 年 3 月 15 日，工程开工，当日实际领用工程物资 100 000 元；领用库存材料一批，实际成本 8 000 元，增值税进项税额 1 280 元；领用库存商品若干件，实际成本 6 000 元；辅助生产部门为工程提供水电等劳务支出共计 3 000 元；工程应负担直接人工费 11 200 元。

20×8 年 5 月 31 日，工程完工并达到预定可使用状态。

其账务处理过程如下。

（1）20×8 年 3 月 6 日，购入工程物资验收入库：

借：工程物资　　　　　　　　　　　　　　　　　　　　　　　100 000
　　应交税费——应交增值税（进项税额）　　　　　　　　　　　16 000

　　　　贷：银行存款　　　　　　　　　　　　　　　　　　　　　116 000
（2）20×8年3月15日，领用工程物资投入在建工程：
　　借：在建工程　　　　　　　　　　　　　　　　　　　　　　100 000
　　　　贷：工程物资　　　　　　　　　　　　　　　　　　　　　100 000
（3）20×8年3月15日，领用库存材料和库存商品用于在建工程：
　　借：在建工程　　　　　　　　　　　　　　　　　　　　　　 14 000
　　　　贷：原材料　　　　　　　　　　　　　　　　　　　　　　 8 000
　　　　　　库存商品　　　　　　　　　　　　　　　　　　　　　 6 000
（4）结转应由工程负担的直接人工费和水电费：
　　借：在建工程　　　　　　　　　　　　　　　　　　　　　　 14 200
　　　　贷：应付职工薪酬　　　　　　　　　　　　　　　　　　　11 200
　　　　　　生产成本——辅助生产成本　　　　　　　　　　　　　 3 000
（5）20×8年5月31日，工程完工，并达到预定可使用状态，计算并结转工程成本：
　　　　设备制造成本 = 100 000+8 000+6 000+3 000+11 200 = 128 200（元）
　　借：固定资产　　　　　　　　　　　　　　　　　　　　　　128 200
　　　　贷：在建工程　　　　　　　　　　　　　　　　　　　　 128 200

2. 出包工程

出包工程是指企业委托建筑公司等其他单位进行的固定资产建造工程。企业的新建、改建、扩建等建设项目，通常均采用出包方式。

企业以出包方式建造固定资产，其成本由建造该固定资产达到预定可使用状态前发生的必要支出构成，包括发生的建筑工程支出、安装工程支出及需分摊计入固定资产价值的待摊支出。

待摊支出是指在建设期间发生的、不能直接计入某项固定资产价值而应由所建造固定资产共同负担的相关费用，包括为建造工程发生的管理费、可行性研究费、临时设施费、公证费、监理费等。

以出包方式建造固定资产的具体支出，由建造承包商核算，"在建工程"账户实际成为企业与建造承包商的结算账户，企业将与建造承包商结算的工程价款作为工程成本，统一通过"在建工程"账户进行核算。

企业采用出包方式建造固定资产发生的需分摊计入固定资产价值的待摊支出，应按下列公式进行分摊：

　　待摊支出分摊率 = 累计发生的待摊支出/（建筑工程支出+安装工程支出）×100%
　　某工程应分摊的待摊支出 =（某工程的建筑工程支出+某工程的安装工程支出）×
　　　　　　　　　　　　　　待摊支出分摊率

例7-6 利达股份有限公司与乙公司签订合同以出包方式建造一栋厂房，合同规定建造新厂房的价款为18 000 000元（不含增值税）。生产所需设备由利达股份有限公司负责购买，由承包方负责安装。利达股份有限公司购进生产用设备，价款5 000 000元，应交增值税800 000元，全部款项通过银行支付，设备已运达，等待安装；向承包方支付安装费200 000元（不含增值税），按照与承包单位签订的合同，公司需事前支付工程款15 000 000元，剩余工程款于工程完工结算时补付。有关业务的账务处理如下。

（1）按合同规定时间预付工程款 15 000 000 元：

借：预付账款　　　　　　　　　　　　　　　　　　　　　　15 000 000
　　贷：银行存款　　　　　　　　　　　　　　　　　　　　　　　　15 000 000

（2）建筑工程完工，办理工程价款结算，补付剩余工程款 3 000 000 元，收到乙公司开具的增值税专用发票上注明的价款为 18 000 000 元，增值税税额为 1 800 000 元：

借：在建工程——建筑工程　　　　　　　　　　　　　　　　18 000 000
　　应交税费——应交增值税（进项税额）　　　　　　　　　　1 080 000
　　　　　　——待抵扣进项税额　　　　　　　　　　　　　　　720 000
　　贷：银行存款　　　　　　　　　　　　　　　　　　　　　　　　4 800 000
　　　　预付账款　　　　　　　　　　　　　　　　　　　　　　　15 000 000

（3）利达公司购进生产用设备：

借：工程物资　　　　　　　　　　　　　　　　　　　　　　　5 000 000
　　应交税费——应交增值税（进项税额）　　　　　　　　　　　800 000
　　贷：银行存款　　　　　　　　　　　　　　　　　　　　　　　　5 800 000

（4）将生产设备交付承包方进行安装，支付安装费，收到乙公司开具的增值税专用发票上注明的价款为 200 000 元，增值税税额为 20 000 元：

借：在建工程——在安装设备　　　　　　　　　　　　　　　　5 000 000
　　　　　　——安装工程　　　　　　　　　　　　　　　　　　　200 000
　　应交税费——应交增值税（进项税额）　　　　　　　　　　　　20 000
　　贷：工程物资　　　　　　　　　　　　　　　　　　　　　　　　5 000 000
　　　　银行存款　　　　　　　　　　　　　　　　　　　　　　　　　220 000

（5）利达股份有限公司为建造工程发生的管理费、可行性研究费、监理费等支出共计 482 500 元，均通过银行支付：

借：在建工程——待摊支出　　　　　　　　　　　　　　　　　　482 500
　　贷：银行存款　　　　　　　　　　　　　　　　　　　　　　　　　482 500

（6）待摊支出在各工程项目间的分配：

待摊支出分配率 = 580 000/（18 000 000+5 000 000+200 000）×100% = 2.5%

建筑工程应分摊待摊支出 = 18 000 000×2.5% = 450 000（元）

在安装设备应分摊待摊支出 = 5 000 000×2.5% = 125 000（元）

安装工程应分摊待摊支出 = 200 000×2.5% = 5 000（元）

借：在建工程——建筑工程　　　　　　　　　　　　　　　　　　450 000
　　　　　　——在安装设备　　　　　　　　　　　　　　　　　　125 000
　　　　　　——安装工程　　　　　　　　　　　　　　　　　　　　5 000
　　贷：在建工程——待摊支出　　　　　　　　　　　　　　　　　　580 000

（7）上述各项工程项目完成验收，固定资产达到预定可使用状态，计算并结转工程成本：

厂房成本 = 18 000 000+450 000 = 18 450 000（元）

设备成本 = 5 000 000+200 000+125 000+5 000 = 5 330 000（元）

借：固定资产——厂房　　　　　　　　　　　　　　　　　　　18 450 000

——设备	5 330 000
贷：在建工程——建筑工程	18 450 000
——在安装设备	5 125 000
——安装工程	205 000

7.2.3 投资者投入的固定资产

接受固定资产投资的企业，在办理了固定资产移交手续之后，应按投资各方签订的合同或协议约定的价值和相关的税费作为固定资产的入账价值计价入账，合同或协议约定的价值不公允的除外。投资者投入固定资产时：

借：固定资产
　　贷：实收资本（或股本）
　　　　资本公积——资本溢价（或股本溢价）

7.2.4 接受捐赠的固定资产

企业接受捐赠的固定资产，应根据具体情况合理确定其入账价值。

（1）捐赠方提供了有关凭据的，按凭据上标明的金额加上应支付的相关税费，作为入账价值。

（2）捐赠方没有提供有关凭据的，同类或类似固定资产存在活跃市场的，按同类或类似固定资产的市场价格估计的金额加上应支付的相关税费作为入账价值。同类或类似固定资产不存在活跃市场的，按该接受捐赠固定资产预计未来现金流量的现值加上应支付的相关税费作为入账价值。企业接受捐赠的固定资产在按照上述会计规定确定入账价值以后，按接受捐赠金额计入营业外收入。

7.3　固定资产的后续计量

7.3.1　固定资产折旧

固定资产折旧是指在固定资产使用寿命内，按照确定的方法对应提折旧额进行系统分摊。固定资产折旧的过程实际上是一个持续的成本分配过程，并不是为了计算固定资产的净值。折旧就是企业采用合理而系统的分配方法将固定资产的取得成本在固定资产的经济寿命使用年限内进行合理分配，使之与各期收入相配比，以正确确认企业的损益。

1. 影响固定资产折旧的因素

（1）原始价值，即固定资产的实际取得成本。

（2）预计净残值，是指假定固定资产预计使用寿命已满并处于使用寿命终了时的预期状态，企业目前从该资产处置中获得的扣除预计处置费用后的净额。

（3）预计使用寿命，是指企业使用固定资产的预计期间，或者该固定资产所能生产产品或提供劳务的数量。企业在确定固定资产的使用寿命时，应当考虑下列因素：该项资产预计生产能力或实物产量；该项资产预计有形损耗，如设备使用中发生磨损、房屋建筑物受到自然侵蚀等；该项资产预计无形损耗，如因新技术的出现而使现有的资产技术水平相对陈旧、市场需求变化使产品过时等；法律或者类似规定对该项资产使用的限制。

应提折旧额是指应当计提折旧的固定资产的原价扣除其预计净残值后的金额。已计提减值准备的固定资产，还应当扣除已计提的固定资产减值准备累计金额。

2. 固定资产的折旧范围

《企业会计准则第4号——固定资产》规定，除以下情况外，企业应对所有固定资产计提折旧：①已提足折旧仍继续使用的固定资产；②单独估价作为固定资产入账的土地。

注意：

（1）提足折旧是指已经提足该项固定资产的应提折旧额，固定资产提足折旧后，不论能否继续使用，均不再计提折旧。提前报废的固定资产也不再补提折旧。

（2）已达到预定可使用状态但尚未办理竣工决算的固定资产，应当按照估计价值确定其成本，并计提折旧；待办理竣工决算后再按实际成本调整原来的暂估价值，但不需要调整原已计提的折旧额。

（3）处于更新改造过程停止使用的固定资产，应将其账面价值转入"在建工程"账户，不再计提折旧。更新改造项目达到预定可使用状态转为固定资产后，再按照重新确定的使用寿命、预计净残值和折旧方法计提折旧。

3. 固定资产折旧方法

企业应当根据与固定资产有关的经济利益的预期实现方式，合理选择折旧方法。固定资产折旧方法包括年限平均法、工作量法、加速折旧法等。折旧方法的选择将直接影响应提折旧总额在固定资产各使用年限之间的分配结果，影响固定资产使用寿命期间内不同时期的折旧费用，从而影响各年的净收益和所得税。固定资产折旧方法一经确定，不得随意变更，如需变更，应按规定的程序报经批准后备案，并在财务报表的附注中予以说明。

1）年限平均法

年限平均法又称直线法，是将固定资产的应提折旧额均衡地分摊到固定资产预计使用寿命内的折旧方法。采用这种方法计算的每期折旧额相等。其计算公式为

$$年折旧额 = (原始价值 - 预计净残值) / 使用年限$$

$$年折旧率 = 年折旧额 / 原始价值$$

$$= (1 - 预计净残值率) / 预计使用年限 \times 100\%$$

$$月折旧率 = 年折旧率 / 12$$

$$月折旧额 = 固定资产原价 \times 月折旧率$$

例7-7 利达股份有限公司某项固定资产原值为600 000元，预计净残值率为4%，预计使用年限为5年，采用平均年限法计提折旧。其折旧率和月折旧额计算如下：

$$年折旧率 = (1 - 4\%) / 5 = 19.2\%$$

$$月折旧率 = 19.2\% / 12 = 1.6\%$$

$$年折旧额 = 600\ 000 \times 19.2\% = 115\ 200（元）$$

$$月折旧额 = 600\ 000 \times 1.6\% = 9\ 600（元）$$

年限平均法的优缺点：该方法的优点是计算过程简便易行，容易理解，是会计实务中应用最广泛的一种方法。其缺点是只注重固定资产的使用时间，而忽视使用状况；固定资产各年的使用成本负担不均衡。

2）工作量法

工作量法是以固定资产预计可完成的工作总量为分摊标准，根据各年实际完成的工作量计算折旧额的方法。其计算公式为

单位工作量折旧额等 = 固定资产原价×（1-预计净残值率）/预计总工作量

某项固定资产月折旧额 = 该项固定资产当月工作量×单位工作量折旧额

例 7-8 利达股份有限公司有运输汽车一辆，原值为 400 000 元，预计净残值率为 4%，预计行驶总里程为 600 000 公里。该汽车采用工作量法计提折旧，某月该汽车行驶 8 000 公里。该汽车的单位工作量折旧额和该月折旧额计算如下。

单位工作量折旧额 = 400 000×（1-4%）/600 000 = 0.64（元/公里）

该月折旧额 = 8 000×0.64 = 5 120（元）

采用工作量法，不同的固定资产应按不同的工作量标准计算折旧，一般适用于价值较高的大型精密机床及运输设备等固定资产的折旧计算。

3）双倍余额递减法

双倍余额递减法是在不考虑固定资产预计净残值的情况下，根据每期期初固定资产原价减去累计折旧后的金额和双倍的直线法折旧率计算固定资产折旧额的方法。

应用这种方法计算折旧额时，由于每年年初固定资产净值没有扣除预计净残值，所以在计算固定资产折旧额时，应在其折旧年限到期前两年内，将固定资产净值扣除预计净残值后的余额平均摊销。其计算公式为

年折旧率 = 2/预计使用寿命×100%

月折旧率 = 年折旧率/12

月折旧额 =（固定资产原价-累计折旧）×月折旧率

例 7-9 利达股份有限公司某项固定资产原值为 50 000 元，预计净残值为 1 000 元，预计使用年限为 5 年，该项固定资产采用双倍余额递减法计提折旧，年折旧率及各年折旧额计算见表 7-1。

表 7-1 折旧计算表（双倍余额递减法）

年份	期初净值/元	年折旧率/%	年折旧额/元	累计折旧/元	期末净值/元
1	50 000	40	20 000	20 000	30 000
2	30 000	40	12 000	32 000	18 000
3	18 000	40	7 200	39 200	10 800
4	10 800	—	4 900	44 100	5 900
5	5 900		4 900	49 000	1 000

4）年数总和法

年数总和法是将固定资产的原价减去预计净残值后的余额，乘以一个以固定资产尚可使用寿命为分子、以预计使用寿命逐年数字之和为分母的逐年递减的分数计算每年的折旧额的方法。其计算公式为

$$年折旧率 = 尚可使用年限/预计使用寿命的年数总和 \times 100\%$$
$$月折旧率 = 年折旧率/12$$
$$月折旧额 = (固定资产原价 - 预计净残值) \times 月折旧率$$

例 7-10 承例 7-9，假设预计净残值为 2 000 元，其他条件不变。利达股份有限公司采用年数总和法计算的各年折旧率、折旧额如表 7-2 所示。

表 7-2 折旧计算表（年数总和法）

年份	应计提折旧总额/元	年折旧率	年折旧额/元	累计折旧/元
1	48 000	5/15	16 000	16 000
2	48 000	4/15	12 800	28 800
3	48 000	3/15	9 600	38 400
4	48 000	2/15	6 400	44 800
5	48 000	1/15	3 200	48 000

上述折旧方法中的双倍余额递减法和年数总和法属于加速折旧法。和年限平均法相比，加速折旧法既不意味着要缩短折旧年限，也不意味着要增大或减少应提折旧总额，只是对应提折旧总额在各使用年限之间的分配采用了递减的方式，而不是平均的方式。无论是采用加速折旧法还是采用年限平均法，在整个固定资产预计使用年限内计提的折旧总额都是相等的。采用加速折旧法，可以使固定资产的使用成本各年保持大致相同，可以降低无形损耗的风险，能使固定资产账面净值比较接近于市价。

4. 固定资产折旧的会计处理

企业的固定资产应当按月计提折旧，当月增加的固定资产，当月不计提折旧，从下月起计提折旧；当月减少的固定资产，当月仍计提折旧，从下月起不计提折旧。

计提的折旧应通过"累计折旧"账户核算，并根据固定资产的受益对象分配计入有关的成本或费用。企业管理部门使用的固定资产计提的折旧费用，应计入管理费用；生产部门使用的固定资产计提的折旧费用，应计入制造费用；专设销售机构使用的固定资产计提的折旧费用，应计入销售费用；经营性出租的固定资产计提的折旧费用，应计入其他业务成本；自行建造固定资产过程中使用的固定资产计提的折旧费用，应计入在建工程成本；未使用的固定资产计提的折旧费用，应计入管理费用。

5. 固定资产使用寿命、预计净残值和折旧方法的复核

《企业会计准则第 4 号——固定资产》规定，企业至少应当于每年年度终了，对固定资产的使用寿命、预计净残值和折旧方法进行复核。

如有确凿证据表明，固定资产使用寿命预计数与原先估计数有差异的，应当调整固定资产使用寿命；固定资产预计净残值预计数与原先估计数有差异的，应当调整预计净残值。

在固定资产使用过程中，与其有关的经济利益预期实现方式可能发生重大变化，在这种情况下，企业应相应改变固定资产折旧方法。

固定资产使用寿命、预计净残值和折旧方法发生改变，应按照会计估计变更的有关规定进行处理。

7.3.2 固定资产后续支出

固定资产后续支出,是指固定资产使用过程中发生的更新改造支出、修理费用等。固定资产在投入使用后,为了适应新技术发展的需要,或者为维护和提高固定资产的使用性能,往往需要对现有固定资产进行维护、改建、扩建或者改良。

后续支出的处理原则:固定资产发生的后续支出,符合固定资产确认条件的,应当计入固定资产成本,同时将被替换部分的账面价值扣除;不符合固定资产确认条件的,应当在发生时计入当期管理费用。

1. 资本化后续支出

固定资产发生可资本化的后续支出时,企业一般应将该固定资产的原价、已计提的累计折旧和减值准备转销,将固定资产的账面价值转入"在建工程"账户,并停止计提折旧。发生的后续支出,通过"在建工程"账户核算。固定资产发生的后续支出在完工并达到预定可使用状态时,从在建工程转为固定资产,并按重新确定的使用寿命、预计净残值和折旧方法计提折旧。

例 7-11 利达股份有限公司 20×5 年 12 月自行建成一条生产线并投入使用,建造成本为 600 000 元,采用年限平均法计提折旧,预计净残值率为固定资产原价的 3%,预计使用年限为 6 年。20×7 年 12 月 31 日,由于生产的产品适销对路,现有这条生产线的生产能力已难以满足公司生产发展的需要,但若新建生产线,成本过高,周期过长,于是该公司决定对现有生产线进行改扩建,提高其生产能力,假定该生产线未发生过减值。至 20×8 年 3 月 31 日,完成了对这条生产线的改扩建工程,达到预定可使用状态。改扩建工程发生以下支出:用银行存款购买工程物资一批,增值税专用发票上注明的价款为 200 000 元,增值税进项税额为 32 000 元,已全部用于改扩建工程,发生有关人员薪酬 84 000 元。该生产线扩建完工达到预定可使用状态后,大大提高了生产能力,预计尚可使用年限为 8 年。假定改扩建后的生产线的预计净残值率为改扩建后其账面价值的 4%,折旧方法仍为年限平均法。假定利达股份有限公司按年度计提固定资产折旧,为简化计算过程,整个过程不考虑其他相关税费。利达股份有限公司的账务处理如下:

(1) 本例中,生产线改扩建后生产能力大大提高,能够为企业带来更多的经济利益,改扩建的支出金额也能够可靠计量,因此该后续支出符合固定资产的确认条件,应计入固定资产的成本。

资产后续支出发生前,该生产线的应计折旧额 = 600 000×(1-3%) = 582 000(元)

年折旧额 = 582 000/6 = 97 000(元)

20×6 年 1 月 1 日—20×7 年 12 月 31 日,各年计提固定资产折旧:

借:制造费用　　　　　　　　　　　　　　　　　　　　　　　97 000
　　贷:累计折旧　　　　　　　　　　　　　　　　　　　　　　　97 000

(2) 20×7 年 12 月 31 日,将该生产线的账面价值 406 000 元 [600 000-(97 000×2)] 转入"在建工程"账户:

借:在建工程　　　　　　　　　　　　　　　　　　　　　　　406 000
　　累计折旧　　　　　　　　　　　　　　　　　　　　　　　194 000
　　贷:固定资产　　　　　　　　　　　　　　　　　　　　　　600 000

(3) 发生改扩建工程支出：

借：工程物资　　　　　　　　　　　　　　　　　　　　　　　200 000
　　应交税费——应交增值税（进项税额）　　　　　　　　　　 32 000
　　　贷：银行存款　　　　　　　　　　　　　　　　　　　　 232 000
借：在建工程　　　　　　　　　　　　　　　　　　　　　　　284 000
　　　贷：工程物资　　　　　　　　　　　　　　　　　　　　 200 000
　　　　　应付职工薪酬　　　　　　　　　　　　　　　　　　　84 000

（4）20×8年3月31日，生产线改扩建工程达到预定可使用状态，转为固定资产：

借：固定资产　　　　　　　　　　　　　　　　　　　　　　　690 000
　　　贷：在建工程　　　　　　　　　　　　　　　　　　　　 690 000

（5）20×8年3月31日，转为固定资产后，按重新确定的使用寿命、预计净残值和折旧方法计提折旧：

$$应提折旧额 = 690\,000 \times (1-4\%) = 662\,400（元）$$
$$月折旧额 = 662\,400 / (8 \times 12) = 6\,900（元）$$

20×8年应计提的折旧额为62 100元（6900×9），编制会计分录如下：

借：制造费用　　　　　　　　　　　　　　　　　　　　　　　 62 100
　　　贷：累计折旧　　　　　　　　　　　　　　　　　　　　　62 100

2. 费用化后续支出

一般情况下，固定资产投入使用之后，由于磨损、各组成部分耐用程度不同，可能导致固定资产的局部损坏。为了维护固定资产的正常运转和使用，充分发挥其使用效能，企业要对固定资产进行必要的维护。

资产的日常维护支出通常不满足固定资产的确认条件，在发生时直接计入当期损益。企业生产车间和行政管理部门等发生的固定资产修理费用等后续支出计入管理费用；企业专设销售机构的，其发生的与专设销售机构相关的固定资产修理费用等后续支出，计入销售费用。

例7-12 20×8年3月31日，利达股份有限公司对现有的一台生产用机器设备进行日常维护，维护过程中领用本企业原材料一批，价值为94 000元，应支付维护人员的工资为28 000元，不考虑其他相关税费。

本例中，对机器设备的维护，仅仅是为了维护固定资产的正常使用而发生的，不产生未来的经济利益，因此应在其发生时确认为费用。利达股份有限公司的账务处理如下：

借：管理费用　　　　　　　　　　　　　　　　　　　　　　　122 000
　　　贷：原材料　　　　　　　　　　　　　　　　　　　　　　94 000
　　　　　应付职工薪酬　　　　　　　　　　　　　　　　　　　28 000

7.5　固定资产处置

7.5.1　固定资产终止确认的条件

《企业会计准则第4号——固定资产》规定，固定资产满足下列条件之一的，应当予以终止确认。

1. 该固定资产处于处置状态

固定资产处置包括固定资产的出售、转让、报废或毁损、对外投资等。处于处置状态的固定资产，不再用于生产商品、提供劳务、出租或经营管理，因此不再符合固定资产的定义，应予终止确认。

2. 该固定资产预期通过使用或处置不能产生经济利益

如果一项固定资产预期通过使用或处置不能产生经济利益，那么它就不再符合固定资产的定义和确认条件，应予终止确认。

7.5.2 固定资产处置的会计处理

企业出售、转让、报废固定资产或发生固定资产毁损的，应当将处置收入扣除账面价值和相关税费后的金额计入当期损益。固定资产的账面价值是固定资产成本扣减累计折旧和累计减值准备后的金额。

固定资产处置一般通过"固定资产清理"账户进行核算。具体账务处理程序如下。

1. 固定资产转入清理

借：固定资产清理（按固定资产账面价值）
　　累计折旧（按已计提的累计折旧）
　　固定资产减值准备（按已计提的减值准备）
　贷：固定资产（按固定资产原价）

2. 发生的清理费用

借：固定资产清理
　贷：银行存款
　　　应交税费——应交增值税（销项税额）

3. 出售收入、残料及变价收入、保险赔偿等的处理

借：银行存款
　　原材料
　　其他应收款
　贷：固定资产清理

4. 清理净损益的处理

1）毁损、报废的固定资产

因丧失使用功能或因自然灾害发生毁损等原因而报废清理产生的利得或损失计入营业外收支。生产经营期间正常报废清理发生的处理净损失：

借：营业外支出——处置非流动资产损失

贷：固定资产清理
属于生产经营期间由于自然灾害等非正常原因造成的：
借：营业外支出——非常损失
　　贷：固定资产清理
如为净收益：
借：固定资产清理
　　贷：营业外收入

2）出售、转让的固定资产

因出售、转让等原因产生的固定资产处置利得或损失，应计入资产处置损益。产生处置净损失的：
借：资产处置损益
　　贷：固定资产清理
如为净收益：
借：固定资产清理
　　贷：资产处置损益

例 7-13 利达股份有限公司有一台设备，因使用期满批准报废。该设备原价为 186 400 元，累计已计提折旧 177 080 元，减值准备 2 300 元。在清理过程中，以银行存款支付清理费用 4 000 元，收到残料变卖收入 5 400 元。不考虑相关税费，有关账务处理如下。

（1）固定资产转入清理：

借：固定资产清理	7 020
累计折旧	177 080
固定资产减值准备	2 300
贷：固定资产	186 400

（2）发生清理费用和相关税费：

借：固定资产清理	4 000
贷：银行存款	4 000

（3）收到残料变价收入：

借：银行存款	5 400
贷：固定资产清理	5 400

（4）结转固定资产净损益：

借：营业外支出——处置非流动资产损失	5 620
贷：固定资产清理	5 620

例 7-14 利达股份有限公司因经营管理的需要，于 20×8 年 3 月 20 日将一台 20×6 年 3 月 20 日购入的设备出售，出售价款为 300 000 元，适用的增值税税率为 16%，应交增值税为 48 000 元，开具增值税专用发票。出售设备原始价值为 350 000 元，累计折旧 70 000 元，发生清理费用 1 000 元。其账务处理过程如下。

（1）结转固定资产账面价值：

借：固定资产清理	280 000
累计折旧	70 000

　　　　贷：固定资产　　　　　　　　　　　　　　　　　　　　　　　　350 000
（2）支付清理费用 1 000 元：
　　借：固定资产清理　　　　　　　　　　　　　　　　　　　　　　　　1 000
　　　　贷：银行存款　　　　　　　　　　　　　　　　　　　　　　　　　1 000
（3）收到出售设备全部款项：
　　借：银行存款　　　　　　　　　　　　　　　　　　　　　　　　　348 000
　　　　贷：固定资产清理　　　　　　　　　　　　　　　　　　　　　　300 000
　　　　　　应交税费——应交增值税（销项税额）　　　　　　　　　　　 48 000
（4）结转固定资产出售净损益：
　　　　　　净收益 = 300 000-280 000-1 000 = 19 000（元）
　　借：固定资产清理　　　　　　　　　　　　　　　　　　　　　　　　19 000
　　　　贷：资产处置损益　　　　　　　　　　　　　　　　　　　　　　 19 000

7.6　固定资产的期末计量

7.6.1　固定资产清查

　　企业需要定期与不定期地对固定资产进行清查，如果通过清查发现账簿记录的企业拥有固定资产的实物不存在或发现有的固定资产在企业账簿上并没有做记录，在会计上被称为盘亏或盘盈。

　　1. 盘亏的固定资产

　　盘亏的固定资产应通过"待处理财产损溢——待处理固定资产损溢"账户进行核算。
（1）发现盘亏的固定资产时，在未报经批准处理前，要先按账面原价和累计折旧及时予以注销：
　　借：待处理财产损溢——待处理固定资产损溢
　　　　累计折旧
　　　　贷：固定资产
（2）待报经批准后：
　　借：营业外支出——固定资产盘亏
　　　　贷：待处理财产损溢——待处理固定资产损溢

　　2. 盘盈固定资产

　　盘盈固定资产入账价值的确定方法是：如果同类或类似固定资产存在活跃市场的，应按同类或类似固定资产的市场价格减去按该项固定资产新旧程度估计价值损耗后的余额确定；如果同类或类似固定资产不存在活跃市场的，应按盘盈固定资产的预计未来现金流量的现值计价入账。

　　盘盈的固定资产报经批准后，应作为企业以前年度的差错：

借：固定资产
　　贷：以前年度损益调整

例 7-15 利达股份有限公司在固定资产的定期清查中，发现盘亏了一台设备，该设备的账面原价为 3 900 元，已提折旧 1 500 元。

（1）报经批准处理前注销盘亏设备的原价与累计折旧：

借：待处理财产损溢——待处理固定资产损溢　　　　　　2 400
　　累计折旧　　　　　　　　　　　　　　　　　　　　1 500
　　贷：固定资产　　　　　　　　　　　　　　　　　　　　3 900

（2）经批准，盘亏设备净值转入营业外支出：

借：营业外支出——固定资产盘亏　　　　　　　　　　　2 400
　　贷：待处理财产损溢——待处理固定资产损溢　　　　　　2 400

例 7-16 利达股份有限公司在固定资产清查中，发现一台设备没有在账簿中记录。该设备当前市场价格为 60 000 元，根据其新旧程度估计成新率 70%。

借：固定资产　　　　　　　　　　　　　　　　　　　42 000
　　贷：以前年度损益调整　　　　　　　　　　　　　　　42 000

7.6.2 固定资产减值

《企业会计准则第 8 号——资产减值》规定，企业应当在资产负债表日判断固定资产是否存在可能发生减值的迹象。资产存在减值迹象的，应当估计其可收回金额。资产的可收回金额是指资产的公允价值减去处置费用后的净额与资产预计未来现金流量的现值两者之间的较高者。

企业在对资产进行减值测试并计算了资产可收回金额后，如果资产的可收回金额低于其账面价值的，应当将资产的账面价值减计至可收回金额，将减计的金额确认为资产减值损失计入当期损益，同时计提相应的资产减值准备。

借：资产减值损失
　　贷：固定资产减值准备

固定资产减值损失一经确认，在以后会计期间不得转回。在资产处置、对外投资等时，才可予以转出。

知 识 拓 展

固定资产会计岗位职责

1. 岗位职责

（1）登记固定资产总分类和明细分类账簿。

（2）审核固定资产增加、转移，处理其相关原始凭证。

（3）开具固定资产支付账款凭证。

（4）参与固定资产盘点工作。

2. 固定资产会计的工作内容

（1）会同有关部门建立健全固定资产购建、保管、修理、处置、报废、核算等方面的

（2）制定固定资产目录。
　　（3）按一定的方法计提固定资产折旧，及时取得并严格审核有关原始凭证及计划、合同，进行固定资产的取得、折旧、修理、改扩建、处置、报废、清查的核算。
　　（4）建立固定资产台账，监督各项固定资产的购建、保管、使用、修理、处置、报废。
　　（5）协同有关部门定期对固定资产进行盘点。
　　（6）期末对固定资产进行价值检查，按规定计提固定资产减值准备。

思考练习题

1．说明各类固定资产折旧方法的应用及存在的差异。

2．说明固定资产后续支出资本化与费用化的处理原则，分析若未将两项支出合理划分对资产和损益产生的影响。

3．甲公司为增值税一般纳税人，适用的增值税税率为16%。该企业20×8年自行建造仓库一座，用银行存款购入为工程准备的各种物资200 000元，支付的增值税税额为32 000元，实际领用工程物资100 000元；另外还领用了企业生产用的原材料一批，实际成本为18 000元；分配工程人员工资25 600元，企业辅助生产车间为工程提供有关劳务支出4 000元，工程完工交付使用。

要求：
（1）计算工程完工交付使用时固定资产的入账价值。
（2）根据上述资料编制甲企业的有关会计分录。

4．甲公司某固定资产入账价值为1 220 000元，该固定资产预计使用5年，预计净残值为20 000元。假定不考虑其他因素。

要求：分别采用平均年限法、年数总和法、双倍余额递减法计算各年折旧额。

5．乙公司20×8年10月因意外事故报废汽车一辆，该汽车账面原值110 000元，已提折旧40 000元，应由保险公司赔偿30 000元，以现金支付清理费用300元，残料变价收入800元已存入银行。

要求：根据上述资料，编制与乙企业固定资产报废有关的会计分录。

6．丙股份有限公司（以下简称丙公司）为注册地在北京市的一家上市公司，其20×5—20×9年与固定资产有关的业务资料如下。

（1）20×5年12月12日，丙公司购进一台不需要安装的设备，取得的增值税专用发票上注明的设备价款为5 000 000元，增值税税额为800 000元；运输费100 000元，增值税税额为10 000元，款项以银行存款支付；没有发生其他相关税费。该设备于当日投入使用，预计使用年限为10年，预计净残值为100 000元，采用直线法计提折旧。

（2）20×6年12月31日，丙公司对该设备进行检查时发现其已经发生减值，预计可收回金额为4 200 000元；计提减值准备后，该设备原预计使用年限、预计净残值、折旧方法保持不变。

（3）20×7年12月31日，丙公司因生产经营方向调整，决定采用出包方式对该设备进行改良，改良工程验收合格后支付工程价款。该设备于当日停止使用，开始进行改良。

（4）20×8年3月12日，改良工程完工并验收合格，丙公司以银行存款支付工程总价款210 000元。当日，改良后的设备投入使用，预计尚可使用年限8年，采用直线法计提折旧，预计净残值为140 000元。20×8年12月31日，该设备未发生减值。

（5）20×9年12月31日，该设备因遭受自然灾害发生严重毁损，丙公司决定进行处置，取得残料变价收入200 000元、保险公司赔偿款500 000元，发生清理费用30 000元；款项均以银行存款收付，不考虑其他相关税费。

要求：

（1）编制20×5年12月12日取得该设备的会计分录。
（2）计算20×6年度该设备计提的折旧额。
（3）计算20×6年12月31日该设备计提的固定资产减值准备，并编制相应的会计分录。
（4）计算20×7年度该设备计提的折旧额。
（5）编制20×7年12月31日该设备进行改良时的会计分录。
（6）编制20×8年3月12日支付该设备改良价款、结转改良后设备成本的会计分录。
（7）计算20×8年度该设备计提的折旧额。
（8）计算20×9年12月31日处置该设备实现的净损益。
（9）编制20×9年12月31日处置该设备的会计分录。

第8章 无形资产

通过本章的学习,学生应理解无形资产的特征及其与其他资产的差异;理解和掌握无形资产初始成本的确定及不同渠道取得的无形资产的会计处理、无形资产摊销及会计处理、无形资产处置损益的处理原则及会计处理。

无形资产的特征及种类;自行研制开发无形资产研究阶段与开发阶段的划分;无形资产摊销与固定资产折旧的差异;无形资产出租与无形资产出售的会计处理差异。

8.1 无形资产概述

8.1.1 无形资产的概念及特征

1. 无形资产的概念

无形资产是指企业拥有或者控制的没有实物形态的可辨认非货币性资产。无形资产的内容主要包括专利权、非专利技术、商标权、著作权、土地使用权、特许权等。

1)专利权

专利权是指国家专利主管机关依法授予发明创造专利申请人对其发明创造在法定期限内所享有的专有权利,包括发明专利权、实用新型专利权和外观设计专利权。专利权是允许其持有者使用或控制的特权,但它并不保证一定能给持有者带来经济效益,如有的专利可能会被另外更有经济价值的专利所淘汰等。因此,企业不应将其拥有的一切专利权都予以资本化,作为无形资产管理和核算。一般而言,只有从外单位购入的专利或者自行开发并按法律程序申请取得的专利,才能作为无形资产管理和核算。这种专利可以降低成本,或者提高产品质量,或者将其转让出去获得转让收入。企业从外单位购入的专利权,应按实际支付的价款作为专利权的成本。企业自行开发并按法律程序申请取得的专利权,应按照《企业会计准则第 6 号——无形资产》确定的金额作为成本。

2）非专利技术

非专利技术主要内容包括：一是工业专有技术；二是商业（贸易）专有技术；三是管理专有技术。企业的非专利技术，有些是自己开发研究的，有些是根据合同规定从外部购入的。如果是企业自己开发研究的，应将符合《企业会计准则第 6 号——无形资产》规定的开发支出资本化条件的，确认为无形资产。对于从外部购入的非专利技术，应将实际发生的支出予以资本化，作为无形资产入账。

3）商标权

商标权是指专门在某类指定的商品或产品上使用特定的名称或图案的权利。《中华人民共和国商标法》明确规定，经商标局核准注册的商标为注册商标，商标注册人享有商标专用权，受法律的保护。

企业自创的商标并将其注册登记，所花费用一般不大，是否将其资本化并不重要。广告费一般不作为商标权的成本，而是在发生时直接计入当期损益。如果企业购买他人的商标，一次性支出费用较大的，可以将其资本化，作为无形资产管理。这时，应根据购入商标的价款、支付的手续费及有关费用作为商标的成本。

4）著作权

著作权又称版权，指作者对其创作的文学、科学和艺术作品依法享有的某些特殊权利。著作权包括两个方面的权利，即精神权利（人身权利）和经济权利（财产权利）。前者指作品署名、发表作品等权利；后者指以出版、表演、摄制影片等方式使用作品以及因授权他人使用作品而获得经济利益的权利。

5）土地使用权

土地使用权是某一企业按照法律规定取得的在一定时期对国有土地进行开发、利用和经营的权利。国家和集体可以依照法定程序对土地使用权实行有偿出让，企业也可以依照法定程序取得土地使用权，或将已取得的土地使用权依法转让。企业取得土地使用权，应将取得时发生的支出资本化，作为土地使用权的成本，记入"无形资产"账户进行核算。

6）特许权

特许权又称经营特许权、专营权，指企业在某一地区经营或销售某种特定商品的权利或是一家企业接受另一家企业使用其商标、商号、技术秘密等的权利。

2. 无形资产的特征

相对于其他资产，无形资产具有以下特征。

1）无形资产不具有实物形态

无形资产是不具有实物形态的非货币性资产，通常表现为某种权利、某种技术或是某种可以获取超额利润的能力。它与固定资产、存货等有形资产不同，无形资产看不见、摸不着，没有实物形态。

2）无形资产具有可辨认性

资产满足下列条件之一的，符合无形资产定义中的可辨认性标准。

（1）能够从企业中分离或者划分出来，并能够单独或者与相关合同、资产或负债一起，用于出售、转移、授予许可、租赁或者交换。

（2）源自合同性权利或其他法定权利，无论这些权利是否可以从企业或其他权利和义务中转移或者分离。商誉的存在无法与企业自身分离，不具有可辨认性，不属于本章所指无形资产。

3）无形资产属于非货币性长期资产

无形资产属于非货币性资产，且能够在多个会计期间为企业带来经济利益。无形资产的使用年限在一年以上，其价值将在各个受益期间逐渐摊销。

8.1.2 无形资产的分类

根据无形资产的特点，一般可以对无形资产做以下分类。

（1）按取得来源，无形资产可分为外购的无形资产、自行开发的无形资产、投资者投入的无形资产、企业合并取得的无形资产、债务重组取得的无形资产、以非货币性资产交换取得的无形资产及政府补助取得的无形资产等。这种分类的目的，主要是为了使无形资产的初始计量更加准确合理。

（2）按使用寿命是否能够确定，无形资产可分为使用寿命确定的无形资产和使用寿命不确定的无形资产。按照企业会计准则，对于使用寿命确定的无形资产，应该正确估计使用寿命，并将其成本在使用寿命内系统合理摊销；而对于使用寿命不确定的无形资产，不应进行摊销。

8.1.3 无形资产的确认

由于无形资产没有实物形态，本身具有较大的不确定性，其确认与有形资产相比困难很多。无形资产项目，只有在符合无形资产定义并同时满足下列条件时，才能予以确认。

（1）与该无形资产有关的经济利益很可能流入企业。

（2）该无形资产的成本能够可靠地计量。

首先，无形资产需要满足资产一般属性的要求，即由企业拥有或控制，同时也要满足无形资产没有实物形态和可辨认性的特殊要求。其次，与该无形资产有关的经济利益很可能流入企业是指企业能够控制无形资产所产生的经济利益。例如，企业拥有无形资产的法律权利或企业与他人签订的协议，使企业的相关权利受到法律的保护，这样可以保证无形资产的预计未来经济利益能够流入企业。最后，该无形资产的成本能够可靠地计量。无形资产的入账价值需要根据其取得的成本确定，如果成本无法可靠计量，无形资产的计价入账也就没有了依据。

8.2 无形资产取得的初始计量

为了核算持有的无形资产成本，企业应设置"无形资产"账户。借方登记取得无形资产的成本；贷方登记处置无形资产时转出无形资产的账面余额；期末余额在借方，反映企业无形资产的成本。"无形资产"账户应当按照其项目设置明细科目，进行明细分类核算。

无形资产通常按实际成本计量，即以取得无形资产并使之达到预定用途而发生的全部支出，作为无形资产的成本。对于不同来源取得的无形资产，其成本构成也不尽相同。

8.2.1 外购的无形资产

外购的无形资产的入账价值包括购买价款、相关税费及直接归属于使该项资产达到预定用途所发生的其他支出。直接归属于使该项资产达到预定用途所发生的其他支出包括使无形资产达到预定用途所发生的专业服务费用、测试无形资产是否能够正常发挥作用的费用等。但需要注意的是，下列各项费用不包括在无形资产的初始成本计量中：第一，为引入新产品进行宣传发生的广告费、管理费用及其他间接费用；第二，无形资产已经达到预定用途以后发生的费用。

企业外购的无形资产，如果取得法律规定的可抵扣发票，其支付的增值税税额可以抵扣；若无法取得法律规定的可抵扣发票，则支付的增值税额不能抵扣，将计入无形资产成本，并按规定方法进行摊销。

企业取得的土地使用权通常应确认为无形资产，但属于投资性房地产的土地使用权，应当按投资性房地产进行会计处理；土地使用权用于自行开发建造厂房等地上建筑物的，相关的土地使用权账面价值不转入在建工程成本，土地使用权与地上建筑物分别进行摊销和提取折旧。但下列情况除外：

（1）房地产开发企业取得的土地使用权用于建造对外出售的房屋建筑物，相关的土地使用权应当计入所建造的房屋建筑物成本。

（2）企业外购房屋建筑物所支付的价款应当在地上建筑物与土地使用权之间进行合理分配；确实难以合理分配的，应当全部作为固定资产处理。

企业改变土地使用权的用途，停止自用土地使用权而用于赚取租金或资本增值时，应将其账面价值转为投资性房地产。

例 8-1 利达股份有限公司为增值税一般纳税人，购入一项非专利技术，取得的增值税专用发票上注明价款为 600 000 元，增值税税率 6%，增值税税额 36 000 元，以银行存款支付。利达股份有限公司应编制会计分录如下：

借：无形资产　　　　　　　　　　　　　　　　　　　　600 000
　　应交税费——应交增值税（进项税额）　　　　　　　　36 000
　　贷：银行存款　　　　　　　　　　　　　　　　　　　　　636 000

8.2.2 自行研究与开发的无形资产

1. 研究阶段和开发阶段的划分

企业会计准则将无形资产内部研究开发费用的确认与计量，分为研究和开发两个阶段。因此，对于企业内部研究开发的无形资产，要区分研究阶段和开发阶段两个部分分别进行处理。

研究阶段是指为获取新的技术和知识等而进行的有计划的调查阶段，具有计划性和探索性。计划性是指在研发项目通过企业管理层的批准后，进行材料收集、市场调查等活动；探索性是指研究阶段的基本工作是探索前进，为进一步的开发活动做好收集资料及相关方面的准备工作，这一阶段仍未形成实质性的成果。

开发阶段是指在进行商业性生产或使用前，将研究成果或其他知识应用于某项计划或设计，以生产出新的或具有实质性改进的材料、装置、产品等的阶段。其活动针对性强、有可能形成成果，实现研发目标。

2. 内部研究开发费用的确认与计量原则

研究阶段与开发阶段的特点不同，因此两个阶段发生的费用，在确认和计量时应需要遵循不同的原则。

对研究阶段来说，经过研究工作是否能在未来形成成果，即是否能形成无形资产，具有很大的不确定性。企业也无法证明，其研究活动一定能够形成带来未来经济利益的无形资产。因此，研究阶段的有关支出在发生时应当费用化，计入当期损益。

进入开发阶段，在很大程度上已经具备形成一项新产品或新技术的基本条件，如果企业能够证明满足无形资产的相关确认条件，发生的开发费用就可以资本化，计入无形资产成本。开发阶段的费用主要包括开发无形资产时耗用的材料、劳务成本、注册费、在开发无形资产过程中使用的其他专利权和特许权的摊销、按照规定资本化的利息支出，以及为使该无形资产达到预计用途所发生的其他费用等。

开发阶段的费用支出是否应计入无形资产的成本，需要视其是否满足资本化的条件而定，如不能满足资本化条件的费用支出应当计入当期损益。开发阶段费用支出的资本化条件包括以下几个方面。

（1）完成该无形资产以使其能够使用或出售在技术上具有可行性。在判断技术可行性时，要以目前的成果为基础，并提供相关的证明材料，证明企业要将开发阶段形成无形资产的技术条件均已具备，不存在其他技术障碍或不确定性条件。

（2）具有完成该无形资产并使用或出售的意图。开发某项产品或技术产品等，是使用或出售通常根据管理当局决定该项研发活动的目的或者意图所决定，即研发项目形成成果以后，是为出售，还是为自己使用并从使用中获得经济利益，应当依管理当局意图而定。因此，企业管理当局应能够说明其持有拟开发无形资产的目的，并具有完成该项无形资产开发并使其能够使用或出售的可能性。

（3）无形资产产生经济利益的方式，包括能够证明运用该无形资产生产的产品存在市场或无形资产自身存在市场，无形资产将在内部使用的，应当证明其有用性。

（4）有足够的技术、财务资源和其他资源支持，以完成该无形资产的开发，并有能力使用或出售该无形资产。这一条件主要包括以下几个方面。

① 为完成该无形资产的开发具有技术上的可靠性。开发的无形资产并使其形成成果在技术上的可靠性，是继续开发活动的关键。因此，必须有确凿的证据证明企业继续开发该无形资产有足够的技术支持和技术能力。

② 财务资源和其他资源支持。财务资源和其他资源支持是能够完成该项无形资产开发的经济基础。因此，企业必须能够证明为完成该项无形资产的开发所需的财务资源和其他资源，是否能够足以支持完成该无形资产的开发。

③ 能够证明企业在开发过程中所需的技术、财务和其他资源，以及企业获得这些资源的相关计划等。如在企业自有资金不足以提供支持的情况下，是否存在其他外部资金的支持，如银行等金融机构愿意为该无形资产的开发提供所需资金的声明等。

（5）归属于该无形资产开发阶段的支出能够可靠地计量。

3. 内部研究开发费用的账务处理

企业应当设置"研发支出"账户,核算企业在研究与开发无形资产过程中发生的各项支出。按照研究开发项目,分别以"费用化支出"与"资本化支出"进行明细核算。企业自行开发无形资产发生的研发支出,不满足资本化条件的,借记"研发支出——费用化支出"账户;满足资本化条件的,借记"研发支出——资本化支出"账户,贷记"原材料""银行存款""应付职工薪酬"等账户;研究开发项目达到预定用途形成无形资产的,应按"研发支出——资本化支出"账户的余额,借记"无形资产"账户,贷记"研发支出——资本化支出"账户;期(月)末,应将"研发支出——费用化支出"账户归集的金额转入"管理费用"账户,借记"管理费用"账户,贷记"研发支出——费用化支出"账户。本账户期末借方余额,反映企业正在进行中的研究开发项目中满足资本化条件的支出。其主要账务处理如下。

发生研发费用:

借:研发支出——费用化支出
　　　　　——资本化支出
　贷:原材料、应付职工薪酬、银行存款等

研发项目达到预定用途形成无形资产:

借:无形资产
　贷:研发支出——资本化支出

期末结转费用化支出:

借:管理费用
　贷:研发支出——费用化支出

另外,企业如果无法可靠区分研究阶段的支出和开发阶段的支出,应将发生的研发支出全部费用化,计入当期损益,记入"管理费用"账户的借方。

例 8-2 利达股份有限公司因生产经营的需要,自行研究开发一项技术,截至 20×7 年 12 月 31 日发生研发费用合计 2 000 000 元,其中:发生材料费 1 200 000 元,应付研发人员薪酬 500 000 元,其他费用 300 000 元。经测试,该项研发活动完成研究阶段。自 20×8 年 1 月 1 日进入开发阶段,共发生开发支出 500 000 元,假定符合企业会计准则规定的资本化条件,取得的增值税专用发票上注明的增值税税额为 80 000 元。20×8 年年末,该项研发活动结束,最终开发出一项非专利技术。利达股份有限公司应编制会计分录如下。

20×7 年发生研发支出时:

借:研发支出——费用化支出	2 000 000
贷:原材料	1 200 000
应付职工薪酬	500 000
银行存款	300 000

20×7 年年末:

借:管理费用	2 000 000
贷:研发支出——费用化支出	2 000 000

20×8 年发生研发支出时:

借:研发支出——资本化支出	500 000

    应交税费——应交增值税（进项税额）   80 000
     贷：银行存款等   580 000

20×8年年末：
  借：无形资产   500 000
    贷：研发支出——资本化支出   500 000

8.2.3　投资者投入的无形资产

  投资者投入无形资产的成本，应当按照投资合同或协议约定的价值确定；如果合同或协议约定的价值不公允，则按无形资产的公允价值入账；无形资产的入账价值与折合资本额之间的差额，作为资本溢价或股本溢价，计入资本公积。

  例 8-3　利达股份有限公司因业务发展的需要接受甲公司一项非专利技术进行投资，投资各方协商作价为 500 000 元，折合为公司的股票 100 000 股，每股面值 1 元。利达股份有限公司应编制会计分录如下。

  借：无形资产——非专利技术   500 000
    贷：股本   100 000
      资本公积   400 000

8.2.4　政府补助的无形资产

  政府补助是指企业从政府无偿取得货币性资产或非货币性资产。它首先是来源于政府的经济资源；其次，具有无偿性的特征，即企业取得来源于政府的经济资源，政府并不因此而享有企业的所有权，企业未来也不需要以提供劳务、转让资产等方式偿还。政府补助是企业取得无形资产的方式之一，如企业通过行政划拨取得的土地使用权等。

  企业收到政府补助的无形资产时，一方面登记无形资产的增加，另一方面要作为递延收益。其账务处理如下。

  借：无形资产
    贷：递延收益

  例 8-4　利达股份有限公司收到政府行政划拨的土地使用权，根据有关凭证，此项无形资产的公允价值为 50 000 000 元。利达股份有限公司的账务处理如下。

  借：无形资产——土地使用权   50 000 000
    贷：递延收益   50 000 000

8.3　无形资产摊销

  无形资产能够在一定时期内给企业带来经济利益，因此无形资产的价值应按无形资产的受益期体现在各期的损益中，这在会计上称为无形资产摊销。

8.3.1 无形资产摊销的原则

1. 使用寿命的确定

企业应当于取得无形资产时分析判断其使用寿命。使用寿命有限的无形资产应进行摊销，使用寿命不确定的无形资产不应摊销。对于使用寿命有限的无形资产，其使用寿命可按下列原则确定。

（1）源自合同性权利或其他法定权利取得的无形资产，其使用寿命不应超过合同性权利或其他法定权利的期限。如果合同性权利或其他法定权利能够在到期时因续约等延续，当有证据表明企业续约不需要付出重大成本时，续约期才能够包括在使用寿命的估计中。

（2）没有明确的合同或法律规定的无形资产，企业应当综合各方面情况，如聘请相关专家进行论证或与同行业的情况进行比较以及企业的历史经验等，以确定无形资产为企业带来未来经济利益的期限，如果经过这些努力确实无法合理确定无形资产为企业带来经济利益期限，再将其作为使用寿命不确定的无形资产。

无形资产使用寿命确定以后，并不是一成不变的，随着相关影响因素的变化，使用寿命可能延长或缩短；而使用寿命不能确定的无形资产，其使用寿命可能会变得能够确定。对此，我国企业会计准则规定：企业至少应当于每年年度终了，对使用寿命有限的无形资产的使用寿命及摊销方法进行复核。如果无形资产的使用寿命及摊销方法与以前估计不同的，应当改变摊销期限和摊销方法；企业应当在每个会计期间对使用寿命不确定的无形资产的使用寿命进行复核。如果有证据表明无形资产的使用寿命是有限的，视为会计估计变更，应当估计其使用寿命，按使用寿命有限的无形资产的有关规定处理。

2. 摊销方法

使用寿命有限的无形资产，通常视其残值视为零。对于使用寿命有限的无形资产，应当自可供使用当月开始摊销，处置当月不再摊销。无形资产摊销方法包括年限平均法（即直线法）、生产总量法等。企业选择的无形资产摊销方法，应当反映与该项无形资产有关的经济利益的预期实现方式。无法可靠确定预期实现方式的，应当采用年限平均法（直线法）摊销，企业应当按月对无形资产进行摊销。

8.3.2 无形资产摊销的会计处理

为了反映企业对使用寿命有限的无形资产计提的累计摊销，需设置"累计摊销"账户。"累计摊销"账户属于"无形资产"账户的调整账户，贷方登记企业计提的无形资产摊销，借方登记处置无形资产时转出的无形资产累计摊销，期末贷方余额，反映企业无形资产的累计摊销额。

无形资产的摊销额一般应当计入当期损益。企业管理用的无形资产，其摊销金额计入管理费用；出租的无形资产，其摊销金额计入其他业务成本；某项无形资产包含的经济利益通过生产出来的产品或其他资产实现的，其摊销金额应当计入相关资产成本。

企业对无形资产进行摊销时，其主要账务处理如下。

借：管理费用

其他业务成本等
　　贷：累计摊销

例 8-5 利达股份有限公司于 20×8 年 3 月 1 日购入一项专利权用于新产品的生产。根据相关法律的规定，购买时该项专利权的使用寿命为 10 年，企业采用直线法按 10 年期限摊销，专利权的购买成本为 480 000 元，专利权的残值为零。利达股份有限公司的相关账务处理如下。

（1）购买专利时：

借：无形资产——专利权　　　　　　　　　　　　　　　　　　　480 000
　　贷：银行存款　　　　　　　　　　　　　　　　　　　　　　　480 000

（2）摊销时：

专利权每月摊销额 = 480 000/（10×12）= 4 000（元）

借：制造费用　　　　　　　　　　　　　　　　　　　　　　　　　4 000
　　贷：累计摊销　　　　　　　　　　　　　　　　　　　　　　　　4 000

例 8-6 利达股份有限公司 20×8 年 5 月 1 日将自行开发完成的非专利技术出租给丁公司，该非专利技术的成本为 600 000 元，双方约定的租赁期为 5 年，公司采用年限平均法按月摊销。每月摊销时，利达股份有限公司做账务处理如下。

非专利技术每月摊销额 = 600 000/（5×12）= 10 000（元）

借：其他业务成本　　　　　　　　　　　　　　　　　　　　　　　10 000
　　贷：累计摊销　　　　　　　　　　　　　　　　　　　　　　　　10 000

8.4　无形资产处置

无形资产的处置是指由于无形资产发生出售、出租、报废等经济业务，企业需要对无形资产转销并终止确认。

8.4.1　无形资产出租

无形资产出租是指企业根据合同或协议，将拥有的无形资产使用权让渡给他人并收取租金的经济业务。企业出租无形资产所取得的租金收入，应记入"其他业务收入"账户；出租无形资产摊销额，记入"其他业务成本"账户。其主要账务处理如下。

取得租金收入时：

借：银行存款
　　贷：其他业务收入
　　　　应交税费——应交增值税（销项税额）

摊销时：

借：其他业务成本
　　贷：累计摊销

例 8-7 利达股份有限公司与乙企业签订协议，将持有的商标权出租给乙企业 5 年，每年收取租金 1 200 000 元，乙企业按月支付。该商标权的月摊销额为 15 000 元，适用的增值税税率为6%。其账务处理如下：

按月收取租金时：

借：银行存款 117 000
　　贷：其他业务收入 100 000
　　　　应交税费——应交增值税（销项税额） 17 000

按月摊销时：

借：其他业务成本 15 000
　　贷：累计摊销 15 000

8.4.2 无形资产出售

无形资产出售是指企业放弃无形资产的所有权，一方面取得收入，另一方面应将无形资产的摊余价值予以转销。如果出售的无形资产已计提减值准备，在出售时还应将已计提的减值准备注销。企业出售无形资产应计算缴纳增值税，适用增值税税率为6%；土地使用权出售时，适用增值税税率为10%。企业出售无形资产的净收益，转入"营业外收入"账户；无形资产的净损失，转入"营业外支出"账户。其主要账务处理如下：

借：银行存款
　　累计摊销
　　无形资产减值准备
　　营业外支出——处置非流动资产损失
　　贷：无形资产
　　　　应交税费——应交增值税（销项税额）
　　　　资产处置损益

例8-8 利达股份有限公司将购买的一项专利权转让给丙公司，开具的增值税专用发票上注明价款1 200 000元，增值税税额72 000元，款项已存入银行。该专利权的成本为1 500 000元，已摊销750 000元。利达股份有限公司应编制会计分录如下。

借：银行存款 1 272 000
　　累计摊销 750 000
　　贷：无形资产——专利权 1 500 000
　　　　应交税费——应交增值税（销项税额） 72 000
　　　　资产处置损益 450 000

8.4.3 无形资产转销

当无形资产未来不能为企业带来经济利益时，则不再符合无形资产的定义，应该将该无形资产转销。转销的无形资产账面价值记入"营业外支出"账户。

例8-9 利达股份有限公司拥有的一项专利权已无法给企业带来经济利益，按规定将其作报废转销处理。该专利权账面价值为750 000元，已累计摊销580 000元。其账务处理如下。

借：营业外支出——处置非流动资产损失 170 000
　　累计摊销 580 000
　　贷：无形资产 750 000

8.5 无形资产期末计量

期末。企业在对无形资产进行摊销之后，还应对其进行减值测试。无形资产在资产负债表日存在可能发生减值的迹象的，应对其计提减值准备。衡量无形资产是否发生减值的标准是其可回收金额。其可回收金额低于账面价值，企业应该将无形资产的账面价值减计至可回收金额，减计的金额确认为减值损失，计入当期损益，同时计提相应的资产减值准备。

企业按照应减计的金额，作出账务处理如下：
借：资产减值损失——计提的无形资产减值准备
　　贷：无形资产减值准备

例 8-10 20×8 年 12 月 31 日，市场上某项新产品销售势头较好，已对利达股份有限公司产品的销售产生重大不利影响。利达股份有限公司外购专利技术的账面价值为 1 000 000 元，剩余摊销年限为 5 年。经减值测试，该专利技术的可回收金额为 850 000 元。利达股份有限公司应做账务处理如下：

借：资产减值损失——计提的无形资产减值准备　　　　　　　150 000
　　贷：无形资产减值准备　　　　　　　　　　　　　　　　　　　　150 000

需要注意的是，根据企业会计准则的规定，企业无形资产减值损失一经确定，在以后会计期间不得转回。

思考练习题

1．简述研究开发取得无形资产的会计处理原则，分析其对资产、损益的影响。

2．20×5 年 1 月 1 日，B 公司董事会批准研发某项新产品专利技术，有关资料如下。

（1）20×5 年，共发生材料费用 800 000 元、人工费用 1 200 000 元及其他费用 100 000 元，均属于研究阶段支出，均以银行存款支付。

（2）20×6 年年初，研究阶段结束，进入开发阶段，该项目研发成功在技术上已具有可行性。B 公司管理层明确表示将继续为该项目提供足够的资源支持，该新产品专利技术研发成功后，将立即投入使用。

（3）20×6 年，共发生材料费用 3 000 000 元、人工费用 2 600 000 元及其他费用 200 000 元，以银行存款支付。20×6 年 12 月 14 日，该项专利技术研发成功并已达到预定用途，B 公司在申请专利时发生登记注册费、律师费等相关费用 200 000 元。

（4）预计该新产品专利技术的使用寿命为 10 年，该专利的法律保护期限为 20 年，B 公司对其采用直线法摊销。

（5）20×8 年 1 月 1 日，B 公司决定将该专利技术出租给 C 公司使用，租赁期为 2 年，每年租金 1 400 000 元，于每年年末支付。租赁期间内，B 公司不再使用该专利技术生产相关产品。

（6）20×9 年年底，租赁期满，经双方协商，B 公司将该项专利技术出售给 C 公司，B 公司取得出售收入 6 200 000 元。

（7）假定出租及出售无形资产适用的增值税税率为 10%，不考虑其他税费。

要求：

根据上述资料，完成 20×5—20×9 年无形资产的相关会计处理。

第9章 投资性房地产

通过本章的学习，学生应熟悉投资性房地产的范围；理解和掌握固定资产、无形资产初始计量、后续计量、处置的会计处理差异；理解和掌握投资性房地产转换的会计处理原则及方法。

投资性房地产范围的界定标准；投资性房地产后续计量模式选择及两种计量模式的账户设置、资产负债表日会计处理的差异；投资性房地产与自用或可出售房地产转换的处理原则。

9.1 投资性房地产概述

9.1.1 投资性房地产的特征及范围

1. 投资性房地产的特征

《企业会计准则第3号——投资性房地产》规定，投资性房地产是指为赚取租金或资本增值，或者两者兼有而持有的房地产。投资性房地产应当能够单独计量和出售。投资性房地产具有以下特征。

1）投资性房地产是一种经营性活动

投资性房地产的主要形式是出租建筑物、出租土地使用权，这实质上属于一种让渡资产使用权行为。房地产租金就是让渡资产使用权取得的使用费收入，是企业为完成其经营目标所从事的经营性活动以及与之相关的其他活动形成的经济利益总流入。投资性房地产的另一种形式是持有并准备增值后转让的土地使用权，尽管其增值收益通常与市场供求、经济发展等因素相关，但目的是为了增值后转让以赚取增值收益，也是企业为完成其经营目标所从事的经营性活动以及与之相关的其他活动形成的经济利益总流入。

2）投资性房地产区别于作为生产经营场所的房地产和用于销售的房地产

企业持有的房地产除了用作自身管理、生产经营活动场所和对外销售之外，出现了将房地产用于赚取租金或增值收益的活动，甚至成为个别企业的主营业务，这就需要将投资性房地产单独作为一项资产来核算和反映，与自用的厂房、办公楼等房地产和作为存货（已建完工商品房）的房地产加以区别，从而更加清晰地反映企业持有房地产的构成情况和盈利能力。

2. 投资性房地产的范围

投资性房地产主要包括已出租的土地使用权、持有并准备增值后转让的土地使用权和已出租的建筑物。

1）属于投资性房地产的项目

（1）已出租的建筑物和已出租的土地使用权，是指以经营租赁方式出租的建筑物和土地使用权，包括自行建造或开发完成后用于出租的房地产。其中，用于出租的建筑物是指企业拥有产权的建筑物；用于出租的土地使用权是指企业通过受让方式取得的土地使用权。

已出租的投资性房地产租赁期满，因暂时空置但继续用于出租的，仍作为投资性房地产。企业计划用于出租但尚未出租的建筑物和土地使用权不属于此类。对于以经营租赁方式租入的建筑物和土地使用权再转租给其他单位的，不能确认为投资性房地产。

企业将建筑物出租，按租赁协议向承租人提供的相关辅助服务在整个协议中不重大的，应当将该建筑物确认为投资性房地产。

（2）持有并准备增值后转让的土地使用权，是指企业通过受让方式取得的准备增值后转让的土地使用权。但是，按照国家有关规定认定的闲置土地不属于持有并准备增值的土地使用权。

2）不属于投资性房地产的项目

（1）自用房地产，即为生产商品、提供劳务或者经营管理而持有的房地产，包括自用建筑物和自用土地使用权。

（2）作为存货的房地产，通常指房地产开发企业在正常经营过程中销售的或为销售而正在开发的商品房和土地。

一项房地产部分用于赚取租金或资本增值，部分用于生产商品、提供劳务或经营管理，用于赚取租金或资本增值的部分能够单独计量和出售的，可以确认为投资性房地产，否则不能作为投资性房地产。

9.1.2 投资性房地产的确认条件

投资性房地产只有在符合定义并同时满足下列条件时，才能予以确认。

（1）与该投资性房地产有关的经济利益很可能流入企业。

（2）该投资性房地产的成本能够可靠地计量。

9.1.3 投资性房地产的账户设置

"投资性房地产"账户用来核算投资性房地产的增减变动额。后续计量采用公允价值模式，在该账户下设置"成本"和"公允价值变动"两个二级账户进行核算。企业外购、自行建造等取得的投资性房地产，按应计入投资性房地产成本的金额，借记"投资性房地产"账户；

将作为存货的房地产转换为投资性房地产的，应按其在转换日的账面余额，借记"投资性房地产"账户；资产负债表日，投资性房地产的公允价值高于其账面余额的差额，借记"投资性房地产"账户（公允价值变动）。处置投资性房地产时，按该项投资性房地产的账面余额，贷记"投资性房地产"账户；将投资性房地产转为自用时，按其账面余额，贷记"投资性房地产"账户（成本、公允价值变动）；投资性房地产的公允价值低于其账面余额的差额，贷记"投资性房地产"账户（公允价值变动）。"投资性房地产"账户期末借方余额，反映企业采用成本模式计量的投资性房地产成本。企业采用公允价值模式计量的投资性房地产，反映投资性房地产的公允价值。

"投资性房地产累计折旧（摊销）"账户用来核算按成本模式进行后续计量的投资性房地产累计折旧额。按期对投资性房地产计提折旧或进行摊销贷记本账户；处置投资性房地产、投资性房地产转换为自用房地产转销的折旧摊销额借记本账户；本账户期末贷方余额，反映企业期末投资性房地产的累计折旧和摊销额。

"投资性房地产减值准备"账户用来核算按成本模式进行后续计量的投资性房地产计提的减值准备。

9.2 投资性房地产成本模式计量的核算

投资性房地产的后续计量有成本和公允价值两种模式，通常应当采用成本模式计量，满足特定条件的也可以采用公允价值模式计量，但是同一企业只能采用一种模式对所有投资性房地产进行后续计量，不得同时采用两种计量模式。

9.2.1 初始计量

1. 外购投资性房地产的初始计量

企业外购的房地产，只有在购入的同时开始对外出租或用于资本增值，才能作为投资性房地产加以确认。

企业购入房地产，自用一段时间之后再改为出租或用于资本增值的，应当先将外购的房地产确认为固定资产或无形资产，自租赁开始日或用于资本增值之日起，才能从固定资产或无形资产转换为投资性房地产。

企业外购投资性房地产的，应当按照取得时的实际成本进行初始计量。取得时的实际成本包括购买价款、相关税费和可直接归属于该资产的其他支出。

企业应在购入投资性房地产时：

借：投资性房地产
　　贷：银行存款

例 9-1 20×8 年 2 月 20 日，利达股份有限公司计划购入一栋写字楼用于对外出租。2 月 25 日，利达股份有限公司与甲企业签订了经营租赁合同，约定自写字楼购买日将这栋写字楼出租给甲企业，为期 5 年。3 月 15 日，利达股份有限公司实际购入写字楼，支付价款共 12 000 000 元，假设不考虑其他因素，该公司采用成本模式进行后续计量。利达股份有限公司的账务处理如下。

借：投资性房地产　　　　　　　　　　　　　　　　　　12 000 000
　　贷：银行存款　　　　　　　　　　　　　　　　　　　　　　12 000 000

2. 自行建造投资性房地产的初始计量

企业自行建造的房地产，只有在自行建造活动完成即达到预定可使用状态的同时开始对外出租或用于资本增值，才能将自行建造的房地产确认为投资性房地产。自行建造投资性房地产的成本，由建造该项房地产达到预定可使用状态前发生的必要支出构成。

企业自行建造房地产，达到预定可使用状态后一段时间才对外出租或用于资本增值的，应当先将自行建造的房地产确认为固定资产、无形资产或存货，至租赁期开始日或用于资本增值之日开始，从固定资产、无形资产或存货转换为投资性房地产。

自行建造投资性房地产，其成本由建造该项资产达到预定使用状态前发生的必要支出构成，包括土地开发费、建筑成本、安装成本、应予资本化的借款费用、支付的其他费用和分摊的间接费用等。

自行建造的固定资产达到预定可使用状态时：

借：投资性房地产
　　贷：在建工程（或开发产品）

例 9-2 20×7 年 7 月 1 日，利达股份有限公司从其他单位购入一块土地的使用权，并在这块土地上开始自行建造厂房。20×8 年 2 月 20 日，利达股份有限公司预计该厂房即将完工，与乙公司签订了经营租赁合同，将其中的一栋厂房租赁给乙公司使用，租赁合同约定，该厂房于达到预定使用状态时开始起租。20×8 年 3 月 1 日，三栋厂房同时达到预定可使用状态。该块土地使用权的成本为 6 000 000 元，三栋厂房的实际造价均为 10 000 000 元，能够单独出售。假设利达股份有限公司采用成本计量模式。利达股份有限公司的账务处理如下：

土地使用权中的对应部分同时转换为投资性房地产 = 6 000 000×（10 000 000/
　　　　　　　　　　　　　　　　　　　30 000 000）= 2 000 000（元）

借：投资性房地产　　　　　　　　　　　　　　　　　　10 000 000
　　贷：在建工程　　　　　　　　　　　　　　　　　　　　　10 000 000
借：投资性房地产　　　　　　　　　　　　　　　　　　 2 000 000
　　贷：无形资产　　　　　　　　　　　　　　　　　　　　　 2 000 000

9.2.2　后续计量

1. 与投资性房地产有关的后续支出

1) 资本化的后续支出

投资性房地产有关的后续支出，满足投资性房地产确认条件的，应当计入投资性房地产成本。

（1）投资性房地产进入改扩建或装修阶段后，应当将其账面价值转入改扩建工程：

借：投资性房地产——在建
　　投资性房地产累计折旧

　　　　投资性房地产减值准备
　　　　　贷：投资性房地产
　　（2）发生资本化的改良或装修支出：
　　　　借：投资性房地产——在建
　　　　　贷：银行存款、应付账款等
　　（3）改建或装修完成后：
　　　　借：投资性房地产
　　　　　贷：投资性房地产——在建
　　企业对某项投资性房地产进行改扩建等再开发且将来仍作为投资性房地产的，再开发期间应继续将其作为投资性房地产，不计提折旧或摊销。

　　例9-3 20×8年3月，利达股份有限公司与丙公司的一项厂房经营租赁合同即将到期。该厂房原价为20 000 000元，已提折旧2 000 000元。为了提高厂房的租金收入，利达股份有限公司决定在租赁期满后对该厂房进行改扩建，并与丁公司签订了经营租赁合同，约定自改扩建完工时将该厂房出租给丁公司。20×8年3月31日，与丙公司的租赁合同到期，该厂房随即进入改扩建工程。20×8年12月31日，该厂房改扩建工程完工，共发生支出3 000 000元，均已用银行存款支付，即日按照租赁合同出租给了公司。假定利达股份有限公司采用成本计量模式。利达股份有限公司的账务处理如下。

　　（1）20×8年3月31日，投资性房地产转入改扩建工程：
　　　　借：投资性房地产——在建　　　　　　　　　　　　　　18 000 000
　　　　　　投资性房地产累计折旧　　　　　　　　　　　　　　 2 000 000
　　　　　贷：投资性房地产　　　　　　　　　　　　　　　　　20 000 000
　　（2）20×8年3月31日—12月31日发生改扩建支出：
　　　　借：投资性房地产——在建　　　　　　　　　　　　　　 3 000 000
　　　　　贷：银行存款　　　　　　　　　　　　　　　　　　　 3 000 000
　　（3）20×8年12月31日改扩建工程完工：
　　　　借：投资性房地产　　　　　　　　　　　　　　　　　　21 000 000
　　　　　贷：投资性房地产——在建　　　　　　　　　　　　　21 000 000

　2. 费用化的后续支出

　　与投资性房地产有关的后续支出，不满足投资性房地产确认条件的，如企业对投资性房地产进行日常维护所发生的支出，应当在发生时计入当期损益。账务处理如下。
　　　　借：其他业务成本
　　　　　贷：银行存款

9.2.3 期末计量

按成本模式进行后续计量的投资性房地产，会计期末应做会计处理如下。
　　（1）按照固定资产或无形资产的有关规定，按期计提折旧或摊销：
　　　　借：其他业务成本
　　　　　贷：投资性房地产累计折旧（摊销）

(2) 确认取得的租金收入：
借：银行存款等
　　贷：其他业务收入
(3) 投资性房地产存在减值迹象的，适用资产减值的有关规定，经减值测试后确定发生减值的，应计提减值准备：
借：资产减值损失
　　贷：投资性房地产减值准备

已经计提减值准备的投资性房地产，其减值损失在以后的会计期间不得转回。

例 9-4 利达股份有限公司将一栋写字楼出租给 A 公司使用，确认为投资性房地产，采用成本模式进行后续计量。假设这栋办公楼的成本为 54 000 000 元，按照年限平均法计提折旧，使用寿命为 30 年，预计净残值为零。经营租赁合同约定，A 公司每月等额支付利达股份有限公司租金 300 000 元。利达股份有限公司的账务处理如下：

(1) 每月计提折旧：
　　　　每月计提的折旧 = 54 000 000/30/12 = 150 000（元）

借：其他业务成本　　　　　　　　　　　　　　　　　　　　　150 000
　　贷：投资性房地产累计折旧　　　　　　　　　　　　　　　　　　150 000

(2) 每月确认租金收入：

借：银行存款（或其他应收款）　　　　　　　　　　　　　　　　300 000
　　贷：其他业务收入　　　　　　　　　　　　　　　　　　　　　　300 000

9.3　投资性房地产公允价值模式计量的核算

只有在存在确凿证据表明投资性房地产的公允价值能够持续可靠取得的情况下，企业才可以采用公允价值模式对投资性房地产进行后续计量。企业一旦选择采用公允价值计量模式，就应当对其所有投资性房地产均采用公允价值模式进行后续计量。投资性房地产采用公允价值模式计量应当同时满足以下两个条件：①投资性房地产所在地有活跃的房地产交易市场；②企业能够从活跃的房地产交易市场上取得同类或类似房地产的市场价格及其他相关信息，从而对投资性房地产的公允价值作出合理的估计。

9.3.1　初始计量

1. 外购投资性房地产的初始计量

企业外购的房地产，只有在购入的同时开始对外出租或用于资本增值，才能作为投资性房地产加以确认。

企业购入房地产，自用一段时间之后再改为出租或用于资本增值的，应当先将外购的房地产确认为固定资产或无形资产，自租赁开始日或用于资本增值之日起，才能从固定资产或无形资产转换为投资性房地产。

企业外购投资性房地产的，应当按照取得时的实际成本进行初始计量。取得时的实际成本包括购买价款、相关税费和可直接归属于该资产的其他支出。

企业应在购入投资性房地产时：
借：投资性房地产——成本
　　贷：银行存款

例 9-5 沿用**例** 9-1 资料，利达股份有限公司的账务处理如下。
借：投资性房地产——成本　　　　　　　　　　　　　　　　　12 000 000
　　贷：银行存款　　　　　　　　　　　　　　　　　　　　　　12 000 000

2. 自行建造投资性房地产的初始计量

企业自行建造的房地产，只有在自行建造活动完成即达到预定可使用状态的同时开始对外出租或用于资本增值，才能将自行建造的房地产确认为投资性房地产。自行建造投资性房地产的成本由建造该项房地产达到预定可使用状态前发生的必要支出构成。

企业自行建造房地产达到预定可使用状态后一段时间才对外出租或用于资本增值的，应当先将自行建造的房地产确认为固定资产、无形资产或存货，至租赁期开始日或用于资本增值之日开始，从固定资产、无形资产或存货转换为投资性房地产。

自行建造投资性房地产，其成本由建造该项资产达到预定使用状态前发生的必要支出构成，包括土地开发费、建筑成本、安装成本、应予资本化的借款费用、支付的其他费用和分摊的间接费用等。

自行建造的投资性房地产达到预定可使用状态时：
借：投资性房地产——成本
　　贷：在建工程（或开发产品）

例 9-6 沿用**例** 9-2 资料，利达股份有限公司的账务处理如下。
土地使用权中的对应部分同时转为投资性房地产 = 6 000 000×10 000 000/30 000 000
　　　　　　　　　　　　　　　　　　　　　　= 2 000 000（元）
借：投资性房地产——成本　　　　　　　　　　　　　　　　　10 000 000
　　贷：在建工程　　　　　　　　　　　　　　　　　　　　　　10 000 000
借：投资性房地产——成本　　　　　　　　　　　　　　　　　 2 000 000
　　贷：无形资产　　　　　　　　　　　　　　　　　　　　　　 2 000 000

9.3.2　后续计量

1. 资本化的后续支出

投资性房地产有关的后续支出，满足投资性房地产确认条件的，应当计入投资性房地产的成本。账务处理如下。

（1）投资性房地产进入改扩建或装修阶段后，应当将其账面价值转入改扩建工程：
借：投资性房地产——在建
　　贷：投资性房地产——成本
　　　　　　　　　　——公允价值变动
或
借：投资性房地产——在建
　　投资性房地产——公允价值变动

贷：投资性房地产——成本
（2）发生资本化的改良或装修支出：
　　　借：投资性房地产——在建
　　　　　贷：银行存款、应付账款等
（3）改建或装修完成后：
　　　借：投资性房地产——成本
　　　　　贷：投资性房地产——在建

企业对某项投资性房地产进行改扩建等再开发且将来仍作为投资性房地产的，再开发期间应继续将其作为投资性房地产，不计提折旧或摊销。

例 9-7 沿用例 9-3 资料，利达股份有限公司的账务处理如下。
（1）20×8 年 3 月 31 日，投资性房地产转入改扩建工程：
　　　借：投资性房地产——在建　　　　　　　　　　　　　　18 000 000
　　　　　贷：投资性房地产——成本　　　　　　　　　　　　　　　15 000 000
　　　　　　　　　　——公允价值变动　　　　　　　　　　　　　　3 000 000
（2）20×8 年 3 月 31 日—12 月 31 日，发生改扩建支出：
　　　借：投资性房地产——在建　　　　　　　　　　　　　　2 000 000
　　　　　贷：银行存款　　　　　　　　　　　　　　　　　　　　　2 000 000
（3）20×8 年 12 月 31 日，改扩建工程完工：
　　　借：投资性房地产——成本　　　　　　　　　　　　　　20 000 000
　　　　　贷：投资性房地产——在建　　　　　　　　　　　　　　　20 000 000

2. 费用化的后续支出

与投资性房地产有关的后续支出，不满足投资性房地产确认条件的，如企业对投资性房地产进行日常维护所发生的支出，应当在发生时计入当期损益。账务处理如下。
　　　借：其他业务成本
　　　　　贷：银行存款

9.3.3　期末计量

按公允价值模式进行后续计量的投资性房地产，会计期末应做账务处理如下。

1. 不对投资性房地产计提折旧或摊销

企业应当以资产负债表日投资性房地产的公允价值为基础调整其账面价值，公允价值与原账面价值之间的差额计入当期损益。

资产负债表日，投资性房地产的公允价值高于原账面价值时：
　　　借：投资性房地产——公允价值变动
　　　　　贷：公允价值变动损益
投资性房地产的公允价值低于原账面价值时：
　　　借：公允价值变动损益
　　　　　贷：投资性房地产——公允价值变动

2. 确认取得的租金收入

借:银行存款等
　　贷:其他业务收入

例 9-8 利达股份有限公司 20×8 年 3 月与 B 公司签订租赁协议,约定将其新建造的一栋写字楼租赁给 B 公司使用,租赁期为 10 年。20×8 年 4 月 1 日,写字楼开始起租,写字楼的工程造价为 60 000 000 元,公允价值也为相同金额。该写字楼所在区域有活跃的房地产交易市场,而且能够从房地产交易市场上取得同类房地产的市场报价。利达股份有限公司决定采用公允价值模式对该出租的房地产进行后续计量。20×8 年 4 月 30 日,该写字楼的公允价值为 61 000 000 元。利达股份有限公司的账务处理如下。

(1) 20×8 年 4 月 1 日,利达股份有限公司出租写字楼:

借:投资性房地产——成本　　　　　　　　　　　　　　　　　60 000 000
　　贷:固定资产　　　　　　　　　　　　　　　　　　　　　60 000 000

(2) 20×8 年 4 月 30 日,按照公允价值调整其账面价值,公允价值与原账面价值之间的差额计入当期损益:

借:投资性房地产——公允价值变动　　　　　　　　　　　　　1 000 000
　　贷:公允价值变动损益　　　　　　　　　　　　　　　　　1 000 000

9.3.4　投资性房地产后续计量模式的变更

为保证会计信息的可比性,企业对投资性房地产的计量模式一经确定,不得随意变更。只有在房地产市场比较成熟、能够满足采用公允价值模式条件的情况下,才允许企业对投资性房地产从成本模式计量变更为公允价值模式计量。成本模式转为公允价值模式的,应当作为会计政策变更处理,将计量模式变更时公允价值与账面价值的差额,调整期初留存收益。具体会计处理如下。

借:投资性房地产——成本(按变更日投资性房地产的公允价值)
　　投资性房地产累计折旧(摊销)(按已计提的累计折旧、摊销)
　　投资性房地产减值准备(按已计提的投资性房地产减值准备)
　　贷:投资性房地产
　　贷或借:利润分配——未分配利润
　　　　　　盈余公积

已采用公允价值模式计量的投资性房地产,不得从公允价值模式转为成本模式。

9.4　投资性房地产的转换与处置

9.4.1　投资性房地产的转换

1. 房地产的转换形式及转换日

房地产的转换是因房地产用途发生改变而对房地产进行的重新分类。企业必须有确凿证据表明房地产用途发生改变时,才能将投资性房地产转换为非投资性房地产,或者将非投资性房地产转换为投资性房地产。这里的确凿证据包括两个方面:一是企业董事会或类似机构应当就改变房地产用途形成正式的书面决议;二是房地产因用途改变而发生实际状态上的改变。

房地产转换形式主要包括以下几类。

(1)投资性房地产开始自用,相应地由投资性房地产转换为固定资产或无形资产。

(2)房地产企业将用于经营出租的房地产重新开发用于对外销售,从投资性房地产转为存货。

(3)作为存货的房地产改为出租。

(4)自用的土地使用权或建筑物停止自用,改为出租或用于资本增值。

2. 房地产转换的会计处理

1)成本模式下的转换

(1)投资性房地产转为自用房地产。企业将采用成本模式计量的投资性房地产转换为自用的房地产时,应当按照该项投资性房地产在转换日的账面余额、累计折旧、减值准备等,分别转入"固定资产""累计折旧""固定资产减值准备""无形资产""累计摊销""无形资产减值准备"等账户。账务处理如下。

借:固定资产(或无形资产)
　　贷:投资性房地产
借:投资性房地产累计折旧(摊销)
　　投资性房地产减值准备
　　贷:累计折旧(或累计摊销)
　　　　固定资产减值准备(或无形资产减值准备)

(2)投资性房地产转为存货。企业将采用成本模式计量的投资性房地产转换为存货时,应当按照该项房地产在转换日的账面价值计量。账务处理如下。

借:开发产品
　　投资性房地产累计折旧(摊销)
　　投资性房地产减值准备
　　贷:投资性房地产

(3)自用房地产转换为投资性房地产。企业将自用土地权或建筑物转换为采用成本模式计量的投资性房地产,应当按该建筑物或土地使用权在转换日的原价、累计折旧、减值准备等,分别转入"投资性房地产""投资性房地产累计折旧(摊销)""投资性房地产减值准备"账户。账务处理如下。

借:投资性房地产
　　贷:固定资产(或无形资产)
借:累计折旧(或累计摊销)
　　固定资产减值准备(或无形资产减值准备)
　　贷:投资性房地产累计折旧(摊销)
　　　　投资性房地产减值准备

（4）作为存货的房地产转换为投资性房地产。企业将作为存货的房地产转换为采用成本模式计量的投资性房地产时，应当按该项存货在转换日的账面价值计量。账务处理如下。

借：投资性房地产
　　存货跌价准备
　贷：开发产品

例 9-9 20×8 年 3 月 10 日，为扩大生产经营，利达股份有限公司董事会作出书面决议，计划于 20×8 年 3 月 31 日将某出租在外的厂房在租赁期满时收回，用于本公司生产产品。随后利达股份有限公司做好了厂房重新用于生产的各项准备工作。20×8 年 3 月 31 日，利达股份有限公司将该出租的厂房收回，20×8 年 4 月 1 日开始用于本公司生产产品。该项房地产在转换前采用成本模式计量，截至 20×8 年 3 月 31 日，账面价值为 50 000 000 元，其中原价 60 000 000 元，累计折旧 10 000 000 元。假定不考虑其他因素。

本例属于成本模式下投资性房地产转换为自用房地产，利达股份有限公司就该投资性房地产在转换日的账务处理如下。

借：固定资产　　　　　　　　　　　　　　　　　　　　　　60 000 000
　　投资性房地产累计折旧　　　　　　　　　　　　　　　　10 000 000
　贷：投资性房地产　　　　　　　　　　　　　　　　　　　60 000 000
　　　累计折旧　　　　　　　　　　　　　　　　　　　　　10 000 000

例 9-10 利达股份有限公司是从事房地产开发的企业。20×8 年 4 月 10 日利达股份有限公司董事会就将其开发的一栋写字楼不再出售改用作出租形成了书面协议。利达股份有限公司遂与 C 公司签订了租赁协议，将此写字楼整体出租给 C 公司使用，租赁期开始日为 20×8 年 5 月 1 日，租赁期为 5 年。2007 年 5 月 1 日，该写字楼的账面余额为 500 000 000 元，未计提存货跌价准备，转换后采用成本模式进行后续计量。利达股份有限公司的账务处理如下。

借：投资性房地产　　　　　　　　　　　　　　　　　　　500 000 000
　贷：开发产品　　　　　　　　　　　　　　　　　　　　500 000 000

2）公允价值模式下的转换

（1）投资性房地产转换为自用房地产或存货。企业将采用公允价值模式计量的投资性房地产转换为自用房地产时，应当以其转换当日的公允价值作为自用房地产的账面价值，公允价值与原账面价值的差额计入当期损益。账务处理如下。

借：固定资产
　　无形资产
　　开发产品
　贷：投资性房地产——成本
　贷或借：投资性房地产——公允价值变动
　贷或借：公允价值变动损益

（2）自用房地产转换为投资性房地产。企业将自用土地使用权、建筑物或存货转换为采用公允价值模式计量的投资性房地产时，应当按该项房地产在转换日的公允价值入账。转换日的公允价值小于账面价值的，按其差额计入公允价值变动损益，转换日的公允价值大于账面价值的，按其差额计入其他综合收益。当该项投资性房地产处置时，因转换计入其他综合收益的部分应转入处置当期损益。账务处理如下。

转换日公允价值小于账面价值时：
借：投资性房地产——成本
　　存货跌价准备
　　累计折旧
　　累计摊销
　　固定资产减值准备
　　无形资产减值准备
　　公允价值变动损益
　贷：开发产品（或固定资产、无形资产）
转换日公允价值大于账面价值时：
借：投资性房地产——成本
　　存货跌价准备
　　累计折旧
　　累计摊销
　　固定资产减值准备
　　无形资产减值准备
　贷：开发产品（或固定资产、无形资产）
　　其他综合收益

例 9-11 20×8 年 1 月，利达股份有限公司打算搬迁至新建办公楼，由于原办公楼处于商业繁华地段，该公司准备将其出租以赚取租金收入。20×8 年 3 月 31 日，利达股份有限公司完成了搬迁工作，原办公楼停止自用，并与 D 企业签订了租赁协议，将其原办公楼租赁给 D 企业使用，租赁期开始日为 20×8 年 3 月 31 日，租赁期限为 3 年。20×8 年 3 月 31 日，该办公楼原价为 500 000 000 元，已提折旧 142 500 000 元，公允价值为 350 000 000 元。假设利达股份有限公司对投资性房地产采用公允价值模式计量。利达股份有限公司的账务处理如下。

借：投资性房地产——成本　　　　　　　　　　　　　　350 000 000
　　公允价值变动损益　　　　　　　　　　　　　　　　　7 500 000
　　累计折旧　　　　　　　　　　　　　　　　　　　　142 500 000
　贷：固定资产　　　　　　　　　　　　　　　　　　　500 000 000

例 9-12 20×8 年 2 月 20 日，利达股份有限公司与 E 企业签订了租赁协议，将其开发的一栋写字楼出租给 E 企业，租赁期开始日为 20×8 年 3 月 15 日。20×8 年 3 月 15 日，该写字楼的账面余额为 400 000 000 元，公允价值为 420 000 000 元。利达股份有限公司的账务处理如下。

借：投资性房地产——成本　　　　　　　　　　　　　　420 000 000
　贷：开发产品　　　　　　　　　　　　　　　　　　　400 000 000
　　其他综合收益　　　　　　　　　　　　　　　　　　 20 000 000

9.4.2　投资性房地产的处置

关于投资性房地产的处置，《企业会计准则第 3 号——投资性房地产》有以下规定：①当投资性房地产被处置或者永久退出使用且预计不能从其处置中取得经济利益时，应当终止确认该项投资性房地产；②企业出售、转让、报废投资性房地产或者投资性房地产发生毁损时，应当将处置收入扣除其账面价值和相关税费后的金额计入当期损益。

1. 采用成本模式计量的投资性房地产的处置

按照实际收到的金额：
借：银行存款等
　　贷：其他业务收入
按其账面价值：
借：其他业务成本
　　投资性房地产累计折旧（摊销）
　　投资性房地产减值准备
　　贷：投资性房地产

例 9-13 利达股份有限公司将其出租的一栋写字楼确认为投资性房地产，租赁期届满后该公司将该栋写字楼出售给 F 公司，合同价款为 160 000 000 元，公司已用银行存款付清。假设这栋写字楼原采用成本模式计量。出售时，该栋写字楼的成本为 150 000 000 元，已提折旧为 15 000 000 元，不考虑相关税费。利达股份有限公司的账务处理如下。

借：银行存款	160 000 000
贷：其他业务收入	160 000 000
借：其他业务成本	135 000 000
投资性房地产累计折旧	15 000 000
贷：投资性房地产	150 000 000

2. 采用公允价值模式计量的投资性房地产的处置

按实际收到的金额：
借：银行存款
　　贷：其他业务收入
按该项投资性房地产的账面价值：
借：其他业务成本
　　贷：投资性房地产——成本
　　贷或借：投资性房地产——公允价值变动
同时，
借：其他综合收益
　　贷：其他业务成本

例 9-14 利达股份有限公司是一家房地产开发企业。20×8 年 1 月 10 日，利达股份有限公司与 G 公司签订租赁协议，将其开发的一栋写字楼出租给 G 公司使用，租赁期开始日为 20×8 年 3 月 15 日。20×8 年 3 月 15 日，该写字楼的账面余额为 300 000 000 元，公允价值为 310 000 000 元。20×8 年 12 月 31 日，该项投资性房地产的公允价值为 315 000 000 元。20×9 年 6 月，租赁期届满，利达股份有限公司收回该项投资性房地产，并以 350 000 000 元出售，出售款项已收讫。利达股份有限公司采用公允价值模式计量，不考虑相关税费。利达股份有限公司的账务处理如下。

(1) 20×8年3月15日，存货转换为投资性房地产：
借：投资性房地产——成本　　　　　　　　　　　　　310 000 000
　　贷：开发产品　　　　　　　　　　　　　　　　　　300 000 000
　　　　其他综合收益　　　　　　　　　　　　　　　　 10 000 000
(2) 20×8年12月31日，公允价值变动：
借：投资性房地产——公允价值变动　　　　　　　　　　 5 000 000
　　贷：公允价值变动损益　　　　　　　　　　　　　　　5 000 000
(3) 20×9年6月出售该投资性房地产：
借：银行存款　　　　　　　　　　　　　　　　　　　 350 000 000
　　贷：其他业务收入　　　　　　　　　　　　　　　　350 000 000
借：其他业务成本　　　　　　　　　　　　　　　　　 315 000 000
　　贷：投资性房地产——成本　　　　　　　　　　　　310 000 000
　　　　　　　　　　——公允价值变动　　　　　　　　　5 000 000
借：公允价值变动损益　　　　　　　　　　　　　　　　 5 000 000
　　其他综合收益　　　　　　　　　　　　　　　　　　10 000 000
　　贷：其他业务成本　　　　　　　　　　　　　　　　 15 000 000

思考练习题

1．说明投资性房地产后续计量两种模式选择的原则。

2．说明采用公允价值进行后续计量的投资性房地产与自用或准备出售的作为存货的房地产之间转换对资产、权益和损益的影响。

3．A公司为增值税一般纳税企业，适用的增值税税率为16%。不考虑除增值税因素，A公司对投资性房地产采用公允价值模式计量。A公司有关房地产的相关业务资料如下。

(1) 20×5年1月，A公司自行建造办公大楼。在建设期间，A公司购进一批工程物资，价款为20 000 000元，增值税进项税额为3 200 000元。该批物资已验收入库，款项以银行存款支付。该批物资全部用于办公楼工程项目。A公司为建造该项工程，领用本企业生产的库存商品一批，成本2 100 000元，另支付在建工程人员薪酬2 900 000元。

(2) 20×5年9月，该办公楼的建设达到了预定可使用状态并投入使用。该办公楼预计使用寿命为30年，预计净残值为零，采用直线法计提折旧。

(3) 20×6年12月，A公司与B公司签订了租赁协议，将该办公大楼经营租赁给B公司，租赁期为10年，年租金为3 000 000元，租金于每年年末结清。租赁期开始日为20×6年12月31日。

(4) 该办公楼采用公允价值模式进行后续计量，与该办公大楼同类的房地产在20×6年年末的公允价值为27 000 000元，20×7年年末的公允价值为30 000 000元，20×8年年末的公允价值为29 000 000元。

(5) 20×9年1月，A公司与B公司达成协议并办理过户手续，以31 000 000元的价格将该项办公大楼转让给 B 公司，全部款项已收到并存入银行。

要求：

（1）编制 A 公司自行建造办公大楼的有关会计分录。

（2）计算 A 公司该项办公大楼 20×5 年年末累计折旧的金额。

（3）编制 A 公司将该项办公大楼停止自用改为出租的有关会计分录。

（4）编制 A 公司该项办公大楼有关 20×7 年末后续计量的有关会计分录。

（5）编制 A 公司该项办公大楼有关 20×7 年租金收入的会计分录。

（6）编制 A 公司该项办公大楼有关 20×8 年年末公允价值变动的会计分录。

（7）编制 A 公司 20×9 年处置该项办公大楼的有关会计分录。

第 10 章 负 债

通过本章的学习，学生应掌握短期借款、应付票据、应付账款、应交税费、应付职工薪酬、应付债券的内容及其会计处理；理解负债的概念，以及长期借款、长期应付款的内容及其会计处理；了解交易性金融负债、应付股利、应付利息、其他应付款的内容及其会计处理。

负债与所有者权益的区别；负债的范围；应付款项与存货的购进；应交税费内容及各个税种的区别；应付职工薪酬内容。

10.1 负 债 概 述

10.1.1 负债的定义

负债是指企业过去的交易或事项形成的、预期会导致经济利益流出企业的现时义务。负债是企业资产总额中属于债权人的权益，是企业在一定时期之后必须偿还的经济债务，其偿还期或具体金额在它们发生或成立之时就已由合同、法律规定与制约，是企业必须履行的一种义务。

10.1.2 负债的特征

1. 负债是由过去的交易或事项形成的

负债应当由企业过去的交易或者事项所形成。换句话说。只有过去的交易或者事项才能形成负债。企业将在未来发生的承诺、签订的合同等交易或者事项，不形成负债。

2. 负债是企业承担的现时义务

负债必须是企业承担的现时义务，它是负债的一个基本特征。其中，现时义务是指企业在现行条件下已承担的义务；未来发生的交易或者事项形成的义务，不属于现时义务，不应当确认为负债。

3. 负债的清偿预期会导致经济利益流出企业

只有企业在履行义务时会导致经济利益流出企业的，才符合负债的定义。在履行现时义务清偿负债时，导致经济利益流出企业的形式多种多样，如用现金偿还或以实物资产形式偿还；以提供劳务形式偿还；部分转移资产、部分提供劳务形式偿还；将负债转为资本等。

10.1.3 负债的分类与计价

负债按流动性可分为流动负债和非流动负债。

1. 流动负债

1）流动负债的定义和内容

流动负债是指由企业在过去的交易或事项形成的、预期会在一年内或者超过一年的一个营业周期内导致经济利益流出企业的现实义务。流动负债主要包括短期借款、应付账款、应付职工薪酬、应交税费等。

2）流动负债的特点

流动负债除具备负债的一般特征，还具有以下特点。

（1）偿还期限短，通常在一年以内。

（2）流动负债的金额一般比较小，故融资成本相对于长期负债要低。

（3）举借负债的目的是为了满足经营周转资金的需要。

3）流动负债的计价

流动负债的计价从理论上讲，应按未来应偿付金额的贴现值计价。但是，由于流动负债涉及的时间短，其到期值与贴现值差别不大，为简便核算，我国现行会计制度规定各项流动负债应按实际发生额入账。

2. 非流动负债

1）非流动负债的定义和特点

非流动负债是偿还期超过一年或超过一个营业周期以上的债务。由于非流动负债偿还时期超过一年，故会计上又称其为长期负债。非流动负债主要有长期借款、应付债券、长期应付款等。

非流动负债的特点：①债务偿还期长；②债务金额较大；③偿还方式多样（包括一次还本付息、分次付息一次还本、分次付息还本）。

2）非流动负债的计价

非流动负债由于偿还时期超过一年，它的计价受货币时间价值影响较大，其价值应根据合同或契约规定的在未来必须支付的本金和所有利息之和，按适当的折现率折算为现值作为入账价值。

注意：凡是在下一个会计期间内到期的非流动负债，均应从非流动负债转为流动负债。

10.2 交易性金融负债

10.2.1 金融负债及其分类

金融负债是指企业的下列负债。
（1）向其他单位支付现金或其他金融资产的合同义务。
（2）在潜在不利条件下，与其他单位交换金融资产或金融负债的合同义务。
（3）将来须用或可用企业自身权益工具进行结算的非衍生工具的合同义务，企业根据该合同将交付非固定数量的自身权益工具。
（4）将来须用或可用企业自身权益工具进行结算的衍生工具的合同义务。

金融负债应在初始确认时划分为下列两类：①以公允价值计量且其变动计入当期损益的金融负债，包括交易性金融负债和指定为以公允价值计量且其变动计入当期损益的金融负债；②其他金融负债。

10.2.2 交易性金融负债的确认条件及账务处理

1. 交易性金融负债的确认条件

金融负债满足下列条件之一的，应当划分为交易性金融负债。
（1）取得该金融资产或承担该金融负债的目的，主要是为了近期内出售或回购。
（2）属于进行集中管理的可辨认金融工具组合的一部分，且有客观证据表明企业近期采用短期获利方式对该组合进行管理。
（3）属于衍生工具。

2. 交易性金融负债的账务处理

为了核算企业承担的交易性金融负债的公允价值，应设置"交易性金融负债"账户。企业持有的直接指定为以公允价值计量且其变动计入当期损益的金融负债，也在该账户核算。该账户应当按照交易性金融负债类别，分别"本金""公允价值变动"进行明细核算。该账户期末贷方余额，反映企业承担的交易性金融负债的公允价值。

（1）企业承担的交易性金融负债：
借：银行存款等（按实际收到的金额）
　　投资收益（按发生的交易费用）
　贷：交易性金融负债——本金（按交易性金融负债的公允价值）

交易费用包括支付给代理机构、咨询公司、证券公司等的手续费和佣金及其他必要支出，不包括债券溢价、折价、融资费用、内部管理成本及其他与交易不直接相关的费用。

（2）资产负债表日，按交易性金融负债票面利率计算的利息：
借：投资收益
　贷：应付利息

(3) 资产负债表日,交易性金融负债的公允价值高于其账面余额的差额:
借:公允价值变动损益
　　贷:交易性金融负债——公允价值变动
资产负债表日,交易性金融负债的公允价值低于其账面余额的差额:
借:交易性金融负债——公允价值变动
　　贷:公允价值变动损益
(4) 处置交易性金融负债:
借:交易性金融负债——本金
　　　　　　　　　　——公允价值变动(按该金融负债的账面余额)
　　投资收益(按差额)
　　贷:银行存款等(按实际支付的金额)
　　　　投资收益(按差额)
同时,按该金融负债的公允价值变动:
借:公允价值变动损益(公允价值低于其账面余额的差额)
　　贷:投资收益
或
借:投资收益
　　贷:公允价值变动损益(公允价值高于其账面余额的差额)

例 10-1 利达股份有限公司在 20×6 年和 20×8 年对乙公司发生以下交易:20×6 年 11 月 1 日,利达股份有限公司投资 250 000 元购买乙公司的债券;该债券在 20×6 年 12 月 31 日的公允价值为 260 000 元,在 20×7 年 12 月 31 日的公允价值为 245 000 元;20×8 年 1 月 5 日,利达股份有限公司以 244 000 元的价格将该债券卖给乙公司。

利达股份有限公司打算短期持有乙公司债券,希望从该债券市场价格的迅速上涨中取得收益。该债券公开交易,乙公司将对利达股份有限公司的投资划分为交易性金融负债。

乙公司的会计处理如下。

(1) 20×6 年 11 月 1 日,初始确认利达股份有限公司的投资,应按公允价值计量:

借:银行存款	250 000
贷:交易性金融负债——本金	250 000

(2) 20×6 年 12 月 31 日,债券投资的公允价值发生变动,应按公允价值对交易性金融负债进行后续计量,应将交易性金融负债因公允价值变动形成的利得或损失计入当期损益:

借:公允价值变动损益	10 000
贷:交易性金融负债——公允价值变动	10 000

(3) 20×7 年 12 月 31 日:

借:交易性金融负债——公允价值变动	15 000
贷:公允价值变动损益	15 000

(4) 20×8 年 1 月 5 日,购回债券时:

借:交易性金融负债——本金	250 000
贷:银行存款	244 000
交易性金融负债——公允价值变动	5 000

　　　　投资收益　　　　　　　　　　　　　　　　　　　　　　　　　　　 1 000
　　借：公允价值变动损益　　　　　　　　　　　　　　　　　　　　　　　 5 000
　　　　贷：投资收益　　　　　　　　　　　　　　　　　　　　　　　　　 5 000

为防范企业在实际操作中可能出现的随意调节盈亏现象，企业会计准则规定交易性金融负债不能重分类为其他金融负债，其他金融负债也不能重分类为交易性金融负债。

10.3　短　期　借　款

短期借款是企业向银行或其他金融机构等借入的期限在一年以下（含一年）的各种借款。

对于发生的短期借款，企业应设置"短期借款"账户核算。每个资产负债表日，企业应计算确定短期借款的应计利息，按照应计的金额，借记"财务费用""利息支出（金融企业）"等账户，贷记"银行存款""应付利息"等账户。

例 10-2 利达股份有限公司因生产经营的临时性需要，于 20×8 年 12 月 16 日向开户银行借入款项 800 000 元，年利率 6%，期限 2 个月，按月预提利息费用，到期一次还本付息。利达股份有限公司应做账务处理如下。

12 月 16 日，借入时：
　　借：银行存款　　　　　　　　　　　　　　　　　　　　　　　　　　800 000
　　　　贷：短期借款　　　　　　　　　　　　　　　　　　　　　　　　800 000
12 月 31 日，确认利息费用（800 000×6%/24）时：
　　借：财务费用　　　　　　　　　　　　　　　　　　　　　　　　　　 2 000
　　　　贷：应付利息　　　　　　　　　　　　　　　　　　　　　　　　 2 000
次年 1 月 31 日，确认利息费用（800 000×6%/12）时：
　　借：财务费用　　　　　　　　　　　　　　　　　　　　　　　　　　 4 000
　　　　贷：应付利息　　　　　　　　　　　　　　　　　　　　　　　　 4 000
次年 2 月 15 日，还本付息时：
　　借：财务费用　　　　　　　　　　　　　　　　　　　　　　　　　　 2 000
　　　　应付利息　　　　　　　　　　　　　　　　　　　　　　　　　　 6 000
　　　　短期借款　　　　　　　　　　　　　　　　　　　　　　　　　　800 000
　　　　贷：银行存款　　　　　　　　　　　　　　　　　　　　　　　　808 000

10.4　应付票据、应付账款及预收账款

10.4.1　应付票据

应付票据是由出票人出票，付款人在指定日期无条件支付特定的金额给收款人或者持票人的商业票据，包括银行承兑汇票和商业承兑汇票。商业汇票的付款期限，最长不得超过 6

个月。

企业应设置"应付票据"账户进行核算。应付票据按是否带息分为带息应付票据和不带息应付票据两种。

1. 带息应付票据的处理

每年的中期期末和年末,企业应按照票据的票面价值和票据规定的利息计算应付利息,借记"财务费用"账户,贷记"应付票据"账户。票据到期支付本息时,冲减应付票据。年度或中期资产负债表中的"应付票据"项目的金额包括应付票据的面值和应付未付的利息。

例 10-3 利达股份有限公司于 20×8 年 11 月 1 日购入一批材料,价款是 300 000 元,增值税税率为 16%,不考虑其他有关税费,出具一张期限为 6 个月、利率为 10% 的带息票据。有关账务处理如下。

20×8 年 11 月 1 日,购入材料时:

借:材料采购　　　　　　　　　　　　　　　　　　　　　　300 000
　　应交税费——应交增值税(进项税额)　　　　　　　　　 48 000
　　贷:应付票据　　　　　　　　　　　　　　　　　　　　 348 000

20×8 年 12 月 31 日,应计提 2 个月的利息费用 5 800 元(348 000×10%×2/12):

借:财务费用　　　　　　　　　　　　　　　　　　　　　　5 800
　　贷:应付票据　　　　　　　　　　　　　　　　　　　　 5 800

20×9 年 5 月 1 日,票据到期,偿付票据本息:

借:应付票据　　　　　　　　　　　　　　　　353 800(348 000+5 800)
　　财务费用　　　　　　　　　　　　　　　　 11 600(348 000×10%×4/12)
　　贷:银行存款　　　　　　　　　　　　　　　　　　　　 365 400

假设利达股份有限公司开具的是商业承兑汇票,如果 20×9 年 5 月 1 日票据到期,该公司无力偿付且不再签发新的票据,则

借:应付票据　　　　　　　　　　　　　　　　353 850(348 000+5 850)
　　财务费用　　　　　　　　　　　　　　　　 11 600(348 000×10%×4/12)
　　贷:应付账款　　　　　　　　　　　　　　　　　　　　 365 450

假设利达股份有限公司开具的是银行承兑汇票,如果 20×9 年 5 月 1 日票据到期,该公司无力偿付,则银行会先承兑。对于利达股份有限公司而言,应付票据转为对承兑银行的短期借款,每天按万分之五的利率计息。编制会计分录如下。

借:应付票据　　　　　　　　　　　　　　　　353 800(348 000+5 800)
　　财务费用　　　　　　　　　　　　　　　　 11 600(348 000×10%×4/12)
　　贷:短期借款　　　　　　　　　　　　　　　　　　　　 365 400

如果票据期限较短,利息金额不大,为简化核算手续,可以在票据到期支付票据面值和利息时,一次记入"财务费用"账户。在**例 10-3** 中,20×9 年 5 月 1 日票据到期时,利达股份有限公司应编制会计分录如下。

借:应付票据　　　　　　　　　　　　　　　　　　　　　　348 000
　　财务费用　　　　　　　　　　　　　　　　 17 400(348 000×10%×6/12)
　　贷:应付账款　　　　　　　　　　　　　　　　　　　　 365 400

2. 不带息票据的处理

不带息票据，其面值就是票据到期时的应付金额。

开出并承兑的商业承兑汇票如果不能如期支付的，应在票据到期时，将应付票据账面价值转入"应付账款"账户，待协商后再行处理。银行承兑汇票，如果票据到期，企业无力支付到期票款时，在接到银行转来的"××号汇票无款支付转入逾期贷款户"等有关凭证时，借记"应付票据"账户，贷记"短期借款"账户。

10.4.2 应付账款

应付账款是企业因购买材料、商品和接受劳务等经营活动应支付的款项。企业应设置"应付账款"账户进行核算，用以反映这部分负债的价值。

如果购入的资产在形成一笔应付账款时带有现金折扣，则可分别采用总价法和净价法，对现金折扣进行不同的处理。我国企业会计准则要求采用总价法，即应付账款按发票上记载的应付金额的总值入账，取得的现金折扣应冲减财务费用。

例 10-4 利达股份有限公司向 Z 公司购入一批材料，发票金额为 50 000 元，增值税税率为 16%，不考虑其他有关税金，付款条件为"2/10，N/30"。假如采用计划成本法核算，利达股份有限公司按总价法进行的账务处理如下。

(1) 购货时：
借：材料采购　　　　　　　　　　　　　　　　　　　　　　　50 000
　　应交税费——应交增值税（进项税额）　　　　　　　　　　　 8 000
　　贷：应付账款——Z 公司　　　　　　　　　　　　　　　　　　　　58 000
(2) 10 天内付款时：
借：应付账款——Z 公司　　　　　　　　　　　　　　　　　　 58 000
　　贷：银行存款　　　　　　　　　　　　　　　　　　　　　　　　　57 000
　　　　财务费用　　　　　　　　　　　　　　　　　　　　　　　　　 1 000
(3) 10 天后付款时：
借：应付账款——Z 公司　　　　　　　　　　　　　　　　　　 58 000
　　贷：银行存款　　　　　　　　　　　　　　　　　　　　　　　　　58 000

企业偿付应付账款时，应借记"应付账款"账户，贷记"银行存款"账户；若开出承兑商业汇票抵付应付账款时，则应借记"应付账款"账户，贷记"应付票据"账户。

若企业的应付账款确实无法支付，报经批准后，可视同企业经营业务以外的一项额外收入，借记"应付账款"账户，贷记"营业外收入"账户。

10.4.3 预收账款

预收账款是买卖双方协议商定，由购货方预先支付一部分货款给供应方而发生的一项负债。

企业应设置"预收账款"账户核算预收款相关业务。该账户贷方登记预收的货款及购货单位补付的货款，借方登记销售产品的售价和退回多收的余款。期末贷方余额表示尚未发出产品或提供劳务的预收账款，或者表示应向购货单位退回的多余款；借方余额表示应向购货单位补收的货款。

企业向购货单位预收款项时：
借：银行存款
　　贷：预收账款
销售实现时：
借：预收账款
　　贷：主营业务收入
　　　　应交税费——应交增值税（销项税额）
购货单位补付款项时：
借：银行存款
　　贷：预收账款
企业退回多付的款项时，做相反的会计分录。

如果企业的预收账款情况不多的，也可以不设"预收账款"账户，而是将预收的货款直接记入"应收账款"账户。

例 10-5 利达股份有限公司于 20×8 年 5 月 23 日与供货企业签订一笔金额为 600 000 元的销货合同。合同规定，利达股份有限公司先预收货款的 50%，余款在 12 月 28 日交货后收取。利达股份有限公司的账务处理如下。

20×8 年 5 月 23 日，预收货款时：
借：银行存款　　　　　　　　　　　　　　　　　　　　　　　300 000
　　贷：预收账款（或应收账款）　　　　　　　　　　　　　　　　300 000
20×8 年 12 月 28 日，交货时：
借：预收账款（或应收账款）　　　　　　　　　　　　　　　　　696 000
　　贷：主营业务收入　　　　　　　　　　　　　　　　　　　　600 000
　　　　应交税费——应交增值税（销项税额）　　　　　　　　　　96 000
20×8 年 12 月 28 日，收到其余货款时：
借：银行存款　　　　　　　　　　　　　　　　　　　　　　　396 000
　　贷：预收账款（或应收账款）　　　　　　　　　　　　　　　　396 000

10.5 应交税费

企业在一定时期内取得的营业收入和实现的利润或发生特定经营行为，要按照规定向国家交纳各种税金，这些应交的税金，应按照权责发生制的原则确认。这些应交的税金在尚未交纳之前，形成企业的一项负债。

目前我国向企业开征的税种主要包括增值税、消费税、城市维护建设税、资源税等流转税和企业所得税，以及土地增值税、房产税、车船使用税、印花税、耕地占用税等其他税金。

为了总括地反映和监督企业应交税费的计算和交纳情况，应设置"应交税费"账户，并按税种设置明细账户。该账户核算企业按照税法规定计算应交纳的各种税费，包括增值税、消费税、企业所得税、资源税、土地增值税、城市维护建设税、房产税、土地使用税、车船使用税、教育费附加、矿产资源补偿费等。企业代扣代交的个人所得税等,也通过该账户核算。企业不需要预计应交而实交的税金,如印花税、耕地占用税等,不在该账户核算。

10.5.1 增值税

增值税是以商品(含货物、加工修理修配劳务、服务、无形资产或不动产,以下统称商品)在流转过程中产生的增值额作为计税依据而征收的一种流转税。按照增值税法的有关规定,企业购入商品支付的增值税(即进项税额),可以从销售商品按规定收取的增值税(即销项税额)中抵扣。

增值税一般纳税人应当在"应交税费"账户下设置"应交增值税""未交增值税""预交增值税""待抵扣进项税额""待认证进项税额"等明细账户进行核算。"应交税费——应交增值税"明细账户下设置"进项税额""销项税额抵减""已交税金""转出未交增值税""减免税款""销项税额""出口退税""进项税额转出""转出多交增值税"等专栏。其中,一般纳税人企业发生的应税行为适用简易计税方法的,销售商品时应交纳的增值税额在"应交税费——简易计税"明细账户核算。

1. 购入业务增值税的会计处理

1) 一般购入业务

在购进阶段,会计处理时实行价与税的分离,属于价款部分,计入购入商品的成本;属于增值税税额部分,按规定计入进项税额。

例 10-6 利达股份有限公司为增值税一般纳税人,本期购入一批原材料,增值税专用发票上注明的原材料价款 6 000 000 元,增值税进项税额为 960 000 元。货款已经支付,材料已经到达并验收入库。编制会计分录如下。

借:材料采购　　　　　　　　　　　　　　　　　　　　　6 000 000
　　应交税费——应交增值税(进项税额)　　　　　　　　　　960 000
　　贷:银行存款　　　　　　　　　　　　　　　　　　　　6 960 000

需要注意的是,根据《营业税改征增值税试点实施办法》的规定,适用一般计税方法的纳税人,2016 年 5 月 1 日后取得并在会计制度上按固定资产核算的不动产或者 2016 年 5 月 1 日后取得的不动产在建工程,其进项税额自取得之日起分两年从销项税额中抵扣,第一年抵扣比例为 60%,第二年抵扣比例为 40%。

例 10-7 某工业生产企业为增值税一般纳税人,20×8 年 6 月 1 日购入并按不动产核算的厂房 10 000 000 元(不含税),取得增值税专用发票注明的进项税额为 1 000 000 元。编制会计分录如下。

20×8 年 6 月 1 日购入时:

借:固定资产　　　　　　　　　　　　　　　　　　　　　10 000 000
　　应交税金——应交增值税(进项税额)　　　　　　　　　　600 000
　　应交税金——待抵扣进项税额　　　　　　　　　　　　　400 000
　　贷:银行存款　　　　　　　　　　　　　　　　　　　　11 000 000

第二年允许抵扣剩余的增值税时：
借：应交税费——应交增值税（进项税额）　　　　　　　　　　400 000
　　贷：应交税费——待抵扣进项税额　　　　　　　　　　　　　　400 000

辅导期一般纳税人在"应交税费"账户下增设"待抵扣进项税额"明细账户。该明细账户用于核算辅导期一般纳税人取得尚未进行交叉稽核比对的已认证专用发票抵扣联、海关进口增值税专用缴款书及运输费用结算单据（以下简称"增值税抵扣凭证"）注明或者计算的进项税额。辅导期纳税人取得增值税抵扣凭证后，借记"应交税费——待抵扣进项税额"明细账户，贷记相关账户。交叉稽核比对无误后，借记"应交税费——应交增值税（进项税额）"账户，贷记"应交税费——待抵扣进项税额"账户。经核实不得抵扣的进项税额，红字借记"应交税费——待抵扣进项税额"账户，红字贷记相关账户。

例 10-8 某企业（在辅导期内）20×8 年 2 月份购入商品，增值税专用发票上注明货款为 10 000 元，增值税进项税额为 1 600 元。款项已通过转账支票支付。编制会计分录如下。

借：库存商品　　　　　　　　　　　　　　　　　　　　　　　10 000
　　应交税费——待抵扣进行税额　　　　　　　　　　　　　　　1 600
　　贷：银行存款　　　　　　　　　　　　　　　　　　　　　　11 600

收到比对结果后，进项税额允许抵扣：
借：应交税费——应交增值税（进项税额）　　　　　　　　　　1 600
　　贷：应交税费——待抵扣进行税额　　　　　　　　　　　　　1 600

收到比对结果后，进项税额不能抵扣：
借：库存商品　　　　　　　　　　　　　　　　　　　　　　　1 600
　　贷：应交税费——待抵扣进项税额　　　　　　　　　　　　　1 600

2）购入免税农产品

企业购入免税农产品可以按买价和规定的扣除率计算进项税额，并准予从销项税额中扣除。

例 10-9 某一般纳税人企业购进某国有农场自产玉米，收购凭证注明价款为 65 830 元，从某供销社（一般纳税人）购进玉米，增值税专用发票上注明销售额为 300 000 元。编制会计分录如下。

$$\text{进项税额} = 65\,830 \times 10\% + 300\,000 \times 10\% = 36\,583（元）$$
$$\text{采购成本} = 65\,830 \times (1-10\%) + 300\,000 = 359\,247（元）$$

借：材料采购　　　　　　　　　　　　　　　　　　　　　　　359 247
　　应交税费——应交增值税（进项税额）　　　　　　　　　　　36 583
　　贷：银行存款　　　　　　　　　　　　　　　　　　　　　　395 830

3）不得抵扣进项税的情况

按照增值税法的有关规定，一般纳税人购进货物、加工修理修配劳务、服务等用于简易计税方法计税项目、免征增值税项目、集体福利或个人消费等，其进项税额不得从销项税额中抵扣的，应当计入相关成本费用，不通过"应交税费——应交增值税（进项税额）"账户核算。

因发生非正常损失或改变用途等，导致原已计入进项税额但按现行增值税制度规定不得从销项税额中抵扣的，应当将进项税额转出，借记"待处理财产损溢""应付职工薪酬"等账户，贷记"应交税费——应交增值税（进项税额转出）"账户。其中，增值税不准抵扣进项税的"非正常损失"是指是因管理不善造成被盗、丢失、霉烂变质的损失。

一般纳税人购进时已全额抵扣进项税额的货物或服务等转用于不动产在建工程的，其已抵扣进项税额的40%部分应于转用当期转出，借记"应交税费——待抵扣进项税额"账户，贷记"应交税费——应交增值税（进项税额转出）"账户。原不得抵扣且未抵扣进项税额的固定资产、无形资产等，因改变用途等用于允许抵扣进项税额的应税项目的，应当在用途改变的次月调整相关资产账面价值，按允许抵扣的进项税额，借记"应交税费——应交增值税（进项税额）"账户，贷记"固定资产""无形资产"等账户，并按调整后的账面值计提折旧或者摊销。

例 10-10 利达股份有限公司为增值税一般纳税人，本期购入一批材料，增值税专用发票上注明的增值税税额为192 000元，材料价款为1 200 000元。材料已入库，货款已经支付（假如企业材料采用实际成本进行核算）。材料入库后，该公司将该批材料全部用于发放职工福利。对于该项经济业务，利达股份有限公司做账务处理如下。

材料入库时：

借：原材料　　　　　　　　　　　　　　　　　　　　　　　　　1 200 000
　　应交税费——应交增值税（进项税额）　　　　　　　　　　　　192 000
　　贷：银行存款　　　　　　　　　　　　　　　　　　　　　　　　　1 392 000

例 10-11 承例 10-10，若材料入库后，利达股份有限公司将该批材料全部用于办公楼工程建设项目。对于该项经济业务，利达股份有限公司做账务处理如下。

工程领用材料时：

借：在建工程　　　　　　　　　　　　　　　　　　　　　　　　1 200 000
　　贷：原材料　　　　　　　　　　　　　　　　　　　　　　　　　　1 200 000
借：应交税费——待抵扣进项税额　　　　　　　　　　　　　　　　76 800
　　贷：应交税费——应交增值税（进项税额转出）　　　　　　　　　　76 800

允许抵扣剩余的增值税时：

借：应交税费——应交增值税（进项税额）　　　　　　　　　　　　76 800
　　贷：应交税费——待抵扣进项税额　　　　　　　　　　　　　　　　76 800

2. 销售业务增值税的会计处理

1）一般销售业务增值税的会计处理

在销售阶段，销售价格中不再含税，如果定价时含税，应还原为不含税价格作为销售收入，向购买方收取的增值税税额作为销项税额。

例 10-12 利达股份有限公司为增值税一般纳税人，销售商品一批，价款为300 000元，增值税进项税额为48 000元，款项尚未收到。利达股份有限公司做账务处理如下。

借：应收账款　　　　　　　　　　　　　　　　　　　　　　　　348 000
　　贷：主营业务收入　　　　　　　　　　　　　　　　　　　　　　300 000
　　　　应交税费——应交增值税（销项税额）　　　　　　　　　　　48 000

2）预交增值税的会计处理

增值税一般纳税人转让不动产、提供不动产经营租赁服务、提供建筑服务、采用预收款方式销售自行开发的房地产项目等，以及其他按现行增值税制度规定应预交的增值税额，按照"应交税费——预交增值税"明细账户核算。

例 10-13 某房地产开发公司开发甲房地产项目，20×8 年 5 月 18 日，预售房屋一套，售价 1 000 000 元，同时收到客户乙交付的预售款 800 000 元。甲房地产项目采用一般计税方法计税。账务处理如下。

应预缴增值税额按 10%的适用税率和 3%的预征率计算，则

应预缴增值税额 = 800 000/（1+10%）×3% ≈ 21 800（元）

收到预售款时：
借：银行存款　　　　　　　　　　　　　　　　　　　　　　800 000
　　贷：预收账款　　　　　　　　　　　　　　　　　　　　　　800 000
借：应交税费——预交增值税　　　　　　　　　　　　　　　21 800
　　贷：银行存款　　　　　　　　　　　　　　　　　　　　　　21 800

收到预售款的当天不是销售不动产的纳税义务发生时间，只有开具售房发票或不动产产权发生转移以及合同约定的交房日期方可确认纳税义务发生。

销售房屋，确认收入时：
借：银行存款　　　　　　　　　　　　　　　　　　　　　　200 000
　　预收账款　　　　　　　　　　　　　　　　　　　　　　　800 000
　　贷：主营业务收入　　　　　　　　　　　　　　　　　　　909 090
　　　　应交税费——应交增值税（销项税额）　　　　　　　　90 910

该公司将本月应抵减的预交税款转入"应交税费——未交增值税"账户：
借：应交税费——未交增值税　　　　　　　　　　　　　　21 800
　　贷：应交税费——预交增值税　　　　　　　　　　　　　　21 800

3）收入或利得的时点早于按照增值税制度确认增值税纳税义务发生时点的情况

按照国家统一的会计制度确认收入或利得的时点早于按照增值税制度确认增值税纳税义务发生时点的，应将相关销项税额记入"应交税费——待转销项税额"账户，待实际发生纳税义务时再转入"应交税费——应交增值税（销项税额）"或"应交税费——简易计税"账户。

例 10-14 利达股份有限公司和青青公司签订租赁协议，约定 20×8 年 7 月—20×9 年 6 月，利达股份有限公司租赁青青公司的仓库，每季度末交纳当季房租，每季度房租为 30 000元（不含税），适用增值税税率为 10%。20×8 年 9 月末，青青公司收到利达股份有限公司 20×8 年 7—9 月的房租。

20×8 年 7 月末，青青公司的会计处理：
借：应收账款——房租　　　　　　　　　　　　　　　　　　11 000
　　贷：其他业务收入——房租　　　　　　　　　　　　　　　10 000
　　　　应交税费——待转销项税额　　　　　　　　　　　　　1 000

20×8 年 8 月末，青青公司的会计处理：
借：应收账款——房租　　　　　　　　　　　　　　　　　　11 000
　　贷：其他业务收入——房租　　　　　　　　　　　　　　　10 000

应交税费——待转销项税额　　　　　　　　　　　　　　　　　　　　　　1 000
20×8 年 9 月末，青青公司的会计处理：
　　借：银行存款　　　　　　　　　　　　　　　　　　　　　　　　　　　33 000
　　　　贷：应收账款——房租　　　　　　　　　　　　　　　　　　　　　　22 000
　　　　　　其他业务收入——房租　　　　　　　　　　　　　　　　　　　　10 000
　　　　　　应交税费——应交增值税（销项税额）　　　　　　　　　　　　　 1 000
　　借：应交税费——待转销项税额　　　　　　　　　　　　　　　　　　　　 2 000
　　　　贷：应交税费——应交增值税（销项税额）　　　　　　　　　　　　　 2 000

4) 差额征税的情况

一般纳税企业提供应税服务，按照营业税改征增值税的有关规定允许从销售额中扣除其支付给其他单位或个人价款的，在收入采用总额法确认的情况下，减少的销项税额应借记"应交税费——应交增值税（销项税额抵减）"账户，同理，小规模纳税企业应借记"应交税费——应交增值税"账户；在收入采用净额法确认的情况下，按照增值税法确定的销售额计算增值税销项税额并记入"应交税费——应交增值税（销项税额）"账户。

例 10-15 某客运场站为增值税一般纳税人，为客运公司提供客源组织、售票、检票、发车、运费结算等服务。该企业采用差额征税的方式，以其取得的全部价款和价外费用，扣除支付给承运方运费后的余额为销售额。本期该企业向旅客收取车票款项 530 000 元，应向客运公司支付 477 000 元，在剩余的 53 000 元中，50 000 元作为销售额，3 000 元为增值税销项税额。根据该项经济业务，企业可做以下账务处理。

　　借：银行存款　　　　　　　　　　　　　　　　　　　　　　　　　　　530 000
　　　　贷：主营业务收入　　　　　　　　　　　　　　　　　　　　　　　　50 000
　　　　　　应交税费——应交增值税（销项税额）　　　　　　　　　　　　　 3 000
　　　　　　应付账款　　　　　　　　　　　　　　　　　　　　　　　　　477 000

例 10-16 某旅游企业为增值税一般纳税人，选择差额征税的方式。该企业本期向旅游服务购买方收取的含税价款为 330 000 元（含增值税税额 30 000 元），应支付给其他接团旅游企业的旅游费用和其他单位的相关费用为 212 000 元，其中因允许扣减销售额而减少的销项税额为 12 000 元。假设该旅游企业采用总额法确认收入，根据该项经济业务，企业可做以下账务处理。

　　借：银行存款　　　　　　　　　　　　　　　　　　　　　　　　　　　330 000
　　　　贷：主营业务收入　　　　　　　　　　　　　　　　　　　　　　　300 000
　　　　　　应交税费——应交增值税（销项税额）　　　　　　　　　　　　　30 000
　　借：主营业务成本　　　　　　　　　　　　　　　　　　　　　　200 000（212）
　　　　贷：库存商品　　　　　　　　　　　　　　　　　　　　　　　　　200 000

5) 视同销售的情况

按照增值税法的有关规定，对于企业将自产、委托加工或购买的货物分配给股东或投资者，将自产、委托加工的货物用于集体福利或个人消费等行为，视同销售货物，需计算应交增值税。对于税法上某些视同销售的行为，无论会计上如何处理，只要税法规定需要交纳增值税的，应当计算应交增值税销项税额，并记入"应交税费——应交增值税"账户的"销项税额"专栏。

例 10-17 利达股份有限公司将成本为 3 000 000 元的货物赠予黄山公司,该货物适用的增值税税率为 16%。若以货物的成本金额作为计税价格,利达股份有限公司应做以下会计分录。

捐赠货物应交增值税 = 3 000 000×16% = 480 000(元)

借:营业外支出 3 480 000
　　贷:库存商品 3 000 000
　　　　应交税费——应交增值税(销项税额) 480 000

例 10-18 利达股份有限公司以自己生产的产品分配利润,产品的成本为 1 000 000 元,销售价格为 1 500 000 元(不含税),该产品适用的增值税税率为16%。利达股份有限公司应做以下会计分录。

销项税额 = 1 500 000×16% = 240 000(元)

借:利润分配——应付利润 1 740 000
　　贷:应付利润 1 740 000
借:应付利润 1 740 000
　　贷:主营业务收入 1 500 000
　　　　应交税费——应交增值税(销项税额) 240 000
借:主营业务成本 1 000 000
　　贷:库存商品 1 000 000

3. 转出多交增值税和未交增值税的会计处理

为了分别反映增值税一般纳税人欠交增值税款和待抵扣增值税的情况,确保企业及时足额上交增值税,避免出现企业用以前月份欠交增值税抵扣以后月份未抵扣的增值税的情况,企业应在"应交税费"账户下设置"未交增值税"明细账户,核算企业月份终了从"应交税费——应交增值税"账户转入的当月未交或多交的增值税;同时,在"应交税费——应交增值税"账户下设置"转出未交增值税"和"转出多交增值税"专栏。月份终了,企业计算出当月应交未交的增值税,借记"应交税费——应交增值税(转出未交增值税)"账户,贷记"应交税费——未交增值税"账户;当月多交的增值税,借记"应交税费——未交增值税"账户,贷记"应交税费——应交增值税(转出多交增值税)"账户。

4. 交纳增值税的会计处理

企业当月交纳当月的增值税,通过"应交税费——应交增值税(已交税金)"账户核算,借记"应交税费——应交增值税(已交税金)"账户(小规模纳税人应借记"应交税费——应交增值税"账户),贷记"银行存款"账户;当月交纳以前各期未交的增值税,通过"应交税费——未交增值税"账户,借记"应交税费——未交增值税"账户,贷记"银行存款"账户。

企业预交增值税,借记"应交税费——预交增值税"账户,贷记"银行存款"账户。月末,企业应将"预交增值税"明细账户余额转入"未交增值税"明细账户,借记"应交税费——未交增值税"账户,贷记"应交税费——预交增值税"账户。

例 10-19 甲公司为商品流通企业。20×8 年 3 月 1 日,该企业"应交税费——未交增值税"账户贷方余额24 000 元,本月发生以下与增值税有关的业务。

(1) 3月5日，交纳上月的增值税。

(2) 3月7日，从乙公司购买5 000件A商品，增值税专用发票上注明的货款为500 000元，增值税进项税额为80 000元。甲公司开出并承兑一种商业汇票，到期日为4月7日。

(3) 3月10日，将200件本月购买的A商品，作为福利发放给职工。

(4) 3月16日，销售一批B商品，售价为800 000元，适用的增值税税率为16%。该批B商品的成本为600 000元。商品已经发出，货款尚未收到。

(5) 3月25日，将本月购进的A商品中的300件，无偿赠送给当地的一所希望小学。该商品的售价为每件150元，适用的增值税税率为16%。

(6) 3月28日，委托丙公司加工一批C商品，加工费为10 000元，适用的增值税税率为16%。甲公司已经开出转账支票。

具体账务处理如下。

(1) 借：应交税费——未交增值税　　　　　　　　　　　24 000
　　　贷：银行存款　　　　　　　　　　　　　　　　　　24 000
(2) 借：库存商品　　　　　　　　　　　　　　　　　　500 000
　　　应交税费——应交增值税（进项税额）　　　　　　80 000
　　　贷：应付票据　　　　　　　　　　　　　　　　　　580 000
(3) 借：应付职工薪酬——非货币性福利　　　　　　　　23 200
　　　贷：库存商品——A商品　　　　　　　　　　　　　20 000
　　　　　应交税费——应交增值税（进项税额转出）　　 3 200
(4) 借：应收账款　　　　　　　　　　　　　　　　　　928 000
　　　贷：主营业务收入　　　　　　　　　　　　　　　　800 000
　　　　　应交税费——应交增值税（销项税额）　　　　128 000
　　借：主营业务成本　　　　　　　　　　　　　　　　600 000
　　　贷：库存商品——A商品　　　　　　　　　　　　 600 000
(5) 借：营业外支出　　　　　　　　　　　　　　　　　 37 200
　　　贷：库存商品——A商品　　　　　　　　　　　　 30 000
　　　　　应交税费——应交增值税（销项税额）　　　　 7 200
(6) 借：委托加工物资　　　　　　　　　　　　　　　　 10 000
　　　应交税费——应交增值税（销项税额）　　　　　　 1 600
　　　贷：银行存款　　　　　　　　　　　　　　　　　 11 600
(7) 借：应交税费——应交增值税（转出未交增值税）　　56 800
　　　贷：应交税费——未交增值税　　　　　　　　　　 56 800

5. 小规模纳税企业的会计处理

不属于一般纳税人企业的需交纳增值税的企业即为小规模纳税人，具体由税务机关按规定加以认定。

小规模纳税企业的特点：一是小规模纳税企业销售货物或者提供应税劳务，一般情况下，只能开具增值税普通发票，不能开具增值税专用发票；二是小规模纳税企业销售货物或提供应税劳务实行简易办法计算增值税应纳税额，按照销售额的一定比例计算；三是小规模纳税企业的销售额不包括其应纳税额，采用销售额和应纳税额合并定价方法的，按照公式"销售额＝含税销售额/（1+征收率）"还原为不含税销售额计算。

根据小规模纳税企业的上述特点，其会计处理的有关规定如下。

（1）小规模纳税企业购入货物无论是否取得增值税专用发票，其支付的增值税税额均不计入进项税额，不得由销项税额抵扣，而计入购入货物的成本。相应地，其他企业从小规模纳税企业购入货物支付的增值税，如果不能取得增值税专用发票，也不能作为进项税额抵扣，而应计入购入货物的成本。

（2）小规模纳税企业的销售收入按不含税价格计算。

（3）小规模纳税企业仍然使用"应交税费——应交增值税"账户，但不需要在"应交税费——应交增值税"账户中设置专栏。小规模纳税企业有3个二级账户："应交税费——应交增值税""应交税费——转让金融商品应交增值税""应交税费——代扣代交增值税"。

例 10-20 某生产企业核定为小规模纳税人，本期购入原材料，按照增值税专用发票上记载的原材料价款为100万元，支付的增值税税额为16万元，企业开出商业承兑汇票，材料已到达并验收入库（材料按实际成本核算）。该企业本期销售产品，销售价格总额为90万元（含税），假定符合收入确认条件，货款尚未收到。该企业适用的增值税征收率为3%。应做以下账务处理。

购进货物时：
借：原材料   1 160 000
  贷：应付票据   1 160 000

销售货物时：

$$不含税价格 = 900\,000/(1+3\%) \approx 873\,786（元）$$

$$应交增值税 = 873\,786 \times 3\% = 26\,214（元）$$

借：应收账款   900 000
  贷：主营业务收入   873 786
    应交税费——应交增值税   26 214

10.5.2 消费税

为了正确引导消费方向，国家在普遍征收增值税的基础上，选择部分消费品，再征收一道消费税。消费税的征收方法采取从价定率和从量定额两种方法。

从价定率征收方法下的消费税应纳税额的计算公式为

$$应纳税额 = 销售额 \times 税率$$

从量定额征收方法下的消费税应纳税额的计算公式为

$$应纳税额 = 销售数量 \times 单位税额$$

企业销售产品时应交纳的消费税，应分别情况进行处理。

1. 销售产品的消费税会计处理

企业销售产品时应交纳的消费税，应分别情况进行处理：企业将生产的产品直接对外销售的，对外销售产品应交纳的消费税，通过"税金及附加"账户核算；企业按规定计算出应交消费税，借记"税金及附加"账户，贷记"应交税费——应交消费税"账户。

例 10-21 利达股份有限公司为增值税一般纳税人，本期销售其生产的应纳消费税产品，应纳消费税产品的售价为 240 000 元（不含应向购买者收取的增值税税额），产品成本为 150 000 元。该产品适用的增值税税率为 16%，消费税税率为 10%。产品已经发出，符合收入确认条件，款项尚未收到。根据这项经济业务，可做以下会计处理。

$$应向购买者收取的增值税税额 = 240\,000 \times 16\% = 38\,400（元）$$
$$应交的消费税 = 240\,000 \times 10\% = 24\,000（元）$$

借：应收账款	278 400
贷：主营业务收入	240 000
应交税费——应交增值税（销项税额）	38 400
借：税金及附加	24 000
贷：应交税费——应交消费税	24 000
借：主营业务成本	150 000
贷：库存商品	150 000

2. 应税消费品用于在建工程、非生产机构等其他方面的消费税会计处理

企业应税消费品用于在建工程、非生产机构等其他方面按规定应交纳的消费税，应计入相关成本。例如，企业以应税消费品对外投资，应交消费税计入投资的初始投资成本；企业以应税消费品用于在建工程项目，应交消费税计入在建工程成本。

例 10-22 利达股份有限公司将自产的一批产品用于在建工程，同类产品的市场销售价格为 400 000 元。该批产品的成本为 280 000 元，适用消费税税率为 5%，增值税税率为 16%。利达股份有限公司应编制会计分录如下。

$$应交消费税 = 400\,000 \times 5\% = 20\,000（元）$$

借：在建工程	300 000
贷：库存商品	280 000
应交税费——应交消费税	20 000

3. 委托加工的应税消费品的消费税会计处理

按照消费税法的规定，企业委托加工的应税消费品，由受托方在向委托方交货时代扣代缴税款（除受托加工或翻新改制金银首饰按规定由受托方交纳消费税外）。

在会计处理时，需要交纳消费税的委托加工应税消费品，于委托方提货时，由受托方代收代缴税款。受托方按应扣税款金额，借记"应收账款""银行存款"等账户，贷记"应交税费——应交消费税"账户。委托加工应税消费品收回后，直接用于销售的，委托方应将代收代缴的消费税计入委托加工的应税消费品成本，待委托加工应税消费品销售时，不需要再交纳消费税；委托加工的应税消费品收回后用于连续生产应税消费品，按规定准予抵扣的，委托方应按代收代缴的消费税税款，借记"应交税费——应交消费税"账户，待用委托加工的应税消费品生产出应纳消费税的产品销售时，再交纳消费税。

例 10-23 利达股份有限公司委托外单位加工材料（非金银首饰），原材料价款为 300 000 元，加工费用为 50 000 元，由受托方代收代缴的消费税为 5 000 元（不考虑增值税），材料已经加工完毕验收入库，加工费用尚未支付。假定该公司材料采用实际成本核算。根据这项经济业务，应做以下会计处理。

（1）如果利达股份有限公司收回加工后的材料用于继续生产应税消费品：

借：委托加工物资	300 000
贷：原材料	300 000
借：委托加工物资	50 000
应交税费——应交消费税	5 000
贷：应付账款	55 000
借：原材料	350 000
贷：委托加工物资	350 000

（2）如果委托方收回加工后的材料直接用于销售：

借：委托加工物资	300 000
贷：原材料	300 000
借：委托加工物资	55 000
贷：应付账款	55 000
借：原材料	355 000
贷：委托加工物资	355 000

4. 进出口产品消费税的会计处理

需要交纳消费税的进口消费品，其交纳的消费税应计入该进口消费品的成本，借记"固定资产""材料采购"等账户，贷记"银行存款"等账户。

10.5.3 其他应交税费

1. 资源税

资源税是国家对在我国境内开采矿产品或者生产盐的单位和个人征收的一种税。我国对绝大多数矿产品实施从价计征。企业按规定应交的资源税，在"应交税费"账户下设置"应交资源税"明细账户核算。企业按规定计算出销售应税产品应交纳的资源税，借记"税金及附加"账户，贷记"应交税费——应交资源税"账户。自产自用产品交纳的资源税记入"生产成本""制造费用"等账户；收购未税矿产品代扣代缴的资源税，计入收购矿产品的成本；收购液体盐加工固体盐相关的资源税，按规定允许抵扣的资源税记入"应交税费——应交资源税"账户的借方。

2. 土地增值税

土地增值税是对有偿转让国有土地使用权及地上建筑物和其他附着物，取得增值收入的单位和个人征收的一种税。

在会计处理时，企业交纳的土地增值税通过"应交税费——应交土地增值税"账户核算。兼营房地产业务的企业，应由当期收入负担的土地增值税，借记"税金及附加"账户，贷记"应交税费——应交土地增值税"账户。转让国有土地使用权及地上建筑物和其他附着物时应交纳的土地增值税，借记"固定资产清理""在建工程"账户，贷记"应交税费——应交土地增值税"账户。企业在项目全部竣工结算前转让房地产取得的收入，按税法规定预交的土地增值税，借记"应交税费——应交土地增值税"账户，贷记"银行存款"等账户；待该项房地产销售收入实现时，再按上述销售业务的会计处理方法进行处理。该项目全部竣工、办理结算后进行清算，收到退回多交的土地增值税，借记"银行存款"等账户，贷记"应交税费——应交土地增值税"账户，补交的土地增值税做相反的会计分录。

3. 房产税、土地使用税、车船税和印花税

企业在按规定计算应交的房产税、土地使用税、车船税时，借记"税金及附加"账户，贷记"应交税费——应交房产税（或土地使用税、车船税）"账户；上交时，借记"应交税费——应交房产税（或土地使用税、车船税）"账户，贷记"银行存款"账户。

印花税是对书立、领受购销合同等凭证行为征收的税款。企业交纳的印花税，不会发生应付未付税款的情况，不需要预计应纳税额，同时也不存在与税务机关结算或清算的问题。因此，企业交纳的印花税不需要通过"应交税费"账户核算，于购买印花税票时，直接借记"税金及附加"账户，贷记"银行存款"账户。

4. 城市维护建设税

在会计核算时，企业按规定计算出的城市维护建设税，借记"税金及附加"等账户，贷记"应交税费——应交城市维护建设税"账户；实际上交时，借记"应交税费——应交城市维护建设税"账户，贷记"银行存款"账户。

5. 所得税

企业的生产、经营所得和其他所得，依照有关所得税法律及其实施细则的规定需要交纳所得税。企业应交纳的所得税，在"应交税费"账户下设置"应交所得税"明细账户核算。

10.6 应付股利、应付利息和其他应付款

10.6.1 应付股利

应付股利是指企业经股东大会或类似机构审议批准分配的现金股利或利润。

企业经股东大会或类似机构审议批准的利润分配方案，按应支付的现金股利或利润借记"利润分配"账户，贷记"应付股利"账户；实际支付现金股利或利润时，借记"应付股利"账户，贷记"银行存款"等账户。

企业董事会或类似机构通过的利润分配方案中拟分配的现金股利或利润，不应确认负债，但应在账务报表附注中披露。

企业分配的股票股利，不通过"应付股利"账户核算。经股东大会或类似机构决议，分配给股东的股票股利，应在办理增资手续后，借记"利润分配——转作股本的股利"账户，贷记"股本"账户。

10.6.2 应付利息

"应付利息"账户核算企业按照合同约定应支付的利息,包括吸收存款、分期付息到期还本的长期借款、企业债券等应支付的利息,并应当按照存款人或债权人进行明细核算。该账户期末贷方余额,反映企业按照合同约定应支付但尚未支付的利息。

企业采用合同约定的名义利率计算确定利息费用时,应按合同约定的名义利率计算确定的应付利息的金额,借记"在建工程""财务费用"等账户,贷记"应付利息"账户。实际支付利息时,借记"应付利息"账户,贷记"银行存款"等账户。

10.6.3 其他应付款

其他应付款是指企业除应付票据、应付账款、预收账款、应付职工薪酬、应付利息、应付股利、应交税费、长期应付款等以外的其他各项应付、暂收的款项。

企业发生的其他各种应付、暂收款项,借记"管理费用"等账户,贷记"其他应付款"账户;支付的其他各种应付、暂收款项,借记"其他应付款"账户,贷记"银行存款"等账户。

例 10-24 利达股份有限公司在销售产品的过程中,出借给购货企业一批包装物,收到该企业以银行存款支付的押金 5 000 元。利达股份有限公司有关账务处理如下。

收到 5 000 元押金时:
借:银行存款   5 000
    贷:其他应付款   5 000
包装物如期归还,退还押金时:
借:其他应付款——存入保证金   5 000
    贷:银行存款   5 000

10.7 应付职工薪酬

10.7.1 职工薪酬

职工是指与企业订立劳动合同的所有人员,含全职职工、兼职职工和临时职工,也包括虽未与企业订立劳动合同但由企业正式任命的人员。

职工薪酬是指企业为获得职工提供的服务或终止劳动合同关系而给予的各种形式的报酬。企业提供给职工配偶、子女、受赡养人、已故员工遗属及其他受益人等的福利,也属于职工薪酬。职工薪酬主要包括短期薪酬、离职后福利、辞退福利和其他长期职工福利。

10.7.2 短期薪酬

1. 短期薪酬的内容

短期薪酬是指企业预期在职工提供相关服务的年度报告期间结束后 12 个月内将全部予以支付的职工薪酬,因解除与职工的劳动关系给予的补偿除外。因解除与职工的劳动关系给予的补偿属于辞退福利的范畴。短期薪酬主要包括以下几个部分。

（1）职工工资、奖金、津贴和补贴，是指按照构成工资总额的计时工资、计件工资、支付给职工的超额劳动报酬等的劳动报酬，为了补偿职工特殊或额外的劳动消耗和因其他特殊原因支付给职工的津贴，以及为了保证职工的工资水平不受物价影响支付给职工的物价补贴等。企业的短期奖金计划属于短期薪酬，长期奖金计划属于其他长期职工福利。

（2）职工福利费，是指企业为职工提供的除职工工资、奖金、津贴和补贴、职工教育经费、社会保险费及住房公积金等以外的福利待遇支出，包括发放给职工或为职工支付的现金补贴和非货币性集体福利。

（3）医疗保险费、工伤保险费和生育保险费等社会保险费，是指企业按照国家规定的基准和比例计算，向社会保险经办机构缴纳的医疗保险费、工伤保险费和生育保险费。

（4）住房公积金，是指企业按照国家规定的基准和比例计算，向住房公积金管理机构缴存的住房公积金。

（5）工会经费和职工教育经费，是指企业为了改善职工文化生活、为职工学习先进技术和提高文化水平和业务素质，用于开展工会活动和职工教育及职业技能培训等的相关支出。

（6）短期带薪缺勤，是指企业支付工资或提供补偿的职工缺勤，包括年休假、病假、短期伤残、婚假、产假、丧假、探亲假等。

（7）短期利润分享计划，是指因职工提供服务而与职工达成的基于利润或其他经营成果提供薪酬的协议。长期利润分享计划属于其他长期职工福利。

（8）非货币性福利，是指企业以自己生产的产品或外购商品发放给职工作为福利，企业提供给职工无偿使用自己拥有的资产或租赁资产供职工无偿使用等。

（9）其他短期薪酬，是指除上述薪酬以外的其他为获得职工提供的服务而给予的短期薪酬。

2. 短期薪酬的确认与计量

企业应当在职工为其提供服务的会计期间，将实际发生的短期薪酬确认为负债，并计入当期损益，企业会计准则要求或允许计入资产成本的除外。

1）货币性短期薪酬

职工的工资、奖金、津贴和补贴，大部分的职工福利费，医疗保险费、工伤保险费和生育保险费等社会保险费，住房公积金、工会经费和职工教育经费一般属于货币性短期薪酬。

企业应当根据职工提供服务情况和工资标准计算应计入职工薪酬的工资总额，按照受益对象计入当期损益或相关资产成本，借记"生产成本""制造费用""管理费用"等账户，贷记"应付职工薪酬"账户。发放时，借记"应付职工薪酬"账户，贷记"银行存款"等账户。企业发生的职工福利费，应当在实际发生时根据实际发生额计入当期损益或相关资产成本。

企业为职工缴纳的医疗保险费、工伤保险费、生育保险费等社会保险费和住房公积金，以及按规定提取的工会经费和职工教育经费，应当在职工为其提供服务的会计期间，根据规定的计提基础和计提比例计算确定相应的职工薪酬金额，并确认相关负债，按照受益对象计入当期损益或相关资产成本。

例10-25 20×8年6月，甲公司当月应发工资为15 600 000元，其中：生产部门直接生产人员工资10 000 000元，生产部门管理人员工资2 000 000元，公司管理部门人员工资3 600 000元。

根据所在地政府的规定，甲公司分别按照职工工资总额的10%和8%计提医疗保险费和住房公积金，缴纳给当地社会保险经办机构和住房公积金管理机构。甲公司分别按照职工工资总额的2%和8%计提工会经费和职工教育经费。假定不考虑所得税影响。

应计入生产成本的职工薪酬金额 = 10 000 000+10 000 000×（10%+8%+2%+8%）
= 12 800 000（元）

应计入制造费用的职工薪酬金额 = 2 000 000+2 000 000×（10%+8%+2%+8%）
= 2 560 000（元）

应计入管理费用的职工薪酬金额 = 3 600 000+3 600 000×（10%+8%+2%+8%）
= 4 608 000（元）

甲公司应根据上述业务，做以下账务处理。

借：生产成本　　　　　　　　　　　　　　　　　　　　12 800 000
　　制造费用　　　　　　　　　　　　　　　　　　　　 2 560 000
　　管理费用　　　　　　　　　　　　　　　　　　　　 4 608 000
　　贷：应付职工薪酬——工资　　　　　　　　　　　　15 600 000
　　　　　　　　　——医疗保险费　　　　　　　　　　 1 560 000
　　　　　　　　　——住房公积金　　　　　　　　　　 1 248 000
　　　　　　　　　——工会经费　　　　　　　　　　　　 312 000
　　　　　　　　　——职工教育经费　　　　　　　　　 1 248 000

企业在实际向职工支付货币性工资时，按照实际支付金额借记"应付职工薪酬"账户，贷记"银行存款"账户。将个人负担的企业代扣代缴的个人所得税贷记"应交税费——应交个人所得税"账户，将个人负担的企业代扣代缴的社会保险费和住房公积金等贷记"其他应付款"账户。

2）非货币性福利

企业向职工提供非货币性福利的，应当按照公允价值计量。公允价值不能可靠取得的，可以采用成本计量。

企业向职工提供的非货币性福利，应当分别情况进行处理。

（1）以自产产品或外购商品发放给职工作为福利。企业以其生产的产品作为非货币性福利提供给职工的，应当按照该产品的公允价值和相关税费计算应计入成本费用的职工薪酬金额，相关收入的确认、销售成本的结转和相关税费的处理与正常商品销售相同。以外购商品作为非货币性福利提供给职工的，应当按照该商品的公允价值和相关税费计入成本费用。

需要注意的是，在以自产产品或外购商品发放给职工作为福利的情况下，企业在进行账务处理时，应当先通过"应付职工薪酬"账户归集当期应计入成本费用的非货币性薪酬金额。

例10-26 甲公司为一家笔记本电脑生产企业，共有职工200名。20×8年2月，公司以其生产的成本为10 000元的高级笔记本电脑和外购的每部不含税价格为1 000元的手机作为春节福利发放给公司职工。该型号笔记本电脑的售价为每台14 000元，甲公司适用的增值税税率为16%，已开具增值税专用发票；甲公司以银行存款支付了购买手机的价款和增值税进项税额，已取得增值税专用发票，适用的增值税税率为16%。假定在200名职工中170名为直接参加生产的职工，30名为总部管理人员。

企业以自己生产的产品作为福利发放给职工，应计入成本费用的职工薪酬金额以公允价值计量，计入主营业务收入，产品按照成本结转，但要根据相关税法，视同销售计算增值税销项税额。外购商品发放给职工作为福利，应当将交纳的增值税进项税额计入成本费用：

$$笔记本电脑的售价总额 = 14\,000×170+14\,000×30$$
$$= 2\,380\,000+420\,000 = 2\,800\,000（元）$$

$$笔记本电脑的增值税销项税额 = 170×14\,000×16\%+30×14\,000×16\%$$
$$= 380\,800+67\,200 = 448\,000（元）$$

甲公司决定发放非货币性福利时，应做以下账务处理。

借：生产成本　　　　　　　　　　　　　　　　　　　　　　　　2 760 800
　　管理费用　　　　　　　　　　　　　　　　　　　　　　　　　487 200
　　贷：应付职工薪酬——非货币性福利　　　　　　　　　　　　　3 248 000

实际发放笔记本电脑时，应做以下会计处理。

借：应付职工薪酬——非货币性福利　　　　　　　　　　　　　　3 248 000
　　贷：主营业务收入　　　　　　　　　　　　　　　　　　　　　2 800 000
　　　　应交税费——应交增值税（销项税额）　　　　　　　　　　　448 000
借：主营业务成本　　　　　　　　　　　　　　　　　　　　　　　2 000 000
　　贷：库存商品　　　　　　　　　　　　　　　　　　　　　　　2 000 000

$$手机的售价总额 = 170×1\,000+30×1\,000 = 170\,000+30\,000 = 200\,000（元）$$

$$手机的进项税额 = 170×1\,000×16\%+30×1\,000×16\%$$
$$= 27\,200+4\,800 = 32\,000（元）$$

甲公司决定发放非货币性福利时，应做以下账务处理。

借：库存商品　　　　　　　　　　　　　　　　　　　　　　　　　200 000
　　应交税费——应交增值税（进项税额）　　　　　　　　　　　　　32 000
　　贷：银行存款　　　　　　　　　　　　　　　　　　　　　　　232 000
借：应付职工薪酬——非货币性福利　　　　　　　　　　　　　　　232 000
　　贷：库存商品　　　　　　　　　　　　　　　　　　　　　　　200 000
　　　　应交税费——应交增值税（进项税额转出）　　　　　　　　　32 000

（2）将拥有的房屋等资产无偿提供给职工使用或租赁住房等资产供职工无偿使用。企业将拥有的房屋等资产无偿提供给职工使用的，应当根据受益对象，将住房每期的公允价值计入当期损益或相关资产成本，同时确认应付职工薪酬。公允价值无法可靠取得的，可以按照成本计量。租赁住房等资产供职工无偿使用的，应当根据受益对象，将每期应付的租金计入相关资产成本或当期损益，并确认应付职工薪酬。

例 10-27 20×5 年，丁公司为总部各部门经理级别以上职工提供自建单位宿舍免费使用，同时为副总裁以上高级管理人员每人租赁一套住房。该公司总部共有部门经理以上职工 60 名，每人提供一间单位宿舍免费使用，假定每间单位宿舍每月计提折旧 1 000 元；该公司共有副总裁以上高级管理人员 10 名，公司为其每人租赁一套月租金为 10 000 元的公寓。该公司每月应做以下账务处理。

借：管理费用　　　　　　　　　　　　　　　　　　　　　　　　　60 000
　　贷：应付职工薪酬——非货币性福利（宿舍）　　　　　　　　　　60 000

```
借：应付职工薪酬——非货币性福利（宿舍）         60 000
    贷：累计折旧                                      60 000
借：管理费用                                    100 000
    贷：应付职工薪酬——非货币性福利（租赁公寓）     100 000
借：应付职工薪酬——非货币性福利（租赁公寓）   100 000
    贷：其他应付款                                   100 000
```

3) 带薪缺勤

企业对各种原因产生的缺勤进行补偿，如年休假、病假、短期伤残假、婚假、产假、丧假、探亲假等。带薪缺勤应当分为累积带薪缺勤和非累积带薪缺勤两类。

（1）累积带薪缺勤。累积带薪缺勤是带薪权利可以结转下期的带薪缺勤，本期尚未用完的带薪缺勤权利可以在未来期间使用。企业应当在职工提供了服务从而增加了其未来享有的带薪缺勤权利时，确认与累积带薪缺勤相关的职工薪酬，并以累积未行使权利而增加的预期金额计量。

有些累积带薪缺勤在职工离开企业时，对未行使的权利，职工有权获得现金支付。如果职工在离开企业时能够获得现金支付，企业就应当确认企业必须支付的、职工全部累积未使用权利的金额。如果职工在离开企业时不能获得现金支付，则企业应当根据资产负债表日因累积未使用权利而导致的预期支付的追加金额，作为累积带薪缺勤费用进行预计。

例 10-28 乙公司共有 1 000 名职工，从 20×8 年 1 月 1 日起，该公司实行累积带薪缺勤制度。该制度规定，每个职工每年可享受 5 个工作日带薪年休假，未使用的年休假只能向后结转一个日历年度，超过 1 年未使用的权利作废，职工不能在离开公司时获得现金支付；职工休年休假以后进先出为基础，即首先从当年可享受的权利中扣除，再从上年结转的带薪年假余额中扣除；职工离开公司时，公司对职工未使用的累积带薪年休假不支付现金。

20×8 年 12 月 31 日，每个职工当年平均未使用带薪年休假为 2 天。根据过去的经验并预计该经验将继续适用，乙公司预计 20×9 年有 950 名职工将享受不超过 5 天的带薪年休假，剩余 50 名职工每人将平均享受 6 天半的带薪年休假。假定这 50 名职工全部为总部各部门经理。该公司平均每名职工每个工作日工资为 300 元。

乙公司在 20×8 年 12 月 31 日应当预计由于职工累积未使用的带薪年休假权利而导致预期将支付的负债，即相当于 75 天（50×1.5）的年休假工资 22 500 元（75×300），并做以下账务处理。

```
借：管理费用                                     22 500
    贷：应付职工薪酬——累积带薪缺勤                  22 500
```

20×9 年，如果 50 名职工均未享受累积未使用的带薪年休假，则冲回上年度确认的费用：

```
借：应付职工薪酬——累积带薪缺勤                 22 500
    贷：管理费用                                     22 500
```

20×9 年，如果 50 名职工均享受了累积未使用的带薪年休假，则 20×9 年确认的工资费用应扣除上年度已确认的累积带薪费用。

（2）非累积带薪缺勤。非累积带薪缺勤是指带薪权利不能结转下期的带薪缺勤，本期尚未用完的带薪缺勤权利将予以取消，并且职工在离开企业时也无权获得现金支付。我国企业职工休婚假、产假、丧假、探亲假、病假期间的工资通常属于非累积带薪缺勤。由于职工提供服务本身不能增加其能够享受的福利金额,企业在职工未缺勤时不应当计提相关费用和负债;企业应在职工缺勤时确认职工享有的带薪权利,即视同职工出勤确认的相关资产成本或当期费用。企业应当在缺勤期间计提应付工资时一并处理。企业应当在职工实际发生缺勤的会计期间确认与非累积带薪缺勤相关的职工薪酬。

4)短期利润分享计划

企业制订有利润分享计划的,如规定当职工在企业工作了特定期限后,能够享有按照企业净利润的一定比例计算的薪酬,如果职工在企业工作到特定期限末,其提供的服务就会增加企业应付职工薪酬金额,或者尽管企业没有支付这类薪酬的法定义务,但是有支付此类薪酬的惯例,或者说企业除了支付此类薪酬外没有其他现实的选择,企业应当及时按照企业会计准则的规定,进行有关会计处理。

利润分享计划应同时满足下列条件:企业因过去事项导致现在具有支付职工薪酬的法定义务;因利润分享计划产生的应付职工薪酬义务能够可靠估计。企业应当确认相关的应付职工薪酬,并计入期损益或者相关资产成本。如果企业在职工为其提供相关服务的年度报告期间结束后12个月内,不需要全部支付利润分享计划产生的应付职工薪酬,该利润分享计划应当适用《企业会计准则第9号——职工薪酬》对其他长期职工福利的有关规定。

10.7.3 离职后福利

离职后福利计划是指企业与职工就离职后福利达成的协议,或者企业为向职工提供离职后福利制定的规章或办法等。企业应当将离职后福利计划分类为设定提存计划和设定受益计划两种类型。

1. 设定提存计划

设定提存计划是指向独立的基金缴存固定费用后,企业不再承担进一步支付义务的离职后福利计划。

设定提存计划的会计处理比较简单,因为企业在每一期间的义务取决于该期间将要提存的金额。因此,在计量义务或费用时不需要精算假设,通常也不存在精算利得或损失。

企业应在资产负债表日确认为换取职工在会计期间内为企业提供的服务而应付给设定提存计划的提存金,并作为一项费用计入当期损益或相关资产成本。

例10-29 甲企业为管理人员设立了一项企业年金:每月该企业按照每个管理人员工资的5%向独立于甲企业的年金基金缴存企业年金,年金基金将其记入该管理人员个人账户并负责资金的运作。该管理人员退休时可以一次性获得其个人账户的累积额,包括公司历年来的缴存额及相应的投资收益。公司除了按照约定向年金基金缴存之外不再负有其他义务,既不享有缴存资金产生的收益,也不承担投资风险。因此,该福利计划为设定提存计划。20×8年,按照计划安排,甲企业向年金基金缴存的金额为10 000 000元。账务处理如下。

借:管理费用 10 000 000
　　贷:应付职工薪酬 10 000 000
借:应付职工薪酬 10 000 000
　　贷:银行存款 10 000 000

2. 设定受益计划

设定受益计划是指除设定提存计划以外的离职后福利计划。企业对设定受益计划的会计处理通常包括下列4个步骤。

第一步，根据预期累计福利法，采用无偏且相互一致的精算假设对有关人工统计变量和财务变量等作出估计，计量设定受益计划所产生的义务，并确定相关义务的归属期间。企业应当按照规定的折现率将设定受益计划所产生的义务予以折现，以确定设定受益计划义务的现值和当期服务成本。

第二步，设定受益计划存在资产的，企业应当将设定受益计划义务现值减去设定受益计划资产公允价值所形成的赤字或盈余确认为一项设定受益计划净负债或净资产。

设定受益计划存在盈余的，企业应当以设定受益计划的盈余和资产上限两项的孰低者计量设定受益计划净资产。其中，资产上限是指企业可以从设定受益计划退款或减少未来对设定受益计划缴存资金而获得的经济利益的现值。

第三步，根据设定受益计划产生的职工薪酬成本，确认应计入当期损益的金额。

第四步，根据设定受益计划产生的职工薪酬成本、重新计量设定受益计划净负债或净资产所产生的变动，确认应计入其他综合收益的金额。

在预计累计福利单位法下，每一服务期间会增加一个单位的福利权利，并且需对每个单位独立计量，以形成最终义务。企业应当将福利归属于提供设定受益计划的义务发生的期间。这一期间是指从职工提供服务以获取企业在未来报告期间预计支付的设定受益计划福利开始，至职工的继续服务不会导致这一福利金额显著增加之日为止。

10.7.4 辞退福利

1. 辞退福利的含义

辞退福利，是指企业在职工劳动合同到期之前解除与职工的劳动关系，或者为鼓励职工自愿接受裁减而给予职工的补偿。《企业会计准则第9号——职工薪酬》规定的辞退福利包括两方面的内容：一是在职工劳动合同尚未到期前，不论职工本人是否愿意，企业决定解除与职工的劳动关系而给予的补偿；二是在职工劳动合同尚未到期前，为鼓励职工自愿接受裁减而给予的补偿，职工有权利选择继续在职或接受补偿离职。

2. 辞退福利的确认

企业在职工劳动合同到期之前解除与职工的劳动关系，或者为鼓励职工自愿接受裁减而提出给予补偿的建议，同时满足下列条件的，应当确认因解除与职工的劳动关系给予补偿而产生的预计负债，同时计入当期损益（管理费用）。

（1）企业已经制定正式的解除劳动关系计划或提出自愿裁减建议，并即将实施（董事会批准、一年内完毕）。

（2）企业不能单方面撤回解除劳动关系计划或裁减建议。

辞退福利产生的预计负债予以确认时，不是记入"预计负债"账户，而是记入"应付职工薪酬"账户。

3. 辞退福利的计量

实质性辞退工作在一年内实施完毕但补偿款项超过一年支付的辞退计划，企业应当选择恰当的折现率，以折现后的金额计量应计入当期管理费用的辞退福利金额。该项金额与实际应支付的辞退福利款项之间的差额，作为未确认融资费用，在以后各期实际支付辞退福利款项时，计入财务费用。应付辞退福利款金额与其折现后金额相差不大的，也可以不予折现。

（1）确认因辞退福利产生的预计负债时：

借：管理费用
　　未确认融资费用
　　贷：应付职工薪酬——辞退福利

（2）各期支付辞退福利款项时：

借：应付职工薪酬——辞退福利
　　贷：银行存款

同时，

借：财务费用
　　贷：未确认融资费用［（应付职工薪酬期初余额-未确认融资费用期初余额）×实际利率］

辞退福利预期在年度报告期结束后12个月内不能完全支付的，应当适用关于其他长期职工福利的有关规定。

10.7.5　其他长期职工福利

其他长期职工福利，是指除短期薪酬、离职后福利和辞退福利以外的其他所有职工福利。其包括以下各项（假设预计在职工提供相关服务的年度报告期末以后12个月内不会全部结算）：长期带薪缺勤、其他长期服务福利、长期残疾福利、长期利润分享计划和长期奖金计划，以及递延酬劳等。

10.8　一年内到期的非流动负债

企业发行的公司债券、长期借款等长期债务，如果其中存在将在下一会计年度（或下一营业周期）内到期或部分到期，并需用流动资产或流动负债加以清偿的，应视为一项流动负债，以"一年内到期的非流动负债"项目列示在资产负债表的"流动负债"项目下。

对于在资产负债表日起一年内到期的负债，企业预计能够自主将清偿义务展期至资产负债表日后一年以上的，应当归类为非流动负债；不能自主将清偿义务展期的，即使在资产负债表日后、财务报告批准报出日前签订了重新安排清偿计划协议，该项负债仍应归类为流动负债。

企业在资产负债表日或之前违反了长期借款协议，导致贷款人可随时要求清偿的负债，应当归类为流动负债；贷款人在资产负债表日或之前同意提供在资产负债表日后一年以上的宽限期，企业能够在此期限内改正违约行为，且贷款人不能要求随时清偿，该项负债应当归类为非流动负债。

10.9 应付债券

10.9.1 公司债券的发行

企业发行的超过一年期以上的债券（包括企业发行的归类为金融负债的优先股、永续债等），构成了企业的长期负债。公司债券的发行方式有3种，即面值发行、溢价发行和折价发行。假设其他条件不变，债券的票面利率高于同期银行存款利率，可按超过债券票面价值的价格发行，称为溢价发行。溢价是企业以后各期多付利息而事先得到的补偿。如果债券的票面利率低于同期银行存款利率，可按低于债券面值的价格发行，称为折价发行。折价是企业以后各期少付利息而预先给投资者的补偿。如果债券的票面利率与同期银行存款利率相同，可按票面价格发行，称为面值发行。溢价或折价是发行债券企业在债券存续期内对利息费用的一种调整。

债券的发行价格是其所支付的本息按市场利率折算的现值。债券的发行价格由两个部分组成：债券面值（到期值）按市场利率（实际利率）折算的现值和按债券票面利率计算的各期利息（年金）以市场利率折算的现值总和。

无论是按面值发行，还是溢价发行或折价发行，均按债券面值记入"应付债券——面值"账户，实际收到的款项与面值的差额记入"应付债券——利息调整"账户。企业发行债券时，按实际收到的款项借记"银行存款""库存现金"等账户，按债券票面价值贷记"应付债券——面值"账户，按实际收到的款项与票面价值之间的差额，贷记或借记"应付债券——利息调整"账户。

10.9.2 利息调整的摊销

利息调整应在债券存续期间内采用实际利率法进行摊销。实际利率法是按照应付债券的实际利率计算其摊余成本及各期利息费用的方法。实际利率是将应付债券在债券存续期间的未来现金流量，折现为该债券当前账面价值所使用的利率。

在资产负债表日，对于分期付息、一次还本的债券，企业应按应付债券的摊余成本和实际利率计算确定的债券利息费用借记"在建工程""制造费用""财务费用"等账户，按票面利率计算确定的应付未付利息贷记"应付利息"账户，按其差额借记或贷记"应付债券——利息调整"账户。

例 10-30 20×3年12月31日，甲公司经批准发行5年期一次还本、分期付息的公司债券10 000 000元，债券利息在每年12月31日支付，票面利率为年利率6%。假定债券发行时的市场利率为5%。

甲公司该批债券实际发行价格 = 10 000 000×0.783 5+600 000×4.329 5
= 10 432 700（元）

甲公司根据上述资料采用实际利率法和摊余成本计算确定的利息费用，如表10-1所示。

表 10-1 利息费用表　　　　　　　　　　　　　　　　　　　　　单位：元

付息日期	支付利息	利息费用	摊销的利息调整	应付债券摊余成本
20×3年12月31日				10 432 700
20×4年12月31日	600 000	521 635	78 365	10 354 335
20×5年12月31日	600 000	517 716.75	82 283.25	10 272 051.75
20×6年12月31日	600 000	513 602.59	86 397.41	10 185 654.34
20×7年12月31日	600 000	509 282.72	90 717.28	10 094 937.06
20×8年12月31日	600 000	505 062.94*	94 937.06	10 000 000

*尾数调整。

根据表10-1的资料，甲公司的账务处理如下。

20×3年12月31日，发行债券时：

借：银行存款　　　　　　　　　　　　　　　　　　　　　　10 432 700
　　贷：应付债券——面值　　　　　　　　　　　　　　　　10 000 000
　　　　　　　　——利息调整　　　　　　　　　　　　　　　　432 700

20×4年12月31日，计算利息费用时：

借：财务费用等　　　　　　　　　　　　　　　　　　　　　　521 635
　　应付债券——利息调整　　　　　　　　　　　　　　　　　　78 365
　　贷：应付利息　　　　　　　　　　　　　　　　　　　　　600 000

20×5年、20×6年、20×7年确认利息费用的会计处理同20×4年。

20×8年12月31日，归还债券本金及最后一期利息费用时：

借：财务费用等　　　　　　　　　　　　　　　　　　　　　505 062.94
　　应付债券——面值　　　　　　　　　　　　　　　　　　10 000 000
　　　　　　——利息调整　　　　　　　　　　　　　　　　　94 937.06
　　贷：银行存款　　　　　　　　　　　　　　　　　　　　10 600 000

对于一次还本付息的债券，应于资产负债表日按摊余成本和实际利率计算确定的债券利息借记"在建工程""制造费用""财务费用"等账户，按票面利率计算确定的应付未付利息贷记"应付债券——应计利息"账户，按其差额借记或贷记"应付债券——利息调整"账户。

10.9.3　债券的偿还

企业发行的债券通常分为到期一次还本付息和一次还本、分期付息两种。采用一次还本付息方式的，企业应于债券到期支付债券本息时，借记"应付债券——面值""应付债券——应计利息"账户，贷记"银行存款"账户。采用一次还本、分期付息方式的，在每期支付利息时，借记"应付利息"账户，贷记"银行存款"账户；债券到期偿还本金并支付最后一期利息时，借记"应付债券——面值""在建工程""财务费用""制造费用"等账户，贷记"银行存款"账户，按借贷双方之间的差额借记或贷记"应付债券——利息调整"账户。

10.10　长期借款及长期应付款

10.10.1　长期借款

长期借款是指企业从银行或其他金融机构借入的期限在一年以上（不含一年）的借款。

企业借入各种长期借款时，按实际收到的款项借记"银行存款"账户，贷记"长期借款——本金"账户；按借贷双方之间的差额借记"长期借款——利息调整"账户。

在资产负债表日，企业应按长期借款的摊余成本和实际利率计算确定的长期借款的利息费用借记"在建工程""财务费用""制造费用"等账户，按借款本金和合同利率计算确定的应付未付利息贷记"应付利息"账户，按其差额贷记"长期借款——利息调整"账户。

企业归还长期借款，按归还的长期借款本金借记"长期借款——本金"账户，按转销的利息调整金额贷记"长期借款——利息调整"账户，按实际归还的款项贷记"银行存款"账户，按借贷双方之间的差额借记"在建工程""财务费用""制造费用"等账户。

例10-31 利达股份有限公司为建造厂房，20×6年1月1日从银行借入专项长期借款10 000 000元，已存入银行，借款期限为3年，年利率为10%，每年计息一次，单利计算，到期一次还本付息。款项借入后，20×6年4月1日，利达股份有限公司以银行存款支付工程款8 000 000元（假设4月1日工程开工，达到了借款费用资本化条件），该厂房一年后建造完成并达到预定可使用状态。利达股份有限公司做账务处理如下。

（1）20×6年1月1日，取得借款时：

借：银行存款　　　　　　　　　　　　　　　　　　　　　　　10 000 000
　　贷：长期借款——本金　　　　　　　　　　　　　　　　　　10 000 000

（2）20×6年4月1日，支付工程款时：

借：在建工程　　　　　　　　　　　　　　　　　　　　　　　8 000 000
　　贷：银行存款　　　　　　　　　　　　　　　　　　　　　　8 000 000

（3）20×6年12月31日，计息日：

全年借款费用总额 = 10 000 000×10% = 1 000 000（元）
资本化的借款费用 = 1 000 000×9/12 = 750 000（元）

借：在建工程　　　　　　　　　　　　　　　　　　　　　　　750 000
　　财务费用　　　　　　　　　　　　　　　　　　　　　　　250 000
　　贷：长期借款——应计利息　　　　　　　　　　　　　　　1 000 000

（4）20×7年1月1日，又支付工程款2 000 000元。20×7年4月1日，工程完工达到预定可使用状态。

支付工程款时：

借：在建工程　　　　　　　　　　　　　　　　　　　　　　　2 000 000
　　贷：银行存款　　　　　　　　　　　　　　　　　　　　　　2 000 000

20×7年需资本化的利息费用 = 10 000 000×10%×3/12 = 250 000（元）

借：在建工程　　　　　　　　　　　　　　　　　　　　　　　250 000

　　　　贷：长期借款——应计利息　　　　　　　　　　　　　　　　　250 000
　　按实际成本转固定资产时：
　　　　借：固定资产　　　　　　　　　　　　　　　　　　　　　11 000 000
　　　　　　贷：在建工程　　　　　　　　　　　　　　　　　　　　11 000 000
　　（5）20×7年12月31日，利息为750 000元（10 000 000×10%×9/12）。由于工程1年内结束，所以20×7年4—12月的利息费用应该全部费用化处理：
　　　　借：财务费用　　　　　　　　　　　　　　　　　　　　　　　750 000
　　　　　　贷：长期借款——应计利息　　　　　　　　　　　　　　　　750 000
　　（6）20×8年12月31日，计息时：
　　　　借：财务费用　　　　　　　　　　　　　　　　　　　　　　1 000 000
　　　　　　贷：长期借款——应计利息　　　　　　　　　　　　　　　1 000 000
　　（7）20×9年1月1日，还本付息时：
　　　　借：长期借款——本金　　　　　　　　　　　　　　　　　10 000 000
　　　　　　长期借款——应计利息　　　　　　　　　　　　　　　　3 000 000
　　　　　　贷：银行存款　　　　　　　　　　　　　　　　　　　　13 000 000

10.10.2　长期应付款

　　长期应付款是指除长期借款和应付债券以外的其他各种长期应付款项，包括应付融资租入固定资产的租赁费、以分期付款方式购入固定资产等发生的应付账款等。

　　为了核算企业各种长期应付款，应设置"长期应付款"账户。该账户属于负债类账户，贷方登记形成的长期应付款项，借方登记实际偿付的长期应付款，贷方余额反映企业尚未支付的各种长期应付款。该账户应按照长期应付款的种类和债权人进行明细核算。

　　1. 融资租入固定资产应付款

　　通过融资租赁方式租入固定资产是企业取得固定资产的重要途径。因融资租入固定资产而发生的应付融资租赁费，形成企业的一笔长期负债。对于该项长期负债，企业应设置"长期应付款——融资租入固定资产应付款"账户进行核算，贷方登记融资租入固定资产应支付的融资租赁费，借方登记按租赁合同实际支付的融资租赁费。

　　2. 以分期付款方式购入固定资产等发生的应付账款

　　企业购入有关资产超过正常信用条件延期支付价款、实质上具有融资性质的，应按购买价款的现值借记"固定资产""在建工程"等账户，按应支付的金额贷记"长期应付款"账户，按其差额借记"未确认融资费用"账户。按期支付价款时，借记"长期应付款"账户，贷记"银行存款"账户。

思考练习题

1. 结合相关税收法律制度，说明应交税费的政策变化及会计处理规范。

2．课后查阅《企业会计准则第 9 号——职工薪酬》，说明货币性薪酬与非货币性薪酬、短期薪酬与离职后福利辞退福利在计量上的差异。

3．20×8 年 7 月 1 日，甲公司因急需流动资金，从银行取得 6 个月期限的借款 200 000 元，年利率为 6%，按月计提利息，12 月 31 日到期偿还本息，假定不考虑其他因素。

要求：作出甲公司与短期借款有关的账务处理。

4．乙公司为增值税一般纳税人企业，适用的增值税税率为 16%，消费税税率为 10%，所得税税率为 25%，存货收发采用实际成本法核算。乙公司 20×9 年发生下列经济业务。

（1）从某一般纳税人企业购入一批原材料，增值税专用发票上注明的原材料价款为 1 000 000 元，增值税进项税额为 160 000 元，货款已经支付，另购入材料过程中支付运费 10 000 元（进项税额按 10% 的扣除率计算），材料已经到达并验收入库。

（2）将一批材料用于建造办公楼，材料成本为 10 000 元，该材料购进时确认的进项税额为 1 600 元。

（3）购入工程物资一批，价款为 300 000 元，增值税进项税额为 48 000 元，用银行存款支付（进项税额不能抵扣）。

（4）对外提供运输劳务（非主营业务），开出增值税专用发票列明价款为 200 000 元，增值税销项税额为 20 000 元，款项收存银行。

（5）转让一项专利权的所有权，开出增值税专用发票列明价款为 100 000 元，增值税进项税额为 10 000 元，该专利权原值为 120 000 元，转让时已经累计摊销 60 000 元，没有计提减值准备。

（6）用银行存款支付购买印花税票 1 300 元。

（7）向乙公司销售一批应税消费品 100 000 元（主营业务），增值税进项税额为 16 000 元，收到款项存入银行。该批产品的实际成本为 80 000 元。

要求：根据上述业务编制相关会计分录。

第 11 章 所有者权益

通过本章的学习，学生应掌握实收资本、资本公积、盈余公积、未分配利润的内容及其会计处理；了解所有者权益的范围、其他综合收益的内容及其会计处理；了解其他权益工具的内容及其会计处理。

所有者权益的内容；实收资本与资本公积的形成；其他综合收益的含义和形成；利润分配的程序；盈余公积及未分配利润的内容。

11.1 所有者权益概述

11.1.1 所有者权益的概念

我国企业会计准则规定，所有者权益是指企业资产扣除负债后由所有者享有的剩余权益。所有者权益是所有者对企业资产的剩余索取权，是企业资产中扣除债权人权益后应由所有者享有的部分，既反映了所有者投入资本的保值增值情况，又体现了保护债权人权益的理念。

11.1.2 所有者权益的来源

所有者权益的来源包括所有者投入的资本、直接计入所有者权益的利得和损失（其他综合收益）、留存收益等，通常由实收资本（或股本）、资本公积（含股本溢价或资本溢价、其他资本公积）、盈余公积和未分配利润构成。商业银行等金融企业在税后利润中提取的一般风险准备，也构成所有者权益。

11.2 实收资本

11.2.1 实收资本概述

实收资本是投资者投入资本形成法定资本的价值。实收资本的构成比例，即投资者的出资比例或股东的股份比例，通常是确定所有者在企业所有者权益中所占的份额和参与企业财务经营决策的基础，也是企业进行利润分配或股利分配的依据，还是企业清算时确定所有者对净资产的要求权的依据。

11.2.2 接受投资会计处理

1. 股份有限公司以外的企业接受投资

实收资本确认和计量要求企业应当设置"实收资本"账户，核算企业接受投资者投入的实收资本，股份有限公司应将该账户改为"股本"。投资者既可以用现金投资，也可以用现金以外的其他有形资产投资，符合国家规定比例的，还可以用无形资产投资。

企业接受投资者投入的资产等，应按投资合同或协议约定的价值（不公允的除外）确定资产入账价值，资产入账价值与在注册资本中应享有的份额之间的差额计入资本公积。应在取得相关资产时，借记有关资产账户，按投入资本在注册资本或股本中所占份额贷记"实收资本"账户，按其差额贷记"资本公积——资本溢价"等账户。

例 11-1 甲、乙、丙共同投资设立 A 有限责任公司，注册资本为 2 000 000 元，甲、乙、丙持股比例分别为 60%、25%和 15%。按照公司章程的规定，甲、乙、丙投入资本分别为 1 200 000 元、500 000 元和 300 000 元。A 公司已如期收到各投资者一次缴足的款项。A 公司在进行会计处理时，应编制会计分录如下：

借：银行存款　　　　　　　　　　　　　　　　　　　　　　2 000 000
　　贷：实收资本——甲　　　　　　　　　　　　　　　　　1 200 000
　　　　　　　　——乙　　　　　　　　　　　　　　　　　　500 000
　　　　　　　　——丙　　　　　　　　　　　　　　　　　　300 000

例 11-2 乙有限责任公司于设立时收到 B 公司作为资本投入的原材料一批，该批原材料投资合同或协议约定价值（不含可抵扣的增值税进项税额部分）为 100 000 元，增值税进项税额为 16 000 元。B 公司已开具增值税专用发票。假设合同约定的价值与公允价值相符，该进项税额允许抵扣，不考虑其他因素。乙有限责任公司在进行会计处理时，应编制会计分录如下：

借：原材料　　　　　　　　　　　　　　　　　　　　　　　　100 000
　　应交税费——应交增值税（进项税额）　　　　　　　　　　 16 000
　　贷：实收资本——B 公司　　　　　　　　　　　　　　　　116 000

2. 股份有限公司接受投资

股份有限公司与其他企业相比，最显著的特点就是将企业的全部资本划分为等额股份，并通过发行股票的方式来筹集资本。股东以其认购的股份对公司承担有限责任。在会计处理上，股份有限公司应设置"股本"账户。

"股本"账户核算股东投入股份有限公司的股本，企业应将核定的股本总额、股份总数、每股面值在"股本"账户中做备查记录。在溢价发行股票的情况下，企业应将相当于股票面值的部分记入"股本"账户，其余部分在扣除发行手续费、佣金等发行费用后记入"资本公积——股本溢价"账户。

发起式筹资费用低，一般只发生印刷费等少量费用，发生时可以直接记入"管理费用"账户。募集式筹资费用高，发行股票支付的手续费或佣金等相关费用，属于溢价发行的，记入"资本公积——股本溢价"账户，从溢价收入中抵销；溢价收入不够抵销的，或者属于面值发行无溢价的，应冲减盈余公积和未分配利润。

例 11-3 B 股份有限公司发行普通股 10 000 000 股，每股面值 1 元，每股发行价格 5 元。假定股票发行成功，股款 50 000 000 元已全部收到，不考虑发行过程中的税费等因素。根据上述资料，B 股份有限公司应做以下账务处理。

```
借：银行存款                           50 000 000
    贷：股本                                       10 000 000
        资本公积——股本溢价                        40 000 000
```

11.2.2 实收资本或股本增减变动的会计处理

1. 企业增加资本的一般途径

企业增加资本的途径一般有以下 3 个：一是将资本公积转为实收资本或者股本。会计上应借记"资本公积——资本溢价"或"资本公积——股本溢价"账户，贷记"实收资本"或"股本"账户。二是将盈余公积转为实收资本，会计上应借记"盈余公积"账户，贷记"实收资本"或"股本"账户。三是所有者（包括原企业所有者和新投资者）投入。企业接受投资者投入的资本，借记"银行存款""固定资产""无形资产""长期股权投资"等账户，贷记"实收资本"（或"股本"）、"资本公积——资本溢价"（或"资本公积——股本溢价"）账户。

例 11-4 甲、乙、丙三人共同投资设立 A 有限责任公司，原注册资本为 4 000 000 元，甲、乙、丙分别出资 500 000 元、2 000 000 元和 1 500 000 元。为扩大经营规模，经批准，A 公司注册资本扩大为 5 000 000 元，甲、乙、丙按照原出资比例分别追加投资 125 000 元、500 000 元和 375 000 元。A 有限责任公司如期收到甲、乙、丙追加的现金投资。A 有限责任公司编制会计分录如下。

```
借：银行存款                           1 000 000
    贷：实收资本——甲                              125 000
            ——乙                                500 000
            ——丙                                375 000
```

2. 实收资本或股本减少的会计处理

有限责任公司和一般企业发还投资的会计处理比较简单，按法定程序报经批准减少注册资本的，借记"实收资本"账户，贷记"库存现金""银行存款"等账户。

股份有限公司因减少注册资本而回购本公司股份的，应按实际支付的金额，借记"库存股"账户，贷记"银行存款"等账户。注销库存股时，应按股票面值和注销股数计算的股票面值总额借记"股本"账户，按注销库存股的账面余额贷记"库存股"账户，按其差额冲减股票发行时原计入资本公积的溢价部分，借记"资本公积——股本溢价"账户，回购价格超过上述冲减"股本"及"资本公积——股本溢价"账户的部分，应依次借记"盈余公积""利润分配——未分配利润"等账户；如回购价格低于回购股份所对应的股本，所注销库存股的账面余额与所冲减股本的差额作为增加股本溢价处理，按回购股份所对应的股本面值，借记"股本"账户，按注销库存股的账面余额贷记"库存股"账户，按其差额贷记"资本公积——股本溢价"账户。

例 11-5 G 股份有限公司以 26 000 000 元回购发行在外的 18 000 000 股股票，经公司管理层和相关主管部门批准注销减资。假定 G 股份有限公司已有股本溢价为 10 000 000 元，应进行的账务处理如下。

回购本公司股份时：
借：库存股　　　　　　　　　　　　　　　　　　　　　　　26 000 000
　　贷：银行存款　　　　　　　　　　　　　　　　　　　　26 000 000
注销本公司股份时：
借：股本　　　　　　　　　　　　　　　　　　　　　　　　18 000 000
　　资本公积——股本溢价　　　　　　　　　　　　　　　　 8 000 000
　　贷：库存股　　　　　　　　　　　　　　　　　　　　　26 000 000

11.3 资本公积和其他综合收益

11.3.1 资本公积

资本公积是企业收到投资者的超出其在企业注册资本（或股本）中所占份额的投资，以及其他资本公积。资本公积包括资本溢价（或股本溢价）和其他资本公积。"资本公积"账户一般应当设置"资本（或股本）溢价""其他资本公积"明细账户核算。

1. 资本溢价或股本溢价的会计处理

1）企业设立或增资产生的资本溢价

除股份有限公司以外的其他企业，在企业创立时，出资者认缴的出资额与注册资本一致，一般不会产生资本溢价。但在企业重组并有新的投资者加入时，常常会有资本溢价。因为企业进行正常生产经营后，在正常情况下，资本利润率要高于企业初创阶段。另外，企业经营过程中实现的利润一部分留在企业，形成留存收益，新加入的投资者如与原投资者共享这部分留存收益,也要求其交出大于原有投资者的出资额,才能取得与原有投资者相同的投资比例。投资者多缴的部分形成了资本溢价。

例 11-6 A 有限责任公司由两位投资者投资 200 000 元设立,每人各出资 100 000 元。一年后,为了扩大经营规模,经批准,A 有限责任公司注册资本增加到 300 000 元,并引入第三位投资者加入。按照投资协议,新投资者需缴入现金 110 000 元,同时享有该公司 1/3 的股份。A 有限责任公司已收到该现金投资。假定不考虑其他因素,A 有限责任公司编制会计分录如下。

借:银行存款　　　　　　　　　　　　　　　　　　　　　　　　　110 000
　　贷:实收资本——新股东　　　　　　　　　　　　　　　　　　　100 000
　　　　资本公积——资本溢价　　　　　　　　　　　　　　　　　　 10 000

2)企业发行权益性证券产生的资本溢价

股份有限公司是以发行股票的方式来筹集股本的,在溢价发行股票的情况下,企业发行股票取得的收入,相当于股票面值的部分记入"股本"账户,超出股票面值的溢价收入记入"资本公积——股本溢价"账户。委托证券公司代理发行股票而支付的手续费、佣金等,应从溢价发行收入中扣除,企业应按扣除手续费、佣金后的金额记入"资本公积——股本溢价"账户。

例 11-7 H 公司委托 S 证券公司代理发行普通股 1 000 000 股,每股面值 1 元,按照 1.1 元发行。支付给证券公司的手续费按照发行收入总额的 3%计算,从发行费用中扣除。假设发行收入已经存入银行。

收到的发行款 = 1 000 000×1.1×(1-3%)= 1 067 000(元)
计入资本公积金额 = 1 067 000-1 000 000 = 67 000(元)

借:银行存款　　　　　　　　　　　　　　　　　　　　　　　　1 067 000
　　贷:股本　　　　　　　　　　　　　　　　　　　　　　　　　1 000 000
　　　　资本公积——股本溢价　　　　　　　　　　　　　　　　　　67 000

2. 其他资本公积的会计处理

其他资本公积是指除资本溢价(或股本溢价)项目以外所形成的资本公积。

1)权益结算的股份支付

以权益结算的股份支付换取职工或其他方提供服务的,应按照确定的金额记入"管理费用"等账户,同时增加资本公积(其他资本公积)。在行权日,应按实际行权的权益工具数量计算确定的金额借记"资本公积——其他资本公积"账户,按计入股本的金额贷记"股本"账户,并将其差额记入"资本公积——股本溢价"账户。

2)采用权益法核算的长期股权投资

长期股权投资采用权益法核算的,被投资单位除净损益、其他综合收益和利润分配以外的所有者权益的其他变动,投资企业按持股比例计算应享有的份额,应当增加或减少长期股权投资的账面价值,同时增加或减少资本公积——其他资本公积。当处置采用权益法核算的长期股权投资时,应当将原记入"资本公积——其他资本公积"账户的相关金额转入投资收益(除不能转入损益的项目外)。

3. 资本公积转增资本的会计处理

按照《中华人民共和国公司法》(以下简称《公司法》)的规定,法定公积金(资本公积和盈余公积)转为资本时,所留存的该项公积金不得少于转增前公司注册资本的25%。经股东大会或类似机构决议,用资本公积转增资本时,应冲减资本公积,同时按照转增前的实收资本(或股本)的结构或比例,将转增的金额记入"实收资本"(或"股本")账户下各所有者的明细分类账。

11.3.2 其他综合收益

其他综合收益是指企业根据企业会计准则规定未在当期损益中确认的各项利得和损失,包括以后会计期间不能重分类进损益的其他综合收益和以后会计期间满足规定条件时将重分类进损益的其他综合收益两类。

1. 以后会计期间不能重分类进损益的其他综合收益项目

(1)重新计量设定受益计划净负债或净资产的变动。
(2)按照权益法核算因被投资单位重新计量设定受益计划净负债或净资产变动导致的权益变动,投资企业按持股比例计算确认的该部分其他综合收益项目。

2. 以后会计期间满足规定条件时将重分类进损益的其他综合收益项目

(1)以公允价值计量且其变动计入其他综合收益的金融资产公允价值的变动。
(2)金融资产的重分类损益。
(3)采用权益法核算的长期股权投资被投资单位其他综合收益变动投资方按持股比例计算应享有的份额。
(4)企业将作为存货的房地产或企业将自用房地产转为采用公允价值模式计量的投资性房地产,其公允价值大于账面价值的。
(5)现金流量套期工具产生的利得或损失中属于有效套期的部分。
(6)外币财务报表折算差额。

11.4 留存收益

留存收益是指企业从历年实现的净利润中提取或形成的留存于企业内部的积累。它来源于公司实现的净利润,与投资者投入资本一样属于所有者权益,包括盈余公积和未分配利润。

11.4.1 盈余公积

1. 盈余公积概述

盈余公积是指企业按照规定从净利润中提取的各种积累资金。公司制企业的盈余公积分为法定盈余公积和任意盈余公积。

公司制企业的法定公积金按照税后利润的10%的比例提取（非公司制企业也可按照超过10%的比例提取）。在计算提取法定盈余公积的基数时，不应包括企业年初未分配利润。公司法定公积金累计额为公司注册资本的50%以上时，可以不再提取法定公积金。公司的法定公积金不足以弥补以前年度亏损的，在提取法定公积金之前，应当先用当年利润弥补亏损。

公司从税后利润中提取法定公积金后，经股东会或者股东大会决议，还可以从税后利润中提取任意盈余公积金。非公司制企业经类似权力机构批准，也可提取任意盈余公积。

2. 盈余公积的用途

1）弥补亏损

按照《中华人民共和国企业所得税暂行条例》的规定："纳税人发生年度亏损的，可以用下一纳税年度的所得弥补；下一纳税年度的所得不足弥补的，可以逐年延续弥补，但是延续弥补期最长不得超过五年。"这里的弥补亏损期限，是指纳税人某一纳税年度发生亏损，准予用以后年度的应纳税所得弥补；一年弥补不足的，可以逐年延续弥补；弥补期最长不得超过5年，5年内不论是盈利或亏损，都作为实际弥补年限计算。

在税前利润不足以弥补亏损的情况下，可以用以前年度的盈余公积补亏。

企业按规定从税后利润中提取盈余公积时，借记"利润分配——提取法定盈余公积"或"利润分配——提取任意盈余公积"账户，贷记"盈余公积——法定盈余公积"或"盈余公积——任意盈余公积"账户。弥补亏损时，需要借记"盈余公积——法定盈余公积"或"盈余公积——任意盈余公积"账户，贷记"利润分配——盈余公积补亏"账户。

例11-8 乙公司本年发生经营亏损300 000元，经股东大会表决通过，决定以累积的法定盈余公积200 000元、任意盈余公积100 000元弥补亏损。乙公司应进行的账务处理如下。

借：盈余公积——法定盈余公积　　　　　　　　　　　　200 000
　　　　　　——任意盈余公积　　　　　　　　　　　　100 000
　　贷：利润分配——盈余公积补亏　　　　　　　　　　300 000

年度终了，将"利润分配——盈余公积补亏"账户余额转入"利润分配——未分配利润"账户。

2）转增资本

盈余公积可以用来转增资本，但法定公积金（包括资本公积和盈余公积）转为资本后，所留存的该项公积金不得少于转增前公司注册资本的25%。

11.4.2 未分配利润

1. 未分配利润概述

未分配利润是企业留待以后年度进行分配的结存利润，也是企业所有者权益的组成部分。相对于所有者权益的其他部分，企业对于未分配利润的使用分配有较大的自主权。从数量上来讲，未分配利润是期初未分配利润，加上本期实现的净利润，减去提取的各种盈余公积和分出利润后的余额。

按照我国《公司法》的有关规定，利润分配应按下列顺序进行。

第一步，计算可供分配的利润。

第二步，计提法定盈余公积。

第三步，计提任意盈余公积。

第四步，向股东（投资者）支付股利（分配利润）。

2. 利润分配的会计处理

1）分配股利或利润的会计处理

（1）现金股利。现金股利是企业向股东分配股利的基本形式。经股东大会或类似机构决议，分配给股东或投资者的现金股利或利润，借记"利润分配——应付现金股利或利润"账户，贷记"应付股利"账户。

例 11-9 M公司于20×8年12月20日宣布发放现金股利5 000 000元，且将于20×9年2月1日向股东支付。

20×8年12月20日，股利宣布日的会计分录如下：

借：利润分配——应付现金股利　　　　　　　　　　　　　　　　5 000 000
　　贷：应付股利　　　　　　　　　　　　　　　　　　　　　　　　5 000 000

（2）股票股利。企业分派股票股利不需要发生实际的资产流出，仅需将留存收益（未分配利润）转作实收资本。经股东大会或类似机构决议，分配给股东的股票股利，应在办理增资手续后，借记"利润分配——转作股本的股利"账户，贷记"股本"账户。

2）期末结转的会计处理

年度终了，应将"本年利润"账户余额转入"利润分配——未分配利润"账户。利润分配后，将"利润分配"账户所属其他明细账户的余额转入"利润分配——未分配利润"明细账户。结转后，"利润分配——未分配利润"明细账户的贷方余额，就是未分配利润的金额；如出现借方余额，则表示未弥补亏损的金额。"利润分配"账户所属的其他明细账户应无余额。

例 11-10 D股份有限公司年初未分配利润为0，本年实现净利润2 000 000元，本年提取法定盈余公积200 000元，宣告发放现金股利800 000元。假定不考虑其他因素，D股份有限公司的会计处理如下：

（1）结转本年利润：

借：本年利润　　　　　　　　　　　　　　　　　　　　　　　　2 000 000
　　贷：利润分配——未分配利润　　　　　　　　　　　　　　　　　2 000 000

如企业当年发生亏损，则应借记"利润分配——未分配利润"账户，贷记"本年利润"账户。

（2）提取法定盈余公积、宣告发放现金股利：

借：利润分配——提取法定盈余公积　　　　　　　　　　　　　　　200 000
　　　　　　——应付现金股利　　　　　　　　　　　　　　　　　　800 000
　　贷：盈余公积　　　　　　　　　　　　　　　　　　　　　　　　200 000
　　　　应付股利　　　　　　　　　　　　　　　　　　　　　　　　800 000

同时，

借：利润分配——未分配利润　　　　　　　　　　　　　　　　　1 000 000
　　贷：利润分配——提取法定盈余公积　　　　　　　　　　　　　　200 000
　　　　　　　　——应付现金股利　　　　　　　　　　　　　　　　800 000

思考练习题

1. 说明其他综合收益的构成，以及作为利润表项目列示的意义。
2. 说明利润分配的会计处理程序。
3. 甲公司 20×8 年发生有关经济业务如下。

（1）按照规定办理增资手续后，将资本公积 540 000 元转增注册资本，其中 A、B、C 公司各占 1/3。

（2）用盈余公积 400 000 元弥补以前年度亏损。

（3）从税后利润中提取法定盈余公积 250 000 元。

（4）接受 D 公司加入联营，经投资各方协议，D 公司实际出资额中 4 000 000 元作为新增注册资本，使投资各方在注册资本总额中均占 1/4。D 公司以银行存款 4 200 000 元缴付出资额。

要求：根据上述经济业务编制甲公司的相关会计分录。（不要求编制将利润分配各明细账户余额结转到"利润分配——未分配利润"账户的分录）

4. 乙股份有限公司 20×8—20×9 年发生与其股票有关的业务如下。

（1）20×8 年 1 月 4 日，经股东大会决议，并报有关部门核准，增发普通股 300 000 000 股，每股面值 1 元，每股发行价格 6 元，股款已全部收到并存入银行。假定不考虑相关税费。

（2）20×8 年 6 月 20 日，经股东大会决议，并报有关部门核准，以资本公积 10 000 000 元转增股本。

（3）20×9 年 6 月 20 日，经股东大会决议，并报有关部门核准，以银行存款回购本公司股票 400 000 股，每股回购价格为 4 元。

（4）20×9 年 6 月 26 日，经股东大会决议，并报有关部门核准，将回购的本公司股票 400 000 股注销。

要求：逐笔编制乙股份有限公司上述业务的会计分录。

第 12 章

收入、费用和利润

通过本章的学习,学生应理解收入、费用和利润的概念、内容及分类;理解并掌握收入的确认计量原则、一般交易和特殊交易下收入的账务处理方法;掌握期间费用的账务处理方法;掌握利润及利润分配的账务处理方法。

收入确认计量原则;日常活动收入与非日常活动利得的差异;期间费用的具体内容;利润总额与应纳税所得额的关系;利润形成内容及利润分配的程序。

12.1 收 入

12.1.1 收入概述

1. 收入的概念及特征

《企业会计准则第 14 号——收入》规定,收入是指企业在日常活动中形成的、会导致所有者权益增加的、与所有者投入资本无关的经济利益的总流入。收入具有以下特征。

(1)收入是企业日常活动形成的经济利益流入。日常活动是指企业为完成其经营目标所从事的经营性活动以及与之相关的其他活动,包括销售商品、提供劳务、让渡资产使用权等。工业企业制造并销售商品、商品流通企业销售商品、咨询公司提供咨询服务等,均属于企业的日常活动。

(2)收入既可能表现为资产的增加,也可能表现为负债的减少,最终会导致所有者权益的增加。

(3)收入不包括所有者向企业投入资本导致的经济利益流入,所有者向企业投入的资本直接增加所有者权益。

2. 收入的核算范围

《企业会计准则第 14 号——收入》适用于所有与客户之间的合同（不包括准则中规定的除外项目）。该准则所称客户，是指与企业订立合同已向该企业购买其日常活动产出的商品或服务并支付对价的一方。该准则所称合同，是指双方或多方之间订立的有法律约束力的约定权利和义务的协议。

3. 收入的分类

（1）按交易性质，收入可分为销售商品收入、提供劳务收入、让渡资产使用权收入。不同性质的收入，其交易过程和实现方式各具特点，因此，收入的确认和计量应根据不同性质的收入及各类收入的确认条件和计量要求分别进行。

（2）按在经营业务中所占比重，收入可分为主营业务收入和其他业务收入。主营业务收入经常发生，并在收入中占有较大比重。其他业务收入不经常发生，金额一般较小，在收入中所占比重较低。

12.1.2 收入的确认和计量

企业在确认收入时需要遵循一定的判断依据与流程。合同开始日，企业应当对合同进行评估，识别该合同所包含的各单项履约义务，并确定各单项履约义务是在某一时间段内履行，还是在某一时点履行，然后在履行了各单项履约义务时分别确认收入。收入的确认基本流程如下。

1. 识别与客户订立的合同

1）收入确认的原则

根据《企业会计准则第 14 号——收入》的规定，企业应当在履行了合同中的履约义务，即在客户取得相关商品控制权时确认收入。

取得相关商品控制权是指能够主导该商品的使用并从中获得几乎全部的经济利益，也包括有能力阻止其他方主导该商品的使用并从中获得经济利益。取得商品控制权包括以下 3 个要素。

（1）能力。客户必须拥有现实权利，能够主导该商品的使用并从中获得几乎全部经济利益。如果客户只能在未来的某一期间主导该商品的使用并从中获益，则表明其尚未取得该商品的控制权。

（2）主导该商品使用。客户有能力主导该商品的使用，是指客户有权使用该商品，或者能够允许或阻止其他方使用该商品。

（3）能够获得几乎全部的经济利益。

例 12-1 利达股份有限公司销售一批商品给甲公司，甲公司已根据利达股份有限公司开出的发票账单支付了货款，取得了提货单，但利达股份有限公司尚未将商品移交甲公司。

根据本例资料，利达股份有限公司采用交款提货的销售方式，即购买方已根据销售方开出的发票账单支付货款，并取得卖方开出的提货单。在这种情况下，购买方支付货款并取得提货单，但如果购买方此时应不能主导该商品的使用并从中获得几乎全部的经济利益，利达股份有限公司在该状况下仍不能确认其收入的实现。

例 12-2 乙公司是一家电子商务公司，其商务平台在 6 月 18 日开展大型促销活动，其自营商品在 6 月 18 日当天接受客户大量订单，并且订单已支付，同时由于订单量激增，大量货物延迟到 6 月 25 日发货，部分货物在 6 月 30 日晚 24 时尚在运输途中。判断乙公司能否在签约收款后或者发出商品时确认收入。

根据收入的确认原则，结合本例资料，乙公司对于收入的判断基准应该根据以下几点：①客户能够主导该商品的使用并从中获得几乎全部的经济利益；②企业已将该商品转移给客户，即客户以实际占有该商品；③客户已接收该商品。

显然，在运输途中的货物的销售不符合上述条件，因此乙公司在签约收款后或者发出商品时不应确认收入。

2）收入确认的前提条件

企业与客户之间的合同同时满足下列条件的，企业应当在客户取得相关商品控制权时确认收入。

（1）合同各方已批准该合同并承诺将履行各自义务。

（2）该合同明确了合同各方与所转让商品（或提供劳务）相关的权利和义务。

（3）该合同有明确的与所转让商品相关的支付条款。

（4）该合同具有商业实质，即履行该合同将改变企业未来现金流量的风险、时间分布或金额。

（5）企业因向客户转让商品而有权取得的对价很可能收回。

在进行上述判断时，需要注意以下 3 点。

一是合同约定的责任和义务是否具有法律约束力，需要根据企业所处的法律环境和实务操作进行判断，包括合同订立的方式和流程、具有法律约束力的权利和义务的时间等。对于合同各方均有权单方面终止完全未执行的合同，且无须对合同其他方作出补偿的，企业应当视为该合同不存在。其中，完全未执行的合同是指企业尚未向客户转让任何合同中承诺的商品，也尚未收取且尚未有权收取已承诺商品的任何对价的合同。

二是合同具有商业实质，是指履行该合同将改变企业未来现金流量的风险、时间分布或金额。关于商业实质，应按照非货币性资产交换中有关商业实质说明进行判断。

三是企业在评估其因向客户转让商品而有权取得的对价是否很可能收回时，仅应考虑客户到期时支付对价的能力和意图（即客户的信用风险）。在企业在进行判断时，应当考虑是否存在价格折让。存在价格折让的，应当在估计交易价格时进行考虑。企业预期很可能无法收回全部合同对价时，应当判断其原因是客户的信用风险还是企业向客户提供的价格折让。

对于不能同时满足上述收入确认的 5 个条件的合同，企业只有在不再负有向客户转让商品的剩余义务（如合同已完成或取消），且已向客户收取的对价（包括全部或部分对价）无须退回时，才能将已收取的对价确认为收入；否则，应当将已收取的对价作为负债进行会计处理。其中，企业向客户收取无须退回的对价的，应当在已经将该部分对价所对应的商品的控制权转移给客户，并且已不再向客户转让额外的商品且不再负有此类义务时，将该部分对价确认为收入；或者在相关合同已经终止时，将该部分对价确认为收入。

对于在合同开始日即满足上述收入确认条件的合同，企业在后续期间无须对其进行重新评估，除非有迹象表明相关事实和情况发生重大变化。对于不满足上述收入确认条件的合同，企业应当在后续期间对其进行持续评估，以判断其能否满足这些条件。企业如果在合同满足相关条件之前，已经向客户转移了部分商品，当该合同在后续期间满足相关条件时，企业应当将在此之前已经转移的商品所分摊的交易价格确认为收入。通常情况下，合同开始日是指合同开始赋予合同各方具有法律约束力的权利和义务的日期，即合同生效日。

例 12-3 甲公司与乙公司签订合同，将一项专利技术授权给乙公司使用，并按其使用情况收取特许权使用费。甲公司评估后认为，该合同在合同开始日满足确认收入的 5 个条件。该专利技术在合同开始日即授权给乙公司使用。在合同开始日后的第一年内，乙公司每季度向甲公司提供该专利技术的使用情况报告，并在约定的期间内支付特许权使用费。在合同开始日后的第二年内，乙公司继续使用该专利技术，但是乙公司的财务状况恶化，融资能力下降，可用现金不足，因此，乙公司仅按合同支付了当年第一季度的特许权使用费，而后 3 个季度仅按名义金额付款。在合同开始日后的第三年内，乙公司继续使用甲公司的专利技术，但是甲公司得知，乙公司已经完全丧失了融资能力，且流失了大部分客户，因此，乙公司的付款能力进一步恶化，信用风险显著升高。

本例中，该合同在合同开始日满足收入确认的前提条件，因此，甲公司在乙公司使用该专利技术的行为发生时，按照约定的特许权使用费确认收入。合同开始日后的第二年，由于乙公司的信用风险升高，甲公司在确认收入的同时，按照金融资产减值的要求对乙公司的应收款项进行减值测试。合同开始日后的第三年，由于乙公司的财务状况进一步恶化，信用风险显著升高，甲公司对该合同进行了重新评估，认为"企业因向客户转让商品而有权取得的对价很可能收回"这一条件不再满足，因此，甲公司不再确认特许权使用费收入，同时对现有应收款项是否发生减值继续进行评估。

2. 合同变更

合同变更是指经合同各方同意对原合同范围和价格作出的变更。企业应当区分下列 3 种情形对合同变更分别进行会计处理。

（1）合同变更部分作为单独合同进行会计处理的情形。合同变更增加了可明确区分的商品及合同条款，且新增合同条款反映了新增商品单独售价的，应当将该合同变更作为一份单独的合同进行会计处理。判断新增合同价款是否反映了新增商品的单独售价时，应当考虑为反映该特定合同的具体情况而对新增商品价格所做的适当调整。例如，在合同变更时，企业由于无须发生为发展新客户等所需的相关销售费用，可能会向客户提供一定的折扣，从而在新增商品单独售价的基础上予以适当调整。

（2）合同变更作为原合同终止及新合同订立进行会计处理的情形。合同变更不属于上述第一种情形，且在合同变更日已转让商品与未转让商品之间可明确区分的，应当视为原合同终止，同时，将原合同未履约部分与合同变更部分合并为新合同进行会计处理。新合同的交易价格应当为下列两项金额之和：一是原合同交易价格中尚未确认为收入的部分（包括已从客户收取的金额）；二是合同变更中客户已承诺的对价金额。

例 12-4 A 公司与客户签订合同，每周为客户的办公楼提供保洁服务，合同期限为 3 年，客户每年向 A 公司支付服务费 100 000 元（假定该价格反映了合同开始日该项服务的单独售价）。在第二年年末，合同双方对合同进行了变更，将第三年的服务费调整为 80 000 元（假定该价格反映了合同变更日该项服务的单独售价），同时以 200 000 元的价格将合同期限延长

3年（假定该价格不反映合同变更日该3年服务的单独售价），即每年的服务费为66 700元，于每年年初支付。上述价格均不包含增值税。

本例中，在合同开始日，A公司认为其每周为客户提供的保洁服务是可明确区分的，但由于A公司向客户转让的是一系列实质相同且转让模式相同的、可明确区分的服务，因此将其作为单项履约义务。在合同开始的前两年，即合同变更之前，A公司每年确认收入100 000元。在合同变更日，因为新增的3年保洁服务的价格不能反映该项服务在合同变更时的单独售价，所以该合同变更不能作为单独的合同进行会计处理。由于在剩余合同期间需提供的服务与已提供的服务是可明确区分的，A公司应将该合同变更为原合同终止，同时，将原合同中未履约的部分与合同变更合并为一份新合同进行会计处理。该新合同的合同期限为4年，对价为280 000元，即原合同下尚未确认收入的对价80 000元与新增的3年服务相应的对价200 000元之和，新合同中A公司每年确认的收入为70 000元（280 000/4）。

（3）合同变更部分作为原合同的组成部分进行会计处理的情形。合同变更不属于上述第一种情形，且在合同变更日已转让商品与未转让商品之间不可能明确区分的，应当将该合同变更部分作为原合同的组成部分，在合同变更日重新计算履约进度，并调整当期收入和相应成本等。

例12-5 20×8年1月15日，丙建筑公司与客户签订了一项总金额为10 000 000元的固定造价合同，在客户自有土地上建造一幢办公楼，预计合同总成本为7 000 000元。假定该建造服务属于在某一时段内履行的履约义务，并根据累计发生的合同成本占合同预计总成本的比例确定履约进度。

截至20×8年年末，丙公司累计已发生成本4 200 000元，履约进度为60%（4 200 000/7 000 000）。因此，丙公司在20×8年确认收入6 000 000元（10 000 000×60%）。

20×9年年初，合同双方同意更改该办公楼屋顶的设计，合同价格和预计总成本因此分别增加2 000 000元和1 200 000元。

在本例中，由于合同变更后拟提供的剩余服务与在合同变更日或之前已提供的服务不可明确区分（即该合同仍为单项履约义务），因此，丙公司应当将合同变更作为原合同的组成部分进行会计处理。合同变更后的交易价格为12 000 000元（10 000 000+2 000 000）。丙公司重新估计的履约进度为51.2%［4 200 000/（7 000 000+1 200 000）］，丙公司在合同变更日应额外确认收入144 000元（12 000 000×51.2%-6 000 000）。

3. 识别合同中的单项履约义务

合同开始生效，企业应当对合同进行评估，识别该合同所包含的各单项履约义务，并确定各单项履约义务是在某一时段内履行，还是在某一时点履行，然后在履行了各单项履约义务时分别确认收入。履约义务是指合同中企业向客户转让可明确区分商品的承诺。企业应当将下列向客户转让商品的承诺作为单项履约义务。

1）企业向客户转让可明确区分商品的承诺

企业向客户承诺的商品，同时满足下列条件的，应当作为可明确区分商品：一是客户能够从该商品本身或者从该商品与其他易于获得的资源一起使用中受益，即该商品能够明确区分；二是企业向客户转让该商品的承诺与合同中其他承诺可单独区分，即转让该商品的承诺在合同中是可明确区分的。企业确定商品本身能够明确区分后，还应当在合同层面继续评估转让该商品的承诺是否与合同中其他承诺彼此之间可明确区分。

下列情形通常表明企业向客户转让该商品的承诺与合同中的其他承诺不可明确区分。

（1）企业需要提供重大的服务以将该商品与合同中承诺的其他商品进行整合，形成合同约定的某个或某些组合产出转让给客户。

（2）该商品将对合同中承诺的其他商品予以重大修改或定制。

（3）该商品合同中承诺的其他商品具有高度关联性。

需要说明的是，企业向客户销售商品时，往往约定企业需要将商品运送至客户指定的地点。通常情况下，商品控制权转移给客户之前发生的运输活动不构成单向履约义务；相反，商品控制权转移给客户之后发生的运输活动可能表明企业向客户提供了一项运输服务，企业应当考虑该项服务是否构成单向履约义务。

2）企业向客户转让一系列实质相同且转让模式相同的、可明确区分商品的承诺

企业应当将实质相同且转让模式相同的一系列商品作为单项履约义务，即使这些商品可明确区分。

4. 确定交易价格

交易价格是指企业因向客户转让商品而预期有权收取的对价金额。企业代第三方收取的款项以及企业预期将退还给客户的款项，应当作为负债进行会计处理，不计入交易价格。企业在确定交易价格时，应当假定将按照现有合同的约定向客户转让商品，且该合同不会被取消、续约或变更。

1）可变对价

企业与客户的合同中约定的对价金额可能会因折扣、价格折让、返利退款、奖励积分、激励措施、业绩奖金、索赔等因素而变化。此外，根据一项或多项或有事项的发生而收取不同对价金额的合同，也属于可变对价的情形。企业在判断合同中是否存在可变对价时，不仅应当考虑合同条款的约定，还应当考虑下列情况：一是根据企业已公开宣布的政策、特定声明或者以往的习惯做法等，客户能够合理预期企业将会接受低于合同约定的对价金额，即企业会以折扣、返利等形式提供价格折让；二是其他相关事实和情况表明企业在与客户签订合同时即意图向客户提供价格折让。合同中存在可变对价的，企业应当对计入交易价格的可变对价进行估计。

2）合同中存在的重大融资成分

当合同各方已在合同中约定的付款时间为客户或企业就该交易提供了重大融资利益时，合同中即包含了重大融资成分。合同中存在重大融资成分的，企业应当按照假定客户在取得商品控制权时即以现金支付的应付金额确定交易价格。在评估合同中是否存在融资成分以及该融资成分对于该合同而言是否重大时，企业应当考虑所有相关的事实和情况，包括：①已承诺的对价金额与已承诺商品的现销价格之间的差额；②下列两项的共同影响：一是企业将承诺的商品转让给客户与客户支付相关款项之间的预计时间间隔，二是相关市场的现行利率。

3）非现金对价

非现金对价包括实物资产、无形资产、股权、客户提供的广告服务等。客户支付非现金对价的，通常情况下，企业应当按照非现金对价在合同开始日的公允价值确定交易价格。非现金对价公允价值不能合理估计的，企业应当参照其承诺向客户转让商品的单独售价间接确

定交易价格。

4）应付客户对价

企业存在应付客户对价的，应当将应付对价冲减交易价格，但应付客户对价是为了向客户取得其他可明确区分商品的除外。企业应付客户对价是为了向客户取得其他明确区分商品的，应当采用与企业其他采购相一致的方式确认所购买的商品。

5．将交易价格分摊至各单项履约义务

当合同中包含两项或多项履约义务时，为了使企业分摊至每一单项履约义务的交易价格能够反映其因向客户转让已承诺的相关商品而预期有权收取的对价金额，企业应当在合同开始日，按照各单项履约义务所承诺商品的单独售价的相对比例，将交易价格分摊至各单项履约义务。

单独售价，是指企业向客户单独销售商品的价格。单独售价无法直接观察的，企业应当综合考虑其能够合理取得的全部相关信息，采用市场调整法、成本加成法、余值法等方法合理估计单独售价。

1）分摊合同折扣

合同折扣是指合同中各单项履约义务所承诺商品的单独售价之和高于合同交易价格的金额。对于合同折扣，企业应当在各单项履约义务之间按比例分摊。有确凿证据表明合同折扣仅与合同中一项或多项履约义务相关的，企业应当将该合同折扣分摊至相关一项或多项履约义务。

例 12-6 甲公司与客户签订合同，向其销售 A、B、C 三种产品，合同总价款为 1 200 000 元，这三种产品构成三个单项履约义务。企业经常单独出售 A 产品，其可直接观察的单独售价为 500 000 元；B 产品和 C 产品的单独售价不可直接观察，企业采用市场调查调整法估计 B 产品的单独售价为 250 000 元，采用成本加成法估计 C 产品的单独售价为 750 000 元。甲公司经常以 500 000 元的价格单独销售 A 产品，并且经常将 B 产品和 C 产品组合在一起以 700 000 元的价格销售。假定上述价格均不包含增值税。

本例中，这三种产品的单独售价合计为 1 500 000 元，而该合同的价格为 1 200 000 元，因此该合同的折扣为 300 000 元。甲公司经常将 B 产品和 C 产品组合在一起以 700 000 元的价格销售，该价格与其单独售价的差额为 300 000 元，与该合同的折扣一致，而 A 产品单独销售的价格与其单独售价一致，证明该合同的折扣仅归属于 B 产品和 C 产品。因此，在该合同下，分摊至 A 产品的交易价格为 500 000 元，分摊至 B 产品和 C 产品的交易价格合计为 700 000 元，甲公司应当进一步按照 B 产品和 C 产品的单独售价的相对比例将该价格在二者之间进行分摊。因此，各产品分摊的交易价格分别为：A 产品为 500 000 元，B 产品为 175 000 元（700 000×25/100），C 产品为 525 000 万元（700 000×75/100）。

2）分摊可变对价

合同中包含可变对价的，该可变对价可能与整个合同相关，也可能仅与合同中的某一特定组成部分有关。同时满足下列条件的，企业应当将可变对价及可变对价的后续变动额全部分摊至与之相关的某项履约义务，或者构成单向履约义务的一系列可明确区分商品中的某项商品：一是可变对价的条款专门针对企业为履行该项履约义务，或转让该项可明确区分商品所做的努力；二是企业在考虑了合同中的全部履约义务及支付条款后，将合同对价中的可变金额全部分摊至该履约义务或该项可明确区分商品符合分摊交易价格的目标。

例 12-7 甲公司与乙公司签订合同,将其拥有的两项专利技术 X 和 Y 授权给乙公司使用。假定两项授权均构成单向履约义务,且都属于在某一时点履行的履约义务。合同约定,授权使用 X 的价格为 800 000 元,授权使用 Y 的价格为乙公司使用该专利技术所生产的产品销售额的 3%。X 和 Y 的单独售价分别为 800 000 元和 1 000 000 元。甲公司估计其就授权使用 Y 有权收取的特许权使用费为 1 000 000 元,假定上述价格均不包含增值税。

本例中,该合同中包含固定对价和可变对价,其中授权使用 X 的价格为固定对价,且与其单独售价一致;授权使用 Y 的价格为乙公司使用该专利技术所生产的产品销售额的 3%,属于可变对价。该可变对价全部与授权使用 Y 能够收取的对价有关,且甲公司估计基于实际销售情况收取的特许权使用费的金额接近 Y 的单独售价,因此甲公司将可变对价部分的特许权使用费金额全部由 Y 承担,符合交易价格的分摊目标。

3)交易价格的后续变动

交易价格发生后续变动的,企业应当按照在合同开始日所采用的基础,将后续变动金额分摊至合同中的履约义务。

6. 履行每一单项履约义务时确认收入

企业应当在履行了合同中的履约义务,即客户取得相关商品控制权时确认收入。企业应当根据实际情况,首先判断履约义务是否满足在某一时段内履行的条件,如不满足,则该履约义务属于在某一时点履行的履约义务。对于在某一时段内履行的履约义务,企业应当选择恰当的方法来确定履约进度;对于在某一时点履行的履约义务,企业应当综合分析控制权转移的迹象,判断其转移时点。

1)在某一时段内履行的履约义务的收入确认条件

满足下列条件之一的,属于在某一时段内履行的履约义务,相关收入应当在履约义务履行的期间内确认。

(1)客户在企业履约的同时即取得并消耗企业履约所带来的经济利益。企业在履约过程中是持续地向客户转移该服务的控制权的,该履约义务属于在某一时段内履行的履约义务,企业应当在提供该服务的期间内确认收入。

(2)客户能够控制企业履约过程中在建的商品。企业在履约过程中创建的商品包括在产品、在建工程、尚未完成的研发项目、正在进行的服务等,如果客户在企业创建该商品的过程中就能够控制这些商品,应当认为企业提供该商品的履约义务属于在某一时段内履行的履约义务。

(3)企业履约过程中所产生的商品具有不可替代用途,且该企业在整个合同期间内有权就累计至今已完成的履约部分收取款项。

2)在某一时段内履行的履约义务的收入确认方法

对于在某一时段内履行的履约义务,企业应当在该段时间内按照履约进度确认收入,履约进度不能合理确定的除外。企业应当采用恰当的方法确定履约进度,以使其如实反映企业向客户转让商品的履约情况。企业应当考虑商品的性质,采用产出法或投入法确定恰当的履约进度,并且在确定履约进度时,应当扣除那些控制权尚未转移给客户的商品或服务。

(1)产出法。产出法主要是根据已转移给客户的商品对于客户的价值确定履约进度的方法，主要根据实际测量的完工进度、评估已实现的结果、已达到的里程碑、时间进度、已完工或交付的产品等确定履约进度。企业在评估是否采用产出法确定履约进度时，应当考虑所选择的产出指标是否能够如实反映向客户转移商品的进度。

例 12-8 甲公司与客户签订合同，为该客户拥有的一条铁路更换 100 根铁轨，合同价格为 100 000 元（不含税价）。截至 20×8 年 12 月 31 日，甲公司共更换铁轨 60 根，剩余部分预计在 20×9 年 3 月 31 日之前完成。该合同仅包含一项履约义务，且该履约义务满足在某一时段内履行的条件。假定不考虑其他情况。

本例中甲公司提供的更换铁轨服务属于在某一时段内履行的履约义务，甲公司按照已完成的工作量确定履约进度。因此，截至 20×8 年 12 月 31 日，该合同的履约进度为 60%，甲公司应确认的收入为 60 000 元（100 000×60%）。

（2）投入法。投入法主要是根据企业履行履约义务的投入确定履约进度的方法，主要根据已投入的材料数量、花费的人工工时或机器工时、发生的成本和时间进度等投入指标确定履约进度。实务中，企业通常按照累计实际发生的成本占预计总成本的比例（即成本法）确定履约进度，累计实际发生的成本包括企业向客户转移商品过程中所发生的直接成本和间接成本。

例 12-9 20×8 年 10 月，甲公司与客户签订合同，为客户装修一栋办公楼并安装一部电梯，合同总金额为 1 000 000 元。甲公司预计的合同总成本为 800 000 元，其中包括电梯采购成本 300 000 元。20×8 年 12 月，甲公司将电梯运达施工现场并经过客户验收，客户已取得对电梯的控制权，但是根据装修进度，预计到 20×9 年 2 月才会安装该电梯。截至 20×8 年 12 月，甲公司累计发生成本 400 000 元，其中包括支付给电梯供应商的采购成本 300 000 元以及因采购电梯发生的运输和人工等相关成本 50 000 元。假定该装修服务（包括安装电梯）构成单向履约义务，并属于在某一时段内履行的履约义务，甲公司是主要责任人，但不参与电梯的设计和制造。甲公司采用成本法确定履约进度，上述金额均不含增值税。

本例中，截至 20×8 年 12 月，甲公司发生成本 400 000 元（包括电梯采购成本 300 000 元以及因采购电梯发生的运输和人工等相关成本 50 000 元），甲公司认为其已发生的成本和履约进度不成比例，因此需要对履约进度的计算作出调整，将电梯的采购成本排除在已发生成本和预计总成本之外。在该合同中，该电梯不构成单向履约义务，其成本相对于预计总成本而言是重大的，甲公司是主要责任人，但是未参与该电梯的设计和制造，客户先取得了电梯的控制权，随后才接受与之相关的安装服务，所以，甲公司在客户取得该电梯控制权时，按照该电梯采购成本的金额确认转让电梯产生的收入。

因此，20×8 年 12 月，该合同的履约进度为 20%［(400 000-300 000)/(800 000-300 000)］，应确定的收入和成本金额分别为 440 000 元［(1 000 000-300 000)×20%+300 000］和 400 000 元［(800 000-300 000)×20%+300 000］。

3）在某一时点履行的履约义务

当一项履约义务不属于在某一时段内履行的履约义务时，应当属于在某一时点履行的履约义务。对于在某一时点履行的履约义务，企业应当在客户取得相关商品控制权时点确认收入。在判断客户是否已取得商品控制权时，企业应当考虑下列迹象：

（1）企业就该商品享有现时收款权利，即客户就该商品负有现时付款义务。

（2）企业已将该商品的法定所有权转移给客户，即客户已拥有该商品的法定所有权。

（3）企业已将该商品实物转移给客户，即客户已实物上占有该商品。

（4）企业已将该商品所有权上的主要风险和报酬转移给客户，即客户已取得该商品所有权上的主要风险和报酬。

（5）客户已接收该商品。

（6）其他表明客户已取得商品控制权的迹象。

例 12-10 20×7 年 1 月 1 日，甲公司与乙公司签订合同，向其销售一台设备和专用零部件。该设备和零部件的制造期为两年。甲公司在完成设备和零部件的生产之后，能够证明其符合合同约定的规格。假定企业向客户转让设备和零部件为两个单项履约义务，且都属于在某一时点履行的履约义务。

20×8 年 12 月 31 日，乙公司支付了该设备和零部件的合同价款，并对其进行了验收。乙公司运走了设备，但是考虑到其自身的仓储能力有限，且其工厂紧邻甲公司的仓库，因此要求将零部件存放于甲公司的仓库中，并且要求甲公司按照其指令随时安排发货。乙公司已拥有零部件的法定所有权，且这些零部件可明确识别为属于乙公司的物品。甲公司在其仓库内的单独区域内存放着这些零部件，并且应乙公司的要求可随时发货，甲公司不能使用这些零部件，也不能将其提供给其他客户使用。

本例中，20×8 年 12 月 31 日，该设备的控制权移给乙公司，对于零部件而言，甲公司已经收取合同价款，但是应乙公司的要求尚未发货，乙公司已拥有零部件的法定所有权，并对其进行了验收，虽然这些零部件实物上由甲公司持有，但是其满足在"售后代管商品"的安排下客户取得商品控制权的条件，这些零部件的控制权也已经转移给了乙公司。因此，甲公司应当确认销售设备和零部件的相关收入。除销售设备和零部件之外，甲公司还为乙公司提供了仓储保管服务，该服务与设备和零部件可明确区分，构成单向履约义务，甲公司需要将该部分交易价格分摊至该项服务，并在提供该项服务的期间确认收入。

12.1.3 关于合同成本

1. 合同履约成本

企业为履行合同可能会发生各种成本，企业在确认收入的同时应当对这些成本进行分析，属于存货、固定资产、无形资产等规范范围的，应当按照相关章节进行会计处理；不属于其他章节规范范围且同时满足下列条件的，应当作为合同履约成本确认为一项资产。

（1）该成本与一份当前或预期取得的合同直接相关。

（2）该成本增加了企业未来用于履行履约义务的资源。

（3）该成本预期能够收回。

企业应当在下列支出发生时，将其计入当期损益：一是管理费用；二是非正常消耗的直接材料、直接人工和制造费用；三是与履约义务中已履行部分相关的支出。

例 12-11 甲公司与乙公司签订合同，为其信息中心提供管理服务，合同期限为 5 年。在向乙公司提供服务之前，甲公司设计并搭建了一个信息技术平台，供其内部使用，该信息技术平台由相关的硬件和软件组成。甲公司需要提供设计方案，将该信息技术平台与乙公司现有的信息系统对接，并进行了测试。该平台并不会转让给乙公司，但是将用于向乙公司提供服务。甲公司为该平台的设计、购买硬件和软件以及信息中心的测试发生了成本。除此之外，甲公司专门指派两名员工负责向乙公司提供服务。

本例中，在甲公司为履行合同发生的上述成本中，购买硬件和软件的成本应当分别按照固定资产和无形资产进行会计处理；设计服务成本和信息中心的测试成本，不属于其他章节的规范范围，但是这些成本与履行该合同直接相关，并且增加了甲公司未来用于履行履约义务（即提供管理服务）的资源，如果甲公司预期该成本可通过未来提供服务收取的对价收回，则应当将这些成本确认为一项资产。甲公司向两名负责该项目的员工支付的工资费用，虽然与向乙公司提供服务有关，但是由于其并未增加企业未来用于履行履约义务的资源，因此应当于发生时计入当期损益。

2. 合同取得成本

企业为取得合同发生的增量成本预期能够收回的，应当作为合同取得成本确认为一项资产。增量成本是指企业不取得合同就不会发生的成本，如销售佣金等。为简化实务操作，该资产摊销期限不超过一年的，可以在发生时计入当期损益。企业为取得合同发生的除预期能够收回的增量成本之外的其他支出，如无论是否取得合同均会发生的差旅费、投标费等相关费用，应当在发生时计入当期损益，除非这些支出明确由客户承担。

3. 与合同履约成本和合同取得成本有关的资产的摊销和减值

1）摊销

对于确认为资产的合同履约成本和合同取得成本，企业应当采用与该资产相关的商品收入确认相同的基础进行摊销，计入当期损益。

2）减值

合同履约成本和合同取得成本的账面价值高于下列两项的差额的，超出部分应当计提减值准备，并确认为资产减值损失：一是企业因转让与该资产相关的商品预期能够取得的剩余对价，二是为转让该商品估计将要发生的成本。

12.1.4 一般交易的会计处理

1. 销售商品收入的计量

通常情况下，企业应当在履行了合同中的履约义务，即在客户取得相关商品控制权时确认收入。

确认收入时：

借：银行存款、应收账款等

　　贷：主营业务收入（或其他业务收入）

　　　　应交税费——应交增值税（销项税额）（或应交税费——简易计税）

结转成本时：

借：主营业务成本（或其他业务成本）

　　贷：库存商品

计算应交相关税费时：

借：税金及附加

　　贷：应交税费——应交消费税等

企业代第三方收取的款项应当作为负债进行会计处理，不计入交易价格，如增值税。按照国家统一的会计准则确认收入和利得时，应按扣除增值税销项税额后的金额确认收入。企业按照国家统一的会计准则确认收入和利得的时点早于按照增值税制度确认增值税纳税义务发生时点的，应将相关增值税销项税额记入"应交税费——待转销项税额"账户，在实际发生纳税义务时再转入"应交税费——应交增值税（销项税额）"账户；企业按照增值税制度确认增值税纳税义务发生时点早于按照国家统一的会计准则确认收入或利得的时点的，应将应纳增值税额借记"应收账款"账户，贷记"应交税费——应交增值税（销项税额）"或"应交税费——简易计税"账户。

1）托收承付方式销售商品的处理

托收承付是指企业根据合同发货后，委托银行向异地付款单位收取款项，由购货方向银行承诺付款的销售方式。在这种销售方式下，商品发出且办妥托收手续，通常表明企业履行了合同中的履约义务，商品所有权上的主要风险和报酬已经转移给客户，企业通常应在此时确认收入。如果商品已经发出且办妥托收手续，但由于各种原因合同不具有商业实质，与发出商品所有权有关的风险和报酬没有转移的，企业不应确认收入，将发出的商品从"库存商品"账户转入"发出商品"账户。

例 12-12 利达股份有限公司在 20×8 年 3 月 12 日向乙公司销售一批商品，开出的增值税专用发票上注明的销售价格为 500 000 元，增值税销项税额为 80 000 元，款项尚未收到；该批商品成本为 450 000 元。利达股份有限公司在销售时已知乙公司资金周转发生困难，但为了减少库存积压，同时也为了维持与乙公司长期建立的商业合作关系，该公司仍将商品发往乙公司且办妥托收手续。假定利达股份有限公司发出该批商品时其增值税纳税义务已经发生。

本例中，因为乙公司资金周转存在困难，所以利达股份有限公司在货款回收方面存在较大的不确定性，不满足企业因向客户转让商品而有权取得的对价很可能收回的确认条件，该合同不具有商业实质，与该批商品所有权有关的风险和报酬没有转移给乙公司。根据收入确认条件，利达股份有限公司在发出商品且办妥托收手续时不能确认收入，已经发出的商品成本应通过"发出商品"账户反映。利达股份有限公司的账务处理如下：

20×8 年 3 月 12 日，利达股份有限公司发出商品：

借：发出商品　　　　　　　　　　　　　　　　　　　　　450 000
　　贷：库存商品　　　　　　　　　　　　　　　　　　　　　　450 000

同时，将增值税专用发票上注明的增值税销项税额转入"应收账款"账户：

借：应收账款　　　　　　　　　　　　　　　　　　　　　80 000
　　贷：应交税费——应交增值税（销项税额）　　　　　　　　80 000

注意：如果销售商品的增值税纳税义务尚未发生，则不做这笔分录，待纳税义务发生时再做应交增值税的分录。

20×8 年 6 月 8 日，利达股份有限公司得知乙公司经营情况逐渐好转，乙公司承诺近期付款：

借：应收账款　　　　　　　　　　　　　　　　　　　　　500 000
　　贷：主营业务收入　　　　　　　　　　　　　　　　　　　500 000
借：主营业务成本　　　　　　　　　　　　　　　　　　　450 000
　　贷：发出商品　　　　　　　　　　　　　　　　　　　　　450 000

20×8年6月25日，利达股份有限公司收到款项：
借：银行存款　　　　　　　　　　　　　　　　　　　　　　　　　580 000
　　贷：应收账款　　　　　　　　　　　　　　　　　　　　　　　　　580 000

2）预收款销售商品的处理

预收款销售商品是指客户在商品尚未收到前按合同或协议约定分期付款，销售方在收到最后一笔款项时才交货的销售方式。在这种方式下，销售方直到收到最后一笔款项才将商品交付客户，表明与商品所有权有关的主要风险和报酬只有在收到最后一笔款项时才转移给客户。企业履行了合同中的履约义务，通常应在发出商品时确认收入，在此之前预收的货款应确认为负债。

例12-13 利达股份有限公司与乙公司签订协议，采用分期预收款方式向乙公司销售一批商品。该批商品的实际成本为1 500 000元。协议约定，该批商品销售价格为2 000 000元，乙公司应在协议签订时预付70%的货款（按不含增值税销售价格计算），剩余货款于三个月后支付。假定利达股份有限公司在收到剩余货款时，销售该商品的增值税纳税义务发生，增值税销项税额为320 000元。不考虑其他因素，利达股份有限公司的账务处理如下。

收到70%的货款时：
借：银行存款　　　　　　　　　　　　　　　　　　　　　　　　　1 400 000
　　贷：预收账款　　　　　　　　　　　　　　　　　　　　　　　　　1 400 000

收到剩余货款，发生增值税纳税义务时：
借：预收账款　　　　　　　　　　　　　　　　　　　　　　　　　1 400 000
　　银行存款　　　　　　　　　　　　　　　　　　　　　　　　　　920 000
　　贷：主营业务收入　　　　　　　　　　　　　　　　　　　　　　　2 000 000
　　　　应交税费——应交增值税（销项税额）　　　　　　　　　　　　　320 000
借：主营业务成本　　　　　　　　　　　　　　　　　　　　　　　1 500 000
　　贷：库存商品　　　　　　　　　　　　　　　　　　　　　　　　　1 500 000

3）委托代销商品的处理

委托代销商品分为视同买断方式委托代销商品和支付手续费方式委托代销商品。

(1) 视同买断方式委托代销商品。视同买断方式委托代销商品是指委托方和受托方签订合同或协议，委托方按合同或协议收取代销的货款，实际售价由受托方自定，实际售价与合同协议价之间的差额归受托方所有的销售方式。如果委托方和受托方之间的协议明确表明，受托方在取得代销商品后，无论是否能够卖出、是否获利，均与委托方无关，那么委托方与受托方之间的代销商品交易，和委托方直接销售商品给受托方没有实质区别，在符合收入确认条件时，委托方应确认相关商品的销售收入。如果委托方和受托方之间的协议明确表明，将来受托方未售出的商品可以退回给委托方，或受托方因代销商品出现亏损时可以要求委托方补偿，那么委托方在交付商品时通常不应确认收入，受托方也不应做购进商品处理。受托方将商品销售后，按实际售价确认销售收入，并向委托方开具代销清单，委托方收到代销清单时，再确认本企业的销售收入。

例12-14 利达股份有限公司委托乙公司销售某批商品300件，协议价为200元/件，该商品成本为150元/件，适用增值税税率为16%。假定商品已经发出，根据代销协议，乙公司不能将没有代销出去的商品退回利达股份有限公司，利达股份有限公司将该批商品交付乙公司时发生增值税纳税义务,金额为 9 600 元;乙公司对外销售该批商品的售价为 220 元/件,并收到款项存入银行。

① 利达股份有限公司的账务处理如下。

利达股份有限公司将该批商品交付乙公司时:

借:应收账款　　　　　　　　　　　　　　　　　　　　　　69 600
　　贷:主营业务收入　　　　　　　　　　　　　　　　　　　　60 000
　　　　应交税费——应交增值税(销项税额)　　　　　　　　　9 600
借:主营业务成本　　　　　　　　　　　　　　　　　　　　　45 000
　　贷:库存商品　　　　　　　　　　　　　　　　　　　　　　45 000

收到乙公司汇来货款 69 600 元时:

借:银行存款　　　　　　　　　　　　　　　　　　　　　　69 600
　　贷:应收账款　　　　　　　　　　　　　　　　　　　　　　69 600

② 乙公司的账务处理如下。

收到该批商品时:

借:库存商品　　　　　　　　　　　　　　　　　　　　　　60 000
　　应交税费——应交增值税(进项税额)　　　　　　　　　　9 600
　　贷:应付账款　　　　　　　　　　　　　　　　　　　　　　69 600

对外销售该批商品时:

借:银行存款　　　　　　　　　　　　　　　　　　　　　　76 560
　　贷:主营业务收入　　　　　　　　　　　　　　　　　　　　66 000
　　　　应交税费——应交增值税(销项税额)　　　　　　　　　10 560
借:主营业务成本　　　　　　　　　　　　　　　　　　　　　60 000
　　贷:库存商品　　　　　　　　　　　　　　　　　　　　　　60 000

按合同协议价将款项付给利达股份有限公司时:

借:应付账款　　　　　　　　　　　　　　　　　　　　　　69 600
　　贷:银行存款　　　　　　　　　　　　　　　　　　　　　　69 600

(2)支付手续费方式委托代销商品。支付手续费方式委托代销商品是指委托方和受托方签订合同或协议,委托方根据代销商品金额或数量向受托方支付手续费的销售方式。在这种方式下,委托方发出商品时,与商品所有权有关的主要风险和报酬并未转移,通常不应确认销售商品收入,可在收到受托方开出的代销清单时确认销售商品收入;受托方应在商品销售后,按合同或协议约定的方法计算手续费确认收入。

例 12-15 利达股份有限公司委托丙公司销售商品 300 件,商品已经发出,每件成本为 150 元,合同约定丙公司应按 200 元/件对外销售,利达股份有限公司按不含增值税的销售价格的 10%向丙公司支付手续费。丙公司对外实际销售 200 件,开出的增值税专用发票上注明的销售价格为 40 000 元,增值税销项税额为 6 400 元,款项已经收到。利达股份有限公司收到丙公司开具的代销清单时,向丙公司开具一张相同金额的增值税专用发票。假定利达股份有限公司发出商品时纳税义务尚未发生,不考虑手续费、交纳增值税等其他因素。

① 利达股份有限公司的账务处理如下。

发出商品时:

借：发出商品	30 000	
贷：库存商品		30 000

收到代销清单，同时发生增值税纳税义务：

借：应收账款	46 400	
贷：主营业务收入		40 000
应交税费——应交增值税（销项税额）		6 400
借：主营业务成本	15 000	
贷：发出商品		15 000
借：销售费用	4 000	
贷：应收账款		4 000

收到丙公司支付的货款：

借：银行存款	42 400	
贷：应收账款		42 400

② 丙公司的账务处理如下。

收到商品时：

借：代理业务资产	40 000	
贷：代理业务负债		40 000

对外销售时：

借：银行存款	46 400	
贷：代理业务资产		40 000
应交税费——应交增值税（销项税额）		6 400

收到增值税专用发票时：

借：代理业务负债	40 000	
应交税费——应交增值税（进项税额）	6 400	
贷：应付账款		46 400

支付货款并计算代销手续费时：

借：应付账款	46 400	
贷：银行存款		42 400
其他业务收入		4 000

4）销售商品涉及现金折扣、商业折扣、销售折让的处理

企业销售商品有时存在现金折扣、商业折扣、销售折让等，应当分别不同情况进行处理。

（1）现金折扣，是指债权人为鼓励债务人在规定的期限内付款而向债务人提供的债务扣除。企业销售商品涉及现金折扣的，应当按照扣除现金折扣前的金额确定销售商品收入金额。现金折扣在实际发生时计入当期损益。

（2）商业折扣，是指企业为促进商品销售而在商品标价上给予的价格扣除。企业销售商品涉及商业折扣的，应当按照扣除商业折扣后的金额确定销售商品收入金额。

（3）销售折让，是指企业因售出商品的质量不合格等原因而在售价上给予的减让。销售折让应当分别不同情况进行处理：已确认收入的售出商品发生销售折让的，通常应当在发生时冲减当期销售商品收入；已确认收入的售出商品发生的销售折让，属于资产负债表日后事

项的，应当按照《企业会计准则第29号——资产负债表日后事项》的相关规定进行处理。

例12-16 利达股份有限公司在20×8年3月1日向乙公司销售一批商品，开出的增值税专用发票上注明的销售价格为20 000元，增值税销项税额为3 200元。为及早收回货款，利达股份有限公司和乙公司约定的现金折扣条件为：2/10，1/20，N/30。假定计算现金折扣时不考虑增值税税额。利达股份有限公司的账务处理如下。

20×8年3月1日，销售实现时，按销售总价确认收入：

借：应收账款　　　　　　　　　　　　　　　　　　　　　　　23 200
　　贷：主营业务收入　　　　　　　　　　　　　　　　　　　　　　20 000
　　　　应交税费——应交增值税（销项税额）　　　　　　　　　　　3 200

如果乙公司在20×8年3月9日付清货款，则按销售总价20 000元的2%享受现金折扣400元，实际付款22 800元（23 200-400）：

借：银行存款　　　　　　　　　　　　　　　　　　　　　　　22 800
　　财务费用　　　　　　　　　　　　　　　　　　　　　　　　　400
　　贷：应收账款　　　　　　　　　　　　　　　　　　　　　　　23 200

如果乙公司在20×8年3月18日付清货款，则按销售总价20 000元的1%享受现金折扣200元，实际付款23 000元（23 200-200）：

借：银行存款　　　　　　　　　　　　　　　　　　　　　　　23 000
　　财务费用　　　　　　　　　　　　　　　　　　　　　　　　　200
　　贷：应收账款　　　　　　　　　　　　　　　　　　　　　　　23 200

如果乙公司在20×8年3月底才付清货款，则按全额付款：

借：银行存款　　　　　　　　　　　　　　　　　　　　　　　23 200
　　贷：应收账款　　　　　　　　　　　　　　　　　　　　　　　23 200

例12-17 利达股份有限公司在20×8年3月1日向乙公司销售一批商品，开出的增值税专用发票上注明的销售价格为600 000元，增值税销项税额为96 000元，款项尚未收到；该批商品成本为480 000元，3月31日，乙公司在验收过程中发现商品外观上存在瑕疵，但是不影响使用，要求利达股份有限公司在价格上（不含增值税销项税额）给予5%的减让。假定利达股份有限公司已确认收入，已取得税务机关开具的红字增值税专用发票。利达股份有限公司的账务处理如下。

20×8年3月1日，销售实现时：

借：应收账款　　　　　　　　　　　　　　　　　　　　　　　696 000
　　贷：主营业务收入　　　　　　　　　　　　　　　　　　　　　600 000
　　　　应交税费——应交增值税（销项税额）　　　　　　　　　　96 000
借：主营业务成本　　　　　　　　　　　　　　　　　　　　　480 000
　　贷：库存商品　　　　　　　　　　　　　　　　　　　　　　　480 000

20×8年3月31日，发生销售折让，取得红字增值税专用发票时：

借：主营业务收入　　　　　　　　　　　　　　　　　　　　　30 000
　　应交税费——应交增值税（销项税额）　　　　　　　　　　　4 800
　　贷：应收账款　　　　　　　　　　　　　　　　　　　　　　　34 800

收到款项时：
借：银行存款 661 200
　　贷：应收账款 661 200

5）销售退回的处理

销售退回，是指企业售出的商品由于质量、品种不符合要求等原因而发生的退货。对于销售退回，应分别不同情况进行会计处理：

（1）对于未确认收入的售出商品发生销售退回的，企业应按已记入"发出商品"账户的商品成本金额，借记"库存商品"账户，贷记"发出商品"账户。

（2）对于已确认收入的售出商品发生销售退回的，企业一般应在发生时冲减当期销售商品收入，同时冲减当期销售商品成本。如该项销售退回已发生现金折扣的，应同时调整相关财务费用的金额；如该项销售退回允许扣减增值税税额的，应同时调整"应交税费——应交增值税（销项税额）"账户的相应金额。

已确认的售出商品发生的销售退回属于资产负债表日后事项的，应当按照《企业会计准则第29号——资产负债表日后事项》的相关规定进行会计处理。

例 12-18 利达股份有限公司在 20×8 年 3 月 18 日向乙公司销售一批商品，开出的增值税专用发票上注明的销售价格为 1 000 000 元，增值税销项税额为 160 000 元，该批商品的成本为 700 000 元。乙公司在 20×8 年 3 月 27 日支付货款。20×8 年 5 月 5 日，该批商品因质量问题被乙公司退回，利达股份有限公司当日支付有关款项。假定该公司已取得税务机关开具的红字增值税专用发票。利达股份有限公司的账务处理如下。

20×8 年 3 月 18 日，销售实现时，按销售总价确认收入：
借：应收账款 1 160 000
　　贷：主营业务收入 1 000 000
　　　　应交税费——应交增值税（销项税额） 160 000
借：主营业务成本 700 000
　　贷：库存商品 700 000

20×8 年 3 月 27 日，收到货款时：
借：银行存款 1 160 000
　　贷：应收账款 1 160 000

20×8 年 5 月 5 日，发生销售退回，取得红字增值税专用发票时：
借：主营业务收入 1 000 000
　　应交税费——应交增值税（销项税额） 160 000
　　贷：银行存款 1 160 000
借：库存商品 700 000
　　贷：主营业务成本 700 000

2. 提供劳务收入的计量

1）提供劳务交易结果能够可靠估计的处理

企业在资产负债表日提供劳务交易的结果能够可靠估计的，应当按照合同的履约进度估计完工百分比确认提供劳务收入。提供劳务交易结果能够可靠估计，是指同时满足下列条件。

(1) 收入的金额能够可靠地计量。
(2) 相关的经济利益很可能流入企业。
(3) 合同的履约进度能够可靠地确定。确定合同的履约进度,可以选用已完工作的测量、已经提供的劳务占应提供劳务总量的比例、已经发生的成本占估计总成本的比例等方法确定。
(4) 交易中已发生和将发生的成本能够可靠地计量。

例 12-19 利达股份有限公司于 20×6 年 4 月 1 日与乙公司签订一项咨询合同,并于当日生效。合同约定咨询期为两年,咨询费为 450 000 元;乙公司分三次等额支付咨询费,第一次在项目开始时支付,第二次在项目中期支付,第三次在项目结束时支付。利达股份有限公司估计咨询劳务总成本为 260 000 元(均为咨询人员薪酬)。假定利达股份有限公司每月提供的劳务量均相同,可以按时间比例确定履约进度,按年度编制财务报表,不考虑增值税等其他因素。利达股份有限公司各年发生的劳务成本资料为:20×6 年发生的成本为 100 000 元,20×7 年发生的成本为 110 000 元,20×8 年发生的成本为 50 000 元。利达股份有限公司的账务处理如下:

① 20×6 年度。
实际发生劳务成本时:
借:劳务成本　　　　　　　　　　　　　　　　　　　　　　　　100 000
　　贷:应付职工薪酬　　　　　　　　　　　　　　　　　　　　　　100 000
预收劳务款项时:
借:银行存款　　　　　　　　　　　　　　　　　　　　　　　　150 000
　　贷:预收账款　　　　　　　　　　　　　　　　　　　　　　　　150 000
确认提供劳务收入并结转劳务成本时:
　　　　　　　　提供劳务的履约进度 = 9/24×100% = 37.5%
　　　　　　确认提供劳务收入 = 450 000×37.5%-0 = 168 750(元)
　　　　　　结转提供劳务成本 = 260 000×37.5%-0 = 97 500(元)
借:预收账款　　　　　　　　　　　　　　　　　　　　　　　　168 750
　　贷:主营业务收入　　　　　　　　　　　　　　　　　　　　　　168 750
借:主营业务成本　　　　　　　　　　　　　　　　　　　　　　　97 500
　　贷:劳务成本　　　　　　　　　　　　　　　　　　　　　　　　97 500

② 20×7 年度。
实际发生劳务成本时:
借:劳务成本　　　　　　　　　　　　　　　　　　　　　　　　110 000
　　贷:应付职工薪酬　　　　　　　　　　　　　　　　　　　　　　110 000
预收劳务款项时:
借:银行存款　　　　　　　　　　　　　　　　　　　　　　　　150 000
　　贷:预收账款　　　　　　　　　　　　　　　　　　　　　　　　150 000
确认提供劳务收入并结转劳务成本时:
　　　　　　　　提供劳务的履约进度 = 21/24×100% = 87.5%
　　　　　确认提供劳务收入 = 450 000×87.5%-168 750 = 225 000(元)
　　　　　结转提供劳务成本 = 260 000×87.5%-97 500 = 130 000(元)

借：预收账款 225 000
　　贷：主营业务收入 225 000
借：主营业务成本 130 000
　　贷：劳务成本 130 000

③ 20×8 年度。

实际发生劳务成本时：
借：劳务成本 50 000
　　贷：应付职工薪酬 50 000

预收劳务款项时：
借：银行存款 150 000
　　贷：预收账款 150 000

确认提供劳务收入并结转劳务成本时：
　　　　确认提供劳务收入＝450 000－168 750－225 000＝56 250（元）
　　　　结转提供劳务成本＝260 000－97 500－130 000＝32 500（元）

借：预收账款 56 250
　　贷：主营业务收入 56 250
借：主营业务成本 32 500
　　贷：劳务成本 32 500

2）提供劳务交易结果不能可靠估计的处理

企业在资产负债表日提供劳务交易结果不能够可靠估计的，即不能同时满足前述 4 个条件时，企业不能按履约进度确定完工百分比确认提供劳务收入。此时企业应正确预计已发生的劳务成本能够得到补偿和不能得到补偿，分别进行会计处理：已经发生的劳务成本预计能够得到补偿的，应按已经发生的能够得到补偿的劳务成本金额确认提供劳务收入，并结转已发生的劳务成本；已经发生的劳务成本预计全部不能得到补偿的，应将已经发生的劳务成本计入当期损益，不确认提供劳务收入。

3. 让渡资产使用权收入的计量

让渡资产使用权收入，包括利息收入、使用费收入等。让渡资产使用权收入同时满足下列条件时才能予以确认：一是相关的经济利益很可能流入企业；二是收入的金额能够可靠地计量。

例 12-20 甲公司向丁公司转让其商品的商标使用权，约定丁公司每年年末按年销售收入的 10% 支付使用费，使用期 10 年。第一年，丁公司实现销售收入 1 000 000 元；第二年，丁公司实现销售收入 1 500 000 元。假定甲公司均于每年年末收到使用费，不考虑增值税等其他因素。甲公司的账务处理如下。

第一年年末确认使用费收入：
借：银行存款 100 000
　　贷：其他业务收入 100 000

第二年年末确认使用费收入：
借：银行存款 1 500 000

    贷：其他业务收入　　　　　　　　　　　　　　　　　　　　　　　　1 500 000

12.1.5　特定交易的会计处理

1. 附有销售退回条款的销售

　　对于附有销售退回条款的销售，企业应当在客户取得相关商品控制权时，按照因向客户转让商品而预期有权收取的对价金额（即不包含预期因销售退回将退还的金额）确认收入，按照预期因销售退回将退还的金额确认负债；同时，按照预期将退回商品转让时的价值扣除收回该商品预计发生的成本（包括退回商品的价值减损）后的余额，确认为一项资产，按照所转让商品转让时的账面价值，扣除上述资产成本的金额结转成本。

　　每一资产负债表日，企业应当重新估计未来销售退回情况，如有变化，应当作为会计估计变更进行会计处理。

　　例 12-21　甲公司是一家健身器材销售公司。20×8 年 11 月 1 日甲公司向乙公司销售 4 000 件健身器材，单位销售价格为 250 元，单位成本为 200 元，开出的增值税专用发票上注明的销售价格为 100 万元，增值税销项税额为 16 万元。健身器材已经发出，但款项尚未收到。根据协议约定，乙公司应于 20×8 年 12 月 31 日之前支付货款，在 20×9 年 3 月 31 日之前有权退还健身器材。甲公司根据过去的经验，估计该批健身器材的退货率约为 20%。在 20×8 年 12 月 31 日，甲公司对退货率进行了重新评估，认为只有 10% 的健身器材会被退回。甲公司为增值税一般纳税人，健身器材发出时纳税义务已经发生，实际发生退回时取得税务机关开具的红字增值税专用发票。假定健身器材发出时控制权转移给乙公司。甲公司的账务处理如下。

20×8 年 11 月 1 日，发出健身器材时：
　　借：应收账款　　　　　　　　　　　　　　　　　　　　　　　　1 160 000
　　　　贷：主营业务收入　　　　　　　　　　　　　　　　　　　　　　800 000
　　　　　　预计负债——应付退货款　　　　　　　　　　　　　　　　　200 000
　　　　　　应交税费——应交增值税（销项税额）　　　　　　　　　　　160 000
　　借：主营业务成本　　　　　　　　　　　　　　　　　　　　　　　640 000
　　　　应收退货成本　　　　　　　　　　　　　　　　　　　　　　　160 000
　　　　贷：库存商品　　　　　　　　　　　　　　　　　　　　　　　　800 000

20×8 年 12 月 31 日前，收到货款时：
　　借：银行存款　　　　　　　　　　　　　　　　　　　　　　　　1 160 000
　　　　贷：应收账款　　　　　　　　　　　　　　　　　　　　　　　1 160 000

20×8 年 12 月 31 日，甲公司对退货率进行重新评估：
　　借：预计负债——应付退货款　　　　　　　　　　　　　　　　　　100 000
　　　　贷：主营业务收入　　　　　　　　　　　　　　　　　　　　　　100 000
　　借：主营业务成本　　　　　　　　　　　　　　　　　　　　　　　 80 000
　　　　贷：应收退货成本　　　　　　　　　　　　　　　　　　　　　　 80 000

20×9 年 3 月 31 日，发生销售退回，实际退货量为 300 件，退货款项已经支付：
　　借：库存商品　　　　　　　　　　　　　　　　　　　　　　　　　 60 000
　　　　应交税费——应交增值税（销项税额）　　　　　　　　　　　　　 12 000

预计负债——应付退货款	100 000	
贷：应收退货成本		60 000
主营业务收入		25 000
银行存款		87 000
借：主营业务成本	20 000	
贷：应收退货成本		20 000

2. 特许权使用费的计量

属于提供设备和其他有形资产的特许权费，在交付资产或转移资产所有权时确认收入；属于提供初始及后续服务的特许权费，在提供服务时确认收入。

例12-22 甲公司与乙公司签订协议，甲公司允许乙公司经营其连锁店。协议约定，甲公司共向乙公司收取特许权费为70万元，其中，提供家具、柜台等收费30万元，这些家具、柜台的成本为22万元；提供初始服务如帮助选址、培训人员、融资、广告等收费30万元，共发生成本为20万元（其中，15万元为人员薪酬，5万元为以银行存款支付的广告费用）；提供后续服务收费10万元，发生成本为6万元（均为人员薪酬）。协议签订当日，乙公司一次性付清所有款项。假定不考虑增值税等其他因素。甲公司的账务处理如下。

收到款项时：

借：银行存款	700 000	
贷：预收账款		700 000

确认家具、柜台的特许权费收入并结转成本时：

借：预收账款	300 000	
贷：主营业务收入		300 000
借：主营业务成本	220 000	
贷：库存商品		220 000

提供初始服务时：

借：劳务成本	200 000	
贷：应付职工薪酬		150 000
银行存款		50 000
借：预收账款	300 000	
贷：主营业务收入		300 000
借：主营业务成本	200 000	
贷：劳务成本		200 000

提供后续服务时：

借：劳务成本	60 000	
贷：应付职工薪酬		60 000
借：预收账款	100 000	
贷：主营业务收入		100 000
借：主营业务成本	50 000	
贷：劳务成本		50 000

12.2 费　用

费用是指企业在日常活动中发生的、会导致所有者权益减少的、与向所有者分配利润无关的经济利益的总流出。

费用包括企业日常活动所产生的经济利益的总流出，主要指企业为取得营业收入进行产品销售等营业活动所发生的货币资金的流出，具体包括营业成本、税金及附加和期间费用。企业为生产产品、提供劳务等发生的可归属于产品成本、劳务成本等的费用，应当在确认销售商品收入、提供劳务收入等时，将已销售商品、提供劳务的成本等计入当期损益。营业成本包括主营业务成本、其他业务成本。期间费用是指企业日常活动发生的不能计入特定核算对象的成本，而应计入发生当期损益的费用。期间费用发生时直接计入当期损益，期间费用包括销售费用、管理费用和财务费用。

12.2.1　营业成本

1. 主营业务成本

主营业务成本是指企业销售商品、提供劳务等经常性活动所发生的成本。企业一般在确认销售商品、提供劳务等主营业务收入时，或在月末将已销售商品、已提供劳务的成本转入主营业务成本。期末，将"主营业务成本"账户的余额转入"本年利润"账户，结转后，"主营业务成本"账户无余额。

例 12-23　20×8 年 3 月 20 日，利达股份有限公司向乙公司销售一批产品，开出的增值税专用发票上注明的价款为 300 000 元，增值税销项税额为 48 000 元；利达股份有限公司已收到乙公司支付款项 348 000 元，并将提货单送交乙公司；该批产品的成本为 220 000 元。利达股份有限公司应编制会计分录如下：

销售实现时：
借：银行存款　　　　　　　　　　　　　　　　　　　348 000
　　贷：主营业务收入　　　　　　　　　　　　　　　　300 000
　　　　应交税费——应交增值税（销项税额）　　　　　 48 000
借：主营业务成本　　　　　　　　　　　　　　　　　220 000
　　贷：库存商品　　　　　　　　　　　　　　　　　　220 000
期末，将"主营业务成本"账户余额结转至"本年利润"账户时：
借：本年利润　　　　　　　　　　　　　　　　　　　220 000
　　贷：主营业务成本　　　　　　　　　　　　　　　　220 000

2. 其他业务成本

其他业务成本是指企业确认的除主营业务活动以外的其他日常经营活动发生的支出，包括销售材料的成本、出租固定资产的折旧额等。企业发生的除主营业务活动以外的其他日常经营活动所发生的支出记入"其他业务成本"账户；期末，"其他业务成本"账户余额转入"本年利润"账户,结转后,"其他业务成本"账户无余额。

例 12-24 20×8 年 3 月 2 日,利达股份有限公司销售一批原材料,开具的增值税专用发票上注明的售价为 20 000 元,增值税销项税额为 3 200 元,款项已由银行收妥;该批原材料的实际成本为 14 000 元。该公司应编制会计分录如下。

销售实现时:

借:银行存款 23 200
    贷:其他业务收入 20 000
        应交税费——应交增值税(销项税额) 3 200
借:其他业务成本 14 000
    贷:原材料 14 000

期末,将"其他业务成本"账户余额结转至"本年利润"账户时:

借:本年利润 14 000
    贷:其他业务成本 14 000

12.2.2 税金及附加

税金及附加是指企业经营活动应负担的相关税费,包括消费税、城市维护建设税、教育费附加、资源税、车船税、印花税等。企业经营活动发生的上述各项税金通过"税金及附加"账户进行归集;期末,应将"税金及附加"账户余额转入"本年利润"账户,结转后,"税金及附加"账户无余额。

例 12-25 20×8 年 8 月 1 日,利达股份有限公司取得应纳消费税的销售商品收入 3 000 000 元,该产品适用的消费税税率为 25%。该公司应编制会计分录如下。

应交消费税额 = 3 000 000×25% = 750 000(元)

借:税金及附加 750 000
    贷:应交税费——应交消费税 750 000

交纳消费税时:

借:应交税费——应交消费税 750 000
    贷:银行存款 750 000

例 12-26 20×8 年 9 月,利达股份有限公司当月实际应交增值税 450 000 元,应交消费税 150 000 元,城市建设维护税税率为 7%,教育费附加的征收率为 3%。该公司应编制与城市建设维护税、教育费附加有关的会计分录如下。

计算确认应交城市建设维护税和教育费附加时:

城市建设维护税 = (450 000+150 000)×7% = 42 000(元)
教育费附加 = (450 000+150 000)×3% = 18 000(元)

借:税金及附加 60 000
    贷:应交税费——应交城市建设维护税 42 000
        ——应交教育费附加 18 000

实际交纳城市建设维护税和教育费附加时:

借:应交税费——应交城市建设维护税 42 000
        ——应交教育费附加 18 000

贷：银行存款　　　　　　　　　　　　　　　　　　　　　　　　　　60 000

12.2.3　期间费用

1. 期间费用概述

　　期间费用是指企业日常活动发生的不能计入特定核算对象的成本，而应计入发生当期损益的费用。期间费用是企业日常活动中发生的经济利益的流出。之所以不计入特定的核算对象的成本，主要是因为期间费用是企业为组织和管理整个经营活动所发生的费用，与可以确定特定成本核算对象的材料采购、产成品生产等没有直接关系，因而期间费用不计入有关核算对象的成本，而是直接计入当期损益。

　　期间费用包括以下两种情况：一是企业发生的支出不产生经济利益，或者即使产生经济利益但不符合或者不再符合资产确认条件的，应当在发生时确认为费用计入当期损益；二是企业发生的交易或者事项导致其承担了一项负债，而又不确认为一项资产的，应当在发生时确认为费用计入当期损益。

2. 期间费用的账务处理

　　期间费用包括销售费用、管理费用和财务费用。

1）销售费用

　　销售费用是指企业销售商品和材料、提供劳务的过程中发生的各种费用，包括企业在销售过程中发生的保险费、包装费、展览费和广告费、商品维修费、预计产品质量保证损失、运输费、装卸费等，以及为销售本企业商品而专设的销售机构（含销售网点、售后服务网点等）的职工薪酬、业务费、折旧费等经营费用。企业发生的与专设销售机构相关的固定资产修理费用等后续支出也属于销售费用。

　　企业发生的各项销售费用记入"销售费用"账户；期末，将销售费用的发生额转入"本年利润"账户，结转后，"销售费用"账户应无余额。

　　例 12-27　利达股份有限公司为增值税一般纳税人，20×8 年 3 月发生的有关销售费用如下。

　　（1）20×8 年 3 月 1 日，为宣传新产品发生广告费，取得了增值税专用发票上注明的价款为 100 000 元，增值税进项税额为 16 000 元，用银行存款支付。编制会计分录如下。

　　借：销售费用　　　　　　　　　　　　　　　　　　　　　　　　　100 000
　　　　应交税费——应交增值税（进项税额）　　　　　　　　　　　　　 16 000
　　　　贷：银行存款　　　　　　　　　　　　　　　　　　　　　　　　116 000

　　（2）利达股份有限公司销售部 20×8 年 3 月份共发生费用 220 000 元，其中，销售人员薪酬 100 000 元，销售部专用办公设备和房屋的折旧费 50 000 元，业务费 70 000 元（用银行存款支付）。假设不考虑其他因素，该公司应编制会计分录如下。

　　借：销售费用　　　　　　　　　　　　　　　　　　　　　　　　　220 000
　　　　贷：应付职工薪酬　　　　　　　　　　　　　　　　　　　　　　100 000
　　　　　　累计折旧　　　　　　　　　　　　　　　　　　　　　　　　 50 000
　　　　　　银行存款　　　　　　　　　　　　　　　　　　　　　　　　 70 000

（3）20×8年3月31日，利达股份有限公司将本月发生的销售费用220 000元，结转至"本年利润"账户。该公司应编制会计分录如下。

  借：本年利润   220 000
    贷：销售费用   220 000

2）管理费用

管理费用是指企业为组织和管理生产经营发生的各种费用，包括企业在筹建期内发生的开办费、董事会和行政管理部门在企业的经营管理中发生的，以及应由企业统一负担的公司经费（包括行政管理部门职工薪酬、物料消耗、低值易耗品摊销、办公费和差旅费等），行政管理部门负担的工会经费、董事会费（包括董事会成员津贴、会议费和差旅费等），聘请中介机构费、咨询费（含顾问费）、诉讼费、业务招待费、技术转让费、研究费用、排污费等。企业生产车间（部门）和行政管理部门发生的固定资产修理费用等后续支出，也作为管理费用核算。企业发生的各项管理费用在"管理费用"账户归集，期末转入"本年利润"账户，结转后，"管理费用"账户应无余额。

例12-28 20×8年3月5日，利达股份有限公司为拓展产品销售市场发生业务招待费50 000元，取得的增值税专用发票上注明的增值税进项税额为3 000元，已用银行存款支付价款和税款。该公司应编制会计分录如下。

  借：管理费用   50 000
    应交税费——应交增值税（进项税额）   3 000
    贷：银行存款   53 000

例12-29 利达股份有限公司行政部20×8年3月份共发生费用179 000元，其中，行政人员薪酬150 000元，报销行政人员差旅费21 000元（假定报销人员均未预借差旅费），其他办公、水电费8 000元（均用银行存款支付）。假设不考虑增值税等因素，该公司应编制会计分录如下。

  借：管理费用   179 000
    贷：应付职工薪酬   150 000
      库存现金   21 000
      银行存款   8 000

例12-30 利达股份有限公司20×8年4月30日将"管理费用"账户余额229 000元转入"本年利润"账户。该公司应编制会计分录如下。

  借：本年利润   229 000
    贷：管理费用   229 000

3）财务费用

财务费用是指企业为筹集生产经营所需资金等而发生的筹资费用，包括利息支出（减利息收入）、汇兑损益以及相关手续费、企业发生的现金折扣等。

企业发生的各项财务费用，在"财务费用"账户归集，期末转入"本年利润"账户，结转后，"财务费用"账户应无余额。

例12-31 利达股份有限公司于20×8年12月1日向银行借入生产经营用短期借款360 000元，期限6个月，年利率5%，该借款本金到期后一次归还，利息分月预提，按季支付。该公司应编制会计分录如下。

借：财务费用　　　　　　　　　　　　　　　　　　　　1 500（360 000×5%/12）
　　　贷：应付利息　　　　　　　　　　　　　　　　　　　　　　　　　　　1 500

例 12-32　20×8 年 12 月 30 日，利达股份有限公司在购买材料业务中，获得对方给予的现金折扣 4 000 元。该公司应编制会计分录如下。

借：应付账款　　　　　　　　　　　　　　　　　　　　　　　　　　　4 000
　　　贷：财务费用　　　　　　　　　　　　　　　　　　　　　　　　　　　4 000

例 12-33　20×8 年 12 月 31 日，利达股份有限公司将"财务费用"账户余额 5 500 元结转到"本年利润"账户。该公司应编制会计分录如下。

借：本年利润　　　　　　　　　　　　　　　　　　　　　　　　　　　5 500
　　　贷：财务费用　　　　　　　　　　　　　　　　　　　　　　　　　　　5 500

12.3　利　　润

12.3.1　利润及其构成

利润是指企业在一定会计期间的经营成果，包括收入减去费用后的净额、直接计入当期利润的利得和损失等。其中，直接计入当期利润的利得和损失是指应当计入当期损益、最终会引起所有者权益发生增减变动的、与所有者投入资本或者向所有者分配利润无关的利得或者损失。

在利润表中，利润的金额分为营业利润、利润总额和净利润 3 个层次计算确定。

1. 营业利润

营业利润是指企业通过一定期间的日常活动取得的利润，营业利润的具体构成可以用公式表示为

营业利润 = 营业收入-营业成本-税金及附加-销售费用-管理费用-财务费用-
　　　　　资产减值损失 ± 公允价值变动损益 ± 投资收益 ± 资产处置损益

其中，营业收入是指企业经营业务所实现的收入总额，包括主营业务收入和其他业务收入。营业成本是指企业经营业务所发生的实际成本总额，包括主营业务成本和其他业务成本。资产减值损失是指企业计提各项资产减值准备所形成的损失。公允价值变动损益是指企业交易性金融资产等公允价值变动形成的应计入当期损益的利得或损失。投资收益是指企业以各种方式对外投资所取得的收益或发生的损失。资产处置损益是指企业处置固定资产、无形资产等产生的损益。

2. 利润总额

利润总额是指企业一定期间的营业利润，加上营业外收入减去营业外支出后的所得税前利润总额，即

利润总额 = 营业利润+营业外收入-营业外支出

其中，营业外收入和营业外支出是指企业发生的与日常活动无直接关系的各项利得或

损失。

3. 净利润

净利润是指企业一定期间的利润总额减去所得税费用后的净额，即
$$净利润 = 利润总额 - 所得税费用$$
其中，所得税费用是指企业按照会计准则的规定确认的应从当期利润总额中扣除的当期所得税费用和递延所得税费用。

12.3.2 营业外收入与营业外支出

1. 营业外收入

营业外收入是指企业发生的营业利润以外的收益。营业外收入并不是由企业经营资金耗费所产生的，不需要企业付出代价，实际上是一种纯收入，不可能也不需要与有关费用进行配比。因此，在会计处理上，应当严格区分营业外收入与营业收入的界限。营业外收入主要包括非流动资产毁损报废利得、债务重组利得、与企业日常活动无关的政府补助、盘盈利得、捐赠利得等。

非流动资产毁损报废利得，指因自然灾害等发生毁损、已丧失使用功能而报废非流动资产所产生的清理收益。

债务重组利得，指重组债务的账面价值超过清偿债务的现金、非现金资产的公允价值、所转股份的公允价值或者重组后债务账面价值之间的差额。

盘盈利得，指企业对现金等资产清查盘点中，盘盈的资产报经批准后，计入营业外收入的金额。

捐赠利得，指企业接受捐赠产生的利得。企业接受的捐赠和债务豁免，按照会计准则规定符合确认条件的，通常应当确认为当期损益。

企业应通过"营业外收入"账户核算营业外收入的取得和结转情况。期末，应将"营业外收入"账户余额转入"本年利润"账户，结转后，"营业外收入"该账户无余额。

2. 营业外支出

营业外支出是指企业发生的营业利润以外的支出，主要包括非流动资产毁损报废损失、债务重组损失、公益性捐赠支出、非常损失、盘亏损失等。

非流动资产毁损报废损失，指因自然灾害等发生毁损、已丧失使用功能而报废非流动资产所产生的清理损失。

债务重组损失，指重组债权的账面余额超过受让资产的公允价值、所转股份的公允价值或者重组后债务账面价值之间的差额。

公益性捐赠支出，指企业对外进行公益性捐赠发生的支出。

非常损失，指企业对于因客观因素（如自然灾害）造成的损失，在扣除保险公司赔偿后计入营业外支出的净损失。

盘亏损失，是指企业对现金等资产清查盘点中，盘亏的资产报经批准后，计入营业外支出的金额。

企业应通过"营业外支出"账户核算营业外支出的发生和结转情况。期末,应将"营业外支出"账户余额转入"本年利润"账户,结转后,"营业外支出"账户无余额。

需要注意的是,营业外收入和营业外支出应当分别核算。在具体核算时不得以营业外支出直接冲减营业外收入,也不得以营业外收入冲减营业外支出,即企业在会计核算时,应当区别营业外收入和营业外支出进行核算。

12.3.3 所得税费用

企业的所得税费用包括当期所得税和递延所得税两个部分。其中,当期所得税是指当期应交所得税。递延所得税包括递延所得税资产和递延所得税负债。递延所得税资产是指以未来期间很可能取得用来抵扣可抵扣暂时性差异的应纳税所得额为限确认的一项资产。递延所得税负债是指根据应纳税暂时性差异计算的未来期间应付所得税的金额。

1. 应交所得税的计算

应交所得税是指企业按照《中华人民共和国企业所得税法》(以下简称《企业所得税法》)的规定计算确定的针对当期发生的交易和事项,应交纳给税务部门的所得税金额,即当期应交所得税。应纳税所得额是在企业税前会计利润(即利润总额)的基础上调整确定的,计算公式为

$$应纳税所得额 = 税前会计利润 + 纳税调整增加额 - 纳税调整减少额$$

纳税调整增加额主要包括《企业所得税法》规定允许扣除项目中,企业已计入当期费用但超过税法规定扣除标准的金额(如超过《企业所得税法》规定标准的职工福利费、工会经费、职工教育经费、业务招待费、公益性捐赠支出、广告费和业务宣传费等),以及企业已计入当期损失但《企业所得税法》规定不允许扣除项目的金额(如税收滞纳金、罚金、罚款)。

纳税调整减少额主要包括按《企业所得税法》规定允许弥补的亏损和准予免税的项目,如前5年内未弥补亏损和国债利息收入等。

企业当期应交所得税的计算公式为

$$应交所得税 = 应纳税所得额 \times 所得税税率$$

例12-34 甲公司20×8年度利润总额税前会计利润为19 850 000元,所得税税率为25%。甲公司全年实发工资薪金为2 000 000元,职工福利费300 000元,工会经费50 000元,职工教育经费100 000元;经查甲公司当年营业外支出中有120 000元为税收滞纳罚金。假定甲公司全年无其他纳税调整因素。

《企业所得税法》规定,企业发生的合理的工资、薪金支出准予据实扣除;发生的职工福利费支出不超过工资、薪金总额14%的部分准予扣除;企业拨缴的工会经费不超过工资、薪金总额2%的部分准予扣除;除国务院财政、税务主管部门另有规定外,企业发生的职工教育经费支出,不超过工资、薪金总额8%的部分准予扣除,超过部分准予结转以后纳税年度扣除。

本例中,按《企业所得税法》,企业在计算当期应纳税所得额时,可以扣除工资、薪金支出2 000 000元,扣除职工福利费支出280 000元(2 000 000×14%),工会经费支出40 000元(2 000 000×2%),职工教育经费支出160 000元(2 000 000×8%)。甲公司有两种纳税调整因素:一是已计入当期费用但超过《企业所得税法》规定标准的费用支出;二是已计入当期营

业外支出但按《企业所得税法》规定不允许扣除的税收滞纳金,这两种因素均应调整增加应纳税所得额。

公司当期所得税的计算如下:

$$纳税调整增加额 = 300\,000-280\,000+50\,000-40\,000+120\,000$$
$$= 150\,000（元）$$
$$应纳税所得额 = 税前会计利润+纳税调整增加额$$
$$= 19\,850\,000+150\,000 = 20\,000\,000（元）$$
$$当期应交所得税额 = 20\,000\,000\times25\% = 5\,000\,000（元）$$

2. 所得税费用的账务处理

企业根据企业会计准则的规定,计算确定的当期所得税和递延所得税之和,即为应从当期利润总额中扣除的所得税费用,即

$$所得税费用 = 当期所得税+递延所得税$$

其中,

$$递延所得税 = （递延所得税负债的期末余额-递延所得税负债的期初余额）-$$
$$（递延所得税资产的期末余额-递延所得税资产的期初余额）$$

企业通过"所得税费用"账户核算企业所得税费用的确认及其结转情况。期末,应将"所得税费用"账户的余额转入"本年利润"账户,结转后,"所得税费用"账户应无余额。

例 12-35 承例 12-34,20×8 年,甲公司递延所得税负债年初数为 400 000 元,年末数为 500 000 元;递延所得税资产年初数为 250 000 元,年末数为 200 000 元。

甲公司所得税费用的计算如下:

$$递延所得税 = 500\,000-400\,000-（200\,000-250\,000） = 150\,000（元）$$
$$所得税费用 = 5\,000\,000+150\,000 = 5\,150\,000（元）$$

甲公司应编制会计分录如下:

借:所得税费用　　　　　　　　　　　　　　　　　　　　　　　5 150 000
　　贷:应交税费——应交所得税　　　　　　　　　　　　　　　　　　5 000 000
　　　　递延所得税负债　　　　　　　　　　　　　　　　　　　　　　100 000
　　　　递延所得税资产　　　　　　　　　　　　　　　　　　　　　　 50 000

12.3.4 利润的结转与分配

1. 利润的结转

企业应设置"本年利润"账户,用于核算企业当期实现的净利润或发生的净亏损。利润计算与结转的基本会计处理程序如下。

1)将各损益类账户余额结转至"本年利润"账户

会计期末,企业应将各损益类账户的余额转入"本年利润"账户,结平各损益类账户,即将收入类账户贷方发生额转入"本年利润"账户贷方登记,将支出类账户借方发生额转入"本年利润"账户借方登记。期末结转损益类账户余额后,"本年利润"账户如为贷方余额反映年初至本期末累计实现的净利润,如为借方余额反映年初至本期末累计发生的净亏损。为

了简化核算,在中期期末各损益类账户也可以不进行上述利润结转,年内各期实现的利润直接通过利润表计算,年度终了时再将各损益类账户全年累计金额一次转入"本年利润"账户。

2)结转本年净利润(或净亏损)

年度终了,企业应将收入和支出相抵后结出的本年实现的净利润或净亏损转入"利润分配——未分配利润"账户。结转后,"本年利润"账户应无余额。

2. 利润的分配

企业当期实现的净利润,加上年初未分配利润(或减去年初未弥补亏损)后的余额,为可供分配的利润。可供分配的利润,一般按下列顺序分配。

(1)提取法定盈余公积。法定盈余公积是指企业根据有关法律的规定,按照净利润的10%提取的盈余公积。法定盈余公积累计金额超过企业注册资本的50%以上时,可以不再提取。

(2)提取任意盈余公积。任意盈余公积是指企业按股东大会决议提取的盈余公积。

(3)应付现金股利或利润。应付现金股利或利润是指企业按照利润分配方案分配给股东的现金股利,也包括非股份有限公司分配给投资者的利润。

(4)转作股本的股利。转作股本的股利是指企业按照利润分配方案,以分派股票股利的形式转作股本的股利,也包括非股份有限公司以利润转增的资本。

企业应当设置"利润分配"账户,核算利润的分配或亏损的弥补情况,以及历年积存的未分配利润或未弥补亏损。该账户还应当分别按"提取法定盈余公积""提取任意盈余公积""应付现金股利或利润""转作股本的股利""盈余公积补亏""未分配利润"等明细账户进行明细核算。年度终了,企业应将"利润分配"账户所属其他明细账户余额转入"未分配利润"明细账户。结转后,除"未分配利润"明细账户外,其他明细账户应无余额。

企业按有关法律规定提取盈余公积时:

借:利润分配——提取法定盈余公积
　　　　　　——提取任意盈余公积
　　贷:盈余公积——法定盈余公积
　　　　　　　　——任意盈余公积

分配现金股利时:

借:利润分配——应付现金股利
　　贷:应付股利

分配股票股利,已办妥增资手续时:

借:利润分配——转作股本的股利
　　贷:股本

结转"利润分配"账户所属明细账户余额时:

借:利润分配——未分配利润
　　贷:利润分配——提取法定盈余公积
　　　　　　　　——提取任意盈余公积
　　　　　　　　——应付现金股利
　　　　　　　　——转作股本的股利

例12-36 甲公司20×8年有关损益类账户的年末余额如表12-1所示(该企业采用表结法年末一次结转损益类账户，所得税税率为25%)。

表12-1 损益类账户年末余额表   单位：元

账户名称	借或贷	结账前余额
主营业务收入	贷	6 000 000
其他业务收入	贷	700 000
公允价值变动损益	贷	150 000
投资收益	贷	1 000 000
营业外收入	贷	50 000
主营业务成本	借	4 000 000
其他业务成本	借	400 000
税金及附加	借	80 000
销售费用	借	500 000
管理费用	借	770 000
财务费用	借	200 000
资产减值损失	借	100 000
营业外支出	借	250 000

甲公司20×8年年末结转本年利润，应编制会计分录如下。

(1) 将各损益类账户年末余额结转至"本年利润"账户。

结转各项收入、利得类账户：

借：主营业务收入	6 000 000
其他业务收入	700 000
公允价值变动损益	150 000
投资收益	1 000 000
营业外收入	50 000
贷：本年利润	7 900 000

结转各项费用、损失类账户：

借：本年利润	6 300 000
贷：主营业务成本	4 000 000
其他业务成本	400 000
税金及附加	80 000
销售费用	500 000
管理费用	770 000
财务费用	200 000
资产减值损失	100 000
营业外支出	250 000

(2) 经过上述结转后，"本年利润"账户的贷方发生额合计7 900 000元，减去借方发生

额合计 6 300 000 元，即为税前会计利润 1 600 000 元。

（3）假设乙公司 20×8 年不存在所得税纳税调整因素。

（4）确认所得税费用：

借：所得税费用　　　　　　　　　　　　　　400 000（1 600 000×25%）
　　贷：应交税费——应交所得税　　　　　　　　　　　　400 000

将所得税费用结转入"本年利润"账户：

借：本年利润　　　　　　　　　　　　　　　400 000
　　贷：所得税费用　　　　　　　　　　　　　　　　　　400 000

（5）将"本年利润"账户年末余额 1 200 000 元转入"利润分配——未分配利润"账户：

借：本年利润　　　　　　　　　　　　　　　1 200 000
　　贷：利润分配——未分配利润　　　　　　　　　　　1 200 000

思考练习题

1. 说明《企业会计准则第 14 号——收入》有关收入确认计量的原则。
2. 说明利润的构成、利润总额与应纳税所得额之间纳税差异的调整。
3. 利达股份有限公司为增值税一般纳税企业，适用的增值税税率为 16%。商品销售价格均不含增值税额，所有劳务均属于工业性劳务。销售实现时结转销售成本。利达股份有限公司销售商品和提供劳务为主营业务。20×8 年 12 月，利达股份有限公司销售商品和提供劳务的资料如下。

（1）12 月 1 日，对 A 公司销售商品一批，增值税专用发票上销售价格为 2 000 000 元，增值税销项税额为 320 000 元。提货单和增值税专用发票已交 A 公司，A 公司已承诺付款。为及时收回货款，给予 A 公司的现金折扣条件如下：2/10，1/20，N/30（假设计算现金折扣时不考虑增值税因素）。该批商品的实际成本为 1 500 000 元。12 月 19 日，收到 A 公司支付的扣除所享受现金折扣金额后的款项，并存入银行。

（2）12 月 2 日，收到 B 公司来函，要求对当年 11 月 2 日所购商品在价格上给予 5%的折让（利达股份有限公司在该批商品售出时，已确认销售收入 2 000 000 元，并收到款项）。经查核，该批商品外观存在质量问题。利达股份有限公司同意了 B 公司提出的折让要求。当日，收到 B 公司交来的税务机关开具的索取折让证明单，并出具红字增值税专用发票和支付折让款项。

（3）12 月 14 日，与 C 公司签订协议，委托其代销商品一批。根据代销协议，利达股份有限公司按代销协议价收取所代销商品的货款，商品实际售价由受托方自定。该批商品的协议价 4 000 000 元（不含增值税税额），实际成本为 2 800 000 元。商品已运往 C 公司。12 月 31 日，利达股份有限公司收到 C 公司开来的代销清单，列明已售出该批商品的 40%，款项尚未收到。

（4）12 月 15 日，与 D 公司签订一项设备维修合同。该合同规定，该设备维修总价款为 800 000 元（不含增值税税额），于维修完成并验收合格后一次结清。12 月 31 日，该设备维修任务完成并经 D 公司验收合格。利达股份有限公司实际发生的维修费用为 300 000 元（均为维修人员工资）。12 月 31 日，鉴于 D 公司发生重大财务困难，利达股份有限公司预计可能收到的维修款为 232 000 元（含增值税税额）。

（5）12 月 31 日，与 E 公司签订一件特制商品的合同。该合同规定，商品总价款为 1 200 000 元（不含增值税税额），自合同签订日起 2 个月内交货。合同签订日，收到 E 公司预付的款项 500 000 元，并存入银行。商品制造工作尚未开始。

（6）12 月 31 日，收到 A 公司退回的当月 1 日所购全部商品。经查核，该批商品存在质量问题，利达股份有限公司同意了 A 公司的退货要求。当日，收到 A 公司交来的税务机关开具的进货退出证明单，并开具红字增值税专用发票和支付退货款项。

要求：
（1）编制利达股份有限公司 12 月份发生的上述经济业务的会计分录。
（2）计算利达股份有限公司 12 月份主营业务收入和主营业务成本（"应交税费"账户要求写出明细账户）。

4．利达股份有限公司年终结账前有关损益类账户的年末余额如表 12-2 所示。

表 12-2　利达股份有限公司年末损益类账户年末余额

收入账户	结账前期末余额/元	费用账户	结账前期末余额/元
主营业务收入	5 000 000	主营业务成本	3 000 000
其他业务收入	350 000	其他业务成本	230 000
投资收益	80 000	税金及附加	120 000
营业外收入	280 000	销售费用	170 000
		管理费用	590 000
		财务费用	110 000
		营业外支出	360 000

其他资料如下。
（1）营业外支出中有 60 000 元为罚款支出。
（2）本年国债利息收入 90 000 元已入账。
（3）本年利润分配如下：按 10%提取法定盈余公积；按 15%提取任意盈余公积；分配现金股利 100 000 元。

要求：
（1）根据表 12-2 给出的资料，将表中损益类账户结转"本年利润"账户（该公司平时采用表结法计算利润）。
（2）计算公司当年应纳所得税并编制确认及结转所得税费用的会计分录（所得税税率为 25%，除上述事项外，无其他纳税调整因素）。
（3）计算当年净利润。
（4）结转本年利润，进行利润分配及其结转的会计处理。

第13章

财务报告

通过本章的学习，学生应理解财务报告的含义、作用及内容；理解并掌握资产负债表、利润表、现金流量表及所有者权益变动表的格式及编制方法；了解主要报表之间的联系及财务报表附注的相关内容。

财务报表的内容及编制意义；主要报表的结构及其反映的内容；主要报表之间的联系；财务报表附注的内容及作用。

13.1 财务报告概述

13.1.1 财务报告的含义和种类

1. 财务报告的含义

财务报告又称财务会计报告，是企业正式对外揭示或表述财务信息的总结性书面文件。我国企业会计准则将其定义为：企业对外提供的反映企业某一特定日期的财务状况和某一会计期间的经营成果、现金流量等会计信息的文件。财务报告是企业财务会计确认与计量的最终结果体现，是企业对外传递财务会计信息的主要工具，向投资者等财务报告使用者提供决策有用信息的媒介和渠道，是沟通投资者、债权人等使用者与企业管理层之间信息的桥梁和纽带。财务报告包括财务报表和其他应当在财务报告中披露的相关信息和资料。

1) 财务报表

财务报表是财务报告的核心内容，主要包括资产负债表、利润表、现金流量表、所有者权益变动表以及附注。资产负债表、利润表、现金流量表、所有者权益变动表属于基本财务报表。附注是对基本财务报表信息的补充说明和解释，帮助使用者理解和使用报表信息。

2)其他财务报告

其他财务报告作为财务报表的辅助报告。其编制基础和方式可以不受会计准则的约束,提供的信息内容也十分广泛,既包括货币性信息和定量信息,又包括非货币性信息和定性信息;既包括历史性信息,又包括预测性信息。根据国际惯例,其他财务报告的内容包括管理层分析与讨论预测报告、物价变动影响报告、社会责任报告等。

2. 财务报告的种类

(1)财务报告按编报期间可以分为中期财务报告和年度财务报告。中期财务报告是以短于一个完整会计年度的报告期间为基础编制的财务报告,包括月报、季报和半年报等。中期财务报告至少应当包括资产负债表、利润表、现金流量表和附注。其中,中期资产负债表、利润表和现金流量表应当是完整报表,其格式和内容应当与年度财务报表相一致。与年度财务报告相比,中期财务报告中的附注披露可适当简略。

(2)财务报告按编报主体可以分为个别财务报告和合并财务报告。个别财务报告是由企业在自身会计核算基础上对账簿记录进行加工而编制的财务报告,主要用以反映企业自身的财务状况、经营成果和现金流量情况。合并财务报告是以母公司和子公司组成的企业集团为会计主体,根据母公司和所属子公司的财务报告,由母公司编制的综合反映企业集团财务状况、经营成果及现金流量的财务报告。

13.1.2 财务报告的编制要求

1. 真实可靠

财务报告应当如实反映企业的财务状况、经营成果和现金流量。

保证财务报告的真实可靠需做的准备工作包括以下几个方面。

(1)企业在编制年度财务报告前,应当按照企业会计准则全面清查资产、核实债务。

(2)核对各会计账簿记录与会计凭证的内容、金额等是否一致,记账方向是否相符。

(3)依照规定的结账日进行结账,结出有关会计账簿的余额和发生额,并核对各会计账簿之间的余额。

(4)检查相关的会计核算是否按照国家统一会计制度的规定进行。

(5)对于国家统一的会计制度没有规定统一核算方法的交易、事项,检查其是否按照会计核算的一般原则进行确认和计量以及相关账务处理是否合理。

(6)检查是否存在因会计差错、会计政策变更等原因需要调整前期或者本期相关项目,发现问题的,应当按照国家统一的会计制度的规定进行处理。

2. 全面完整

财务报告应当反映企业生产经营活动的全貌,全面反映企业的财务状况、经营成果和现金流量。

企业应当按照规定的格式和内容编制财务报表。对于国家要求填报的有关指标和项目,应按照有关规定填列。

3. 前后一致

编制财务报表依据的会计方法，前后期应当遵循一致性原则，不能随意变更。

如果确需改变某些会计方法，应在报表附注中说明改变的原因及改变后对报表指标的影响。

4. 编报及时

企业应根据有关规定，按月、按季、按半年、按年及时对外报送财务报表

财务报表的报送期限，由国家统一规定。

（1）月报应于月度终了后6天内（节假日顺延，下同）对外提供。

（2）季报应于季度终了后15天内对外提供。

（3）半年度报应于年度中期结束后60天内（相当于两个连续的月份）对外提供。

（4）年报应于年度终了后4个月内对外提供。

5. 相关可比

财务报告的相关可比，是指企业财务报告所提供的会计信息必须与财务报告使用者的决策相关，并且便于财务报告的使用者在不同企业之间及同一企业前后各期之间进行比较。

6. 便于理解

便于理解是指财务报告提供的会计信息应当清晰明了，便于使用者理解和利用。

13.2 资产负债表

资产负债表是反映企业在某一特定日期（如月末、季末、年末）财务状况的报表，是企业经营活动的静态体现。它根据"资产＝负债+所有者权益"这一平衡公式，依照一定的分类标准和次序，将某一特定日期的资产、负债、所有者权益的具体项目予以适当排列编制而成。它表明权益在某一特定日期所拥有或控制的经济资源、所承担的现有义务和所有者对净资产的要求权。资产负债表是揭示企业在一定时点财务状况的静态报表，有助于财务报告使用者全面了解企业的财务状况、分析企业的偿债能力，从而为其经济决策提供依据。

13.2.1 资产负债表的格式

资产负债表一般由表头、表体两部分组成。其中表头应列明报表名称、编制单位、编制日期、报表编号、货币名称、计量单位等；表体是资产负债表的主体，列示了用以说明企业财务状况的各个项目。资产负债表表体的格式一般有两种：报告式资产负债表和账户式资产负债表。报告式资产负债表是上下结构，上半部列示资产各项目，下半部列示负债和所有者权益项目。账户式资产负债表是左右结构，左边列示资产项目，右边列示负债和所有者权益项目。不管采取什么格式，资产各项目的合计数等于负债和所有者权益各项目的合计数这一

等式不变。

我国企业的资产负债表采用账户式结构。账户式资产负债表分左右两方，左方为资产项目，大体按资产的流动性大小排列，流动性大的资产如"货币资金""应收票据""应收账款"等排在前面，流动性小的资产如"长期股权投资""固定资产"等排在后面。右方为负债及所有者权益项目，一般按要求清偿时间的先后顺序排列，"短期借款""应付票据""应付账款"等需要在一年以内或者长于一年的一个正常营业周期内偿还的流动负债排在前面，"长期借款"等在一年以上才需偿还的非流动负债排在中间，在企业清算之前不需要偿还的所有者权益项目排在后面。

账户式资产负债表中的资产各项目的合计数等于负债和所有者权益各项目的合计数，即资产负债表左方和右方平衡。通过账户式资产负债表，可以反映资产、负债、所有者权益之间的内在关系，即"资产 = 负债+所有者权益"。

13.2.2 资产负债表的编制方法

1. 资产负债表的填列方法

资产负债表各项目均需填列"年初余额"和"期末余额"两栏。

本表"年初余额"栏内各项数字，应根据上年年末资产负债表"期末余额"栏内所列数字填列。如果本年度资产负债表规定的各个项目的名称和内容同上年度不相一致，应对上年年末资产负债表各项目的名称和数字按照本年度的规定进行调整，填入本表"年初余额"栏内。

企业资产负债表各项目"期末余额"栏的数据，主要通过以下几种方式取得。

（1）根据总账账户余额填列。资产负债表大部分项目的填列都是根据有关总账账户的余额直接填列，如"以公允价值计量且其变动计入当期损益的金融资产""工程物资""固定资产清理""短期借款""应付票据""资本公积"等项目，分别根据"以公允价值计量且其变动计入当期损益的金融资产""工程物资""固定资产清理""短期借款""应付票据""资本公积"总账账户的期末余额直接填列；"货币资金"项目，根据"库存现金""银行存款""其他货币资金"账户的期末余额合计数计算填列。

（2）根据明细账户余额计算填列。如"应收账款"项目，应根据"应收账款""预收账款"账户所属的有关明细账户的期末借方余额扣除计提的坏账准备后计算填列；"应付账款"项目，根据"应付账款""预付账款"账户所属相关明细账户的期末贷方余额计算填列；"预付款项"项目，应根据"应付账款""预付账款"账户所属相关明细账户的期末借方余额合计数减去计提的坏账准备填列；"预收款项"项目，应根据"应收账款""预收账款"账户所属相关明细账户的期末贷方余额计算填列；"开发支出"项目应根据"研发支出"账户中所属的"资本化支出"明细账户期末余额计算填列；"应付职工薪酬"项目，应根据"应付职工薪酬"账户的明细账户期末余额计算填列；"一年内到期的非流动资产""一年内到期的非流动负债"项目，应根据有关非流动资产和非流动负债项目的明细账户余额计算填列；"未分配利润"项目，应根据"利润分配"账户所属的"未分配利润"明细账户期末余额填列。

（3）根据总账账户和明细账户余额分析计算填列。如"长期借款"项目，根据"长期借款"总账账户期末余额，扣除"长期借款"账户所属明细账户中反映的、将于一年内到期且不能自主地将清偿义务延期的长期借款后的金额计算填列；"其他非流动资产"项目，应根据有关账户的期末余额减去将于一年内（含一年）收回数后的金额计算填列；"其他非流动负债"项目，应根据有关账户的期末余额减去将于一年内（含一年）到期的偿还数后的金额计算填列。

（4）根据有关账户余额减去其备抵账户余额后的净额填列。如"应收票据""应收账款""长期股权投资""在建工程"等项目，应当根据"应收票据""应收账款""长期股权投资""在建工程"等账户的期末余额减去"坏账准备""长期股权投资减值准备""在建工程减值准备"等备抵账户余额后的净额填列；"投资性房地产""固定资产"项目，应当根据"投资性房地产""固定资产"账户的期末余额减去"投资性房地产累计折旧""累计折旧""投资性房地产减值准备""固定资产减值准备"备抵账户余额后的净额填列；"无形资产"项目，应当根据"无形资产"账户的期末余额减去"累计摊销""无形资产减值准备"备抵账户余额后的净额填列。

（5）综合运用上述填列方法分析填列。如资产负债表中的"存货"项目根据"原材料""委托加工物资""周转材料""材料采购""在途物资""发出商品""材料成本差异"等总账账户期末余额的分析汇总数再减去"存货跌价准备"账户余额后的净额填列。

2. 资产负债表项目的填列说明

1）资产项目的填列说明

（1）"货币资金"项目，反映企业库存现金、银行结算户存款、外埠存款、银行汇票存款、银行本票存款、信用卡存款、信用证保证金存款等的合计数。该项目应根据"库存现金""银行存款""其他货币资金"账户期末余额的合计数填列。

（2）"以公允价值计量且其变动计入当期损益的金融资产"项目，反映企业以公允价值计量且其变动计入当期损益的为交易目的持有的债券投资、股票投资、基金投资、权证投资等金融资产。该项目应当根据"交易性金融资产"和"以公允价值计量且其变动计入当期损益的金融资产"账户的期末余额填列。

（3）"应收票据"项目，反映企业因销售商品、提供劳务而收到的商业汇票，包括商业银行承兑汇票和银行承兑汇票。该项目应根据"应收票据"账户的期末余额，减去"坏账准备"账户中有关应收票据计提的坏账准备期末余额后的净额填列。

（4）"应收账款"项目，反映企业因销售商品、提供劳务等而应向购买单位收取的各种款项。该项目应根据"应收账款"和"预收账款"账户所属各明细账户的期末借方余额合计数，减去"坏账准备"账户中有关应收账款计提的坏账准备期末余额后的金额填列。如"应收账款"账户所属明细账户期末有贷方余额的，应在资产负债表"预收账款"项目内填列。

（5）"预付款项"项目，反映企业按照购货合同规定预付给供应单位的款项等。该项目应根据"预付账款"和"应付账款"账户所属明细账户的期末借方余额合计数，减去"坏账准备"账户中有关预付款项计提的坏账准备期末余额后的净额填列。如"预付账款"账户所属有关明细账户期末有贷方余额，应在资产负债表"应付账款"项目内填列。

（6）"应收利息"项目，反映企业应收取的债券投资等的利息。该项目应根据"应收利息"账户的期末余额，减去"坏账准备"账户中有关应收利息计提的坏账准备期末余额后的净额填列。

（7）"应收股利"项目，反映企业应收取的现金股利和应收取其他单位分配的利润。该项目应根据"应收股利"账户的期末余额,减去"坏账准备"账户中有关应收股利计提的坏账准备期末余额后的净额填列。

(8)"其他应收款"项目,反映企业除应收票据、应收账款、预付账款、应收利息、应收股利等经营活动以外的其他各种应收、暂付的款项。该项目应根据"其他应收款"账户的期末余额,减去"坏账准备"账户中有关其他应收款计提的坏账准备期末余额后的净额填列。

(9)"存货"项目,反映企业期末在库、在途和在加工中的各项存货的可变现净值或成本,包括各种材料、商品、在产品、半成品、包装物、低值易耗品、委托代销商品等。该项目应根据"材料采购""原材料""低值易耗品""库存商品""周转材料""委托加工物资""委托代销商品""生产成本""受托代销商品"等账户的期末余额合计数,减去"存货跌价准备""受托代销商品款"账户期末余额后的净额填列。材料采用计划成本核算以及库存商品采用计划成本或售价核算的企业,应按加或减材料成本差异、商品进销差价后的金额填列。

(10)"持有待售的非流动资产或持有待售的处置组中的资产"项目,反映企业主要通过出售(包括具有商业实质的非货币性资产交换)而非持续使用收回其账面价值的一项非流动资产或处置组。企业应当在资产负债表中区别于其他资产单独列示持有待售的非流动资产或持有待售的处置组中的资产。

(11)"一年内到期的非流动资产"项目,反映企业将于一年内到期的非流动资产项目金额。该项目应根据有关账户的期末余额分析填列。

(12)"以摊余成本计量的金融资产"项目,反映企业持有的以摊余成本计量的金融资产。该项目应根据有关账户的期末余额分析填列。

(13)"以公允价值计量且其变动计入其他综合收益的金融资产"项目,反映企业持有的以公允价值计量且其变动计入其他综合收益的金融资产。该项目应根据有关账户的期末余额分析填列。

(14)"长期应收款"项目,反映企业融资租赁产生的应收款项,以及采用递延方式分期收款、实质上具有融资性质的销售商品和提供劳务等经营活动产生的应收款项。该项目应根据"长期应收款"账户的期末余额,减去相应的"未实现融资收益"账户和"坏账准备"账户所属有关明细账户期末余额后的金额填列。

(15)"长期股权投资"项目,反映投资方对被投资单位实施控制、重大影响的权益性投资,以及对其合营企业的权益性投资。该项目应根据"长期股权投资"账户的期末余额,减去"长期股权投资减值准备"账户的期末余额后的净额填列。

(16)"投资性房地产"项目,反映为赚取租金或资本增值或两者兼有而持有的房地产,主要包括已出租的土地使用权、持有并准备增值后转让的土地使用权和已出租的建筑物。该项目应根据"投资性房地产"账户的期末余额,减去"投资性房地产累计折旧(摊销)"和"投资性房地产减值准备"账户期末余额后的净额填列。

(17)"固定资产"项目,反映企业的各种固定资产原价减去及累计折旧和减值准备后的净值。该项目应根据"固定资产"账户的期末余额,减去"累计折旧"和"固定资产减值准备"账户的期末余额后的净值填列。

(18)"在建工程"项目,反映企业期末各项未完工程的实际支出,包括交付安装的设备价值,未完建筑安装工程已经耗用的材料、工资和费用支出等项目的可收回金额。该项目应根据"在建工程"账户的期末余额,减去"在建工程减值准备"账户期末余额后的净额填列。

(19)"工程物资"项目,反映企业各项工程尚未使用的工程物资的实际成本。该项目应根据"工程物资"账户的期末余额填列。

(20)"固定资产清理"项目,反映企业因出售、毁损、报废等原因转入清理但尚未清理完毕的固定资产的净值,以及固定资产清理过程中所发生的清理费用和变价收入等各项金额的差额。该项目应根据"固定资产清理"账户的期末借方余额填列。如"固定资产清理"账户期末为贷方余额,以"-"号填列。

(21)"无形资产"项目,反映企业持有的各项无形资产的成本,减去累计摊销和减值准备后的净值。该项目应根据"无形资产"账户的期末余额,减去"累计摊销"和"无形资产减值准备"账户期末余额后的净额填列。

(22)"开发支出"项目,反映企业开发无形资产过程中能够资本化形成无形资产成本的支出部分。该项目应根据"研发支出"账户所属的"资本化支出"明细账户期末余额填列。

(23)"长期待摊费用"项目,反映企业已经发生但应由本期和以后各期负担的,分摊期限在一年以上的各项费用。长期待摊费用中在一年内(含一年)摊销的部分,在资产负债表"一年内到期的非流动资产"项目填列。该项目应根据"长期待摊费用"账户的期末余额减去将于一年内(含一年)摊销的数额后的金额填列。

(24)"递延所得税资产"项目,反映企业根据《企业会计准则第18号——所得税》确认的可抵扣暂时性差异产生的所得税资产。该项目应根据"递延所得税资产"账户的期末余额填列。

(25)"其他非流动资产"项目,反映企业上述非流动资产以外的其他非流动资产。该项目应根据有关账户的期末余额填列。

2)负债项目的填列说明

(1)"短期借款"项目,反映企业向银行或其他金融机构等借入的期限在一年以下(含一年)的借款。该项目应根据"短期借款"账户的期末余额填列。

(2)"以公允价值计量且其变动计入当期损益的金融负债"项目,反映企业持有的以公允价值计量且其变动计入当期损益的为交易目的所发行的金融负债。该项目应根据"交易性金融负债"账户和在初始确认时指定为"以公允价值计量且其变动计入当期损益的金融负债"账户的期末余额填列。

(3)"应付票据"项目,反映企业因购买材料、商品和接受劳务供应等而开出、承兑的商业汇票,包括银行承兑汇票和商业承兑汇票。该项目应根据"应付票据"账户的期末余额填列。

(4)"应付账款"项目,反映企业购买材料、商品和接受劳务供应等经营活动而应支付的款项。该项目应根据"应付账款"和"预付账款"账户所属各有关明细账户的期末贷方余额合计数填列;如"应付账款"账户所属各明细账户期末为借方余额,应在资产负债表"预付账款"项目内填列。

(5)"预收款项"项目,反映企业按照购货合同规定预收供应单位的款项。该项目应根据"预收账款"和"应收账款"账户所属各明细账户的期末贷方余额合计数填列。如"预收账款"账户所属明细账户期末有借方余额的,应在资产负债表"应收账款"项目内填列。

(6)"应付职工薪酬"项目,反映企业为获得职工提供的服务或解除劳动关系而给予的各种形式的报酬或补偿。企业提供给职工配偶、子女、受赡养人、已故职工遗属及其他受益人的福利，也属于职工薪酬。职工薪酬主要包括短期薪酬、离职后福利、辞退福利和其他长期职工福利。该项目应根据"应付职工薪酬"账户所属各明细账户的期末贷方余额分析填列。外商投资企业按规定从净利润中提取的职工奖励及福利基金，也在该项目列示。

（7）"应交税费"项目，反映企业按照税法规定计算应缴纳的各种税费，包括增值税、消费税、城市维护建设税、教育费附加、企业所得税、资源税、土地增值税、房产税、城镇土地使用税、车船税、矿产资源补偿费等。企业代扣代缴的个人所得税，也通过该项目列示。企业所缴纳的税金不需要预计应交数的，如印花税、耕地占用税等，不在该项目列示。该项目应根据"应交税费"账户的期末贷方余额填列，如"应交税费"账户期末为借方余额，以"-"号填列。

（8）"应付利息"项目，反映企业按照规定应当支付的利息，包括分期付息到期还本的长期借款应付的利息、企业发行的企业债券应支付的利息等。该项目应根据"应付利息"账户的期末余额填列。

（9）"应付股利"项目，反映企业应付未付的现金股利或利润。企业分配的股票股利不通过该项目列示。该项目应根据"应付股利"账户的期末余额填列。

（10）"其他应付款"项目，反映企业除应付票据、应付账款、预收账款、应付职工薪酬、应交税费、应付利息、应付股利等经营活动以外的其他各种应付、暂收的款项。该项目应根据"其他应付款"账户的期末余额填列。

（11）"一年内到期的非流动负债"项目，反映企业非流动负债中将于资产负债表日后一年内到期部分的金额，如将于一年内偿还的长期借款。该项目应根据有关账户的期末余额分析填列。

（12）"长期借款"项目，反映企业向银行或其他金融机构借入的期限在一年以上（不含一年）的各种借款。该项目应根据"长期借款"账户的期末余额扣除"长期借款"账户所属的明细账户中将在资产负债表日起一年内到期且不能自主地将清偿义务延期的长期借款后的金额计算填列。

（13）"应付债券"项目，反映企业为筹集长期资金而发行的债券本金（和利息）。该项目应根据"应付债券"账户的期末余额填列。

（14）"长期应付款"项目，反映除了长期借款和应付债券以外的其他各项长期应付款；主要有应付补偿贸易引进设备款、采用分期付款方式购入固定资产和无形资产发生的应付账款、应付融资租入固定资产租赁费等。该项目应当根据"长期应付款"账户的期末余额，减去"未确认融资费用"账户的期末余额，再减去所属相关明细账户中将于一年内到期的部分后的金额进行列示。

（15）"专项应付款"项目，反映企业接受国家作为企业所有者拨入的具有专门用途的款项形成的不需要以资产或增加其他负债偿还的负债。该项目应根据"专项应付款"账户的期末余额填列。

（16）"预计负债"项目，反映企业根据《企业会计准则第13号——或有事项》等相关准则确认的各项预计负债，包括对外提供担保、未决诉讼、产品质量保证、重组义务以及固定资产和矿区权益弃置义务等产生的预计负债。该项目应根据"预计负债"账户的期末余额填列。

（17）"递延收益"项目，反映尚待确认的收入或收益。该项目核算包括企业根据《企业会计准则第16号——政府补助》确认的应在以后期间计入当期损益的政府补助金额、售后租回形成融资租赁的售价与资产账面价值差额等其他递延性收入。该项目应根据"递延收益"账户的期末余额填列。

(18) "递延所得税负债"项目，反映企业根据《企业会计准则第 18 号——所得税》确认的应纳税暂时性差异产生的所得税负债。该项目应根据"递延所得税负债"账户的期末余额填列。

(19) "其他非流动负债"项目，反映企业除上述非流动负债以外的其他非流动负债。该项目应根据有关账户的期末余额填列。"其他非流动负债"项目应根据有关账户的期末余额减去将于一年内（含一年）到期偿还数后的余额分析填列。非流动负债各项目中将于一年内（含一年）到期的非流动负债，应在"一年内到期的非流动负债"项目内反映。

3) 所有者权益项目的填列说明

(1) "实收资本（股本）"项目，反映企业各投资者实际投入的资本（或股本）总额。该项目应根据"实收资本（或股本）"账户的期末余额填列。

(2) "资本公积"项目，反映企业收到投资者出资超过其在注册资本或股本中所占的份额以及直接计入所有者权益的利得和损失等。该项目应根据"资本公积"账户的期末余额填列。

(3) "其他综合收益"项目，反映企业其他综合收益的期末余额。该项目应根据"其他综合收益"账户的期末余额填列。

(4) "盈余公积"项目，反映企业盈余公积的期末余额。该项目应根据"盈余公积"账户的期末余额填列。

(5) "未分配利润"项目，反映企业尚未分配的利润。该项目应根据"本年利润"账户和"利润分配"账户的余额计算填列。未弥补的亏损，在该项目内以"-"号填列。

13.2.3 资产负债表编制举例

例 13-1 利达股份有限公司是增值税一般纳税人，适用增值税税率为 16%，所得税税率为 25%，20×7 年 12 月 31 日资产负债表及 20×8 年 12 月 31 日账户余额表分别如表 13-1 和表 13-2 所示。

表 13-1 资产负债表　　　　　　　　　　　　　　　会企 01 表

编制单位：利达股份有限公司　　　20×7 年 12 月 31 日　　　　　单位：元

资产	期末余额	年初余额（略）	负债及股东权益	期末余额	年初余额（略）
流动资产：			流动负债：		
货币资金	2 172 000		短期借款	500 000	
交易性金融资产	26 800		交易性金融负债	0	
应收票据	100 000		应付票据	280 000	
应收账款	348 250		应付账款	760 000	
预付款项	80 000		预收款项	0	
应收利息	0		应付职工薪酬	62 000	
应收股利	0		应交税费	40 800	
其他应收款	3 000		应付利息	10 000	
存货	348 500		应付股利	0	

续表

资产	期末余额	年初余额（略）	负债及股东权益	期末余额	年初余额（略）
持有待售资产	0		其他应付款	0	
一年内到期的非流动资产	0		持有待售负债	0	
其他流动资产	0		一年内到期的非流动负债	0	
流动资产合计	3 078 550		其他流动负债	0	
非流动资产：			流动负债合计	1 652 800	
债权投资	0		非流动负债：		
其他债权投资	0		长期借款	1 500 000	
长期应收款	0		应付债券	0	
长期股权投资	0		长期应付款	0	
其他权益工具投资	0		专项应付款	0	
投资性房地产	0		预计负债	0	
固定资产	2 565 000		递延收益	0	
在建工程	1 600 000		递延所得税负债	0	
工程物资	0		其他非流动负债	0	
固定资产清理	0		非流动负债合计	1 500 000	
生产性生物资产	0		负债合计	3 152 800	
油气资产	0		股东权益：		
无形资产	1 000 000		股本	2 000 000	
开发支出	0		资本公积	2 832 625	
商誉	0		减：库存股	0	
长期待摊费用	0		其他综合收益	0	
递延所得税资产	1 875		盈余公积	160 000	
其他非流动资产	0		未分配利润	100 000	
非流动资产合计	5 166 875		股东权益合计	5 092 625	
资产总计	8 245 425		负债及股东权益总计	8 245 425	

表 13-2　20×8 年 12 月 31 日账户余额表　　　　　　　　　　　　　　单位：元

账户名称	借方余额	账户名称	贷方余额
库存现金	4 000	短期借款	200 000
银行存款	1 054 670	应付票据	80 000
其他货币资金	22 000	应付账款	660 000
交易性金融资产	28 800	应付职工薪酬	39 000
应收票据	564 000	应交税费	160 270
应收账款	530 000	应付利息	10 000
坏账准备	-2 650	长期借款	1 410 000
预付账款	0	递延所得税负债	500
其他应收款	3 000	股本	2 000 000
材料采购	280 000	资本公积	2 832 625
原材料	27 600	盈余公积	179 500

续表

账户名称	借方余额	账户名称	贷方余额
周转材料	10 000	未分配利润	275 500
库存商品	139 000		
材料成本差异	6 100		
存货跌价准备	-19 500		
固定资产	4 289 000		
累计折旧	-411 500		
在建工程	400 000		
无形资产	1 200 000		
累计摊销	-282 000		
递延所得税资产	4 875		
合计	7 847 395	合计	7 847 395

根据上述资料编制利达股份有限公司公司20×8年年末资产负债表如表13-3所示。

表13-3 资产负债表

会企01表

编制单位：利达股份有限公司　　　　　20×8年12月31日　　　　　单位：元

资产	期末余额	年初余额	负债及股东权益	期末余额	年初余额
流动资产：			流动负债：		
货币资金	1 080 670	2 172 000	短期借款	200 000	500 000
交易性金融资产	28 800	26 800	交易性金融负债	0	0
应收票据	564 000	100 000	应付票据	80 000	280 000
应收账款	527 350	348 250	应付账款	660 000	760 000
预付款项	0	80 000	预收款项	0	0
应收利息	0	0	应付职工薪酬	39 000	62 000
应收股利	0	0	应交税费	160 270	40 800
其他应收款	3 000	3 000	应付利息	10 000	10 000
存货	443 200	348 500	应付股利	0	0
持有待售资产	0	0	其他应付款	0	0
一年内到期的非流动资产	0	0	持有待售负债	0	0
其他流动资产	0	0	一年内到期的非流动负债	0	0
流动资产合计	2 647 020	3 078 550	其他流动负债	0	0
非流动资产：			流动负债合计	1 149 270	1 652 800
债权投资	0	0	非流动负债：		
其他债权投资	0	0	长期借款	1 410 000	1 500 000
长期应收款	0	0	应付债券	0	0
长期股权投资	0	0	长期应付款	0	0
其他权益工具投资	0	0	专项应付款	0	0
投资性房地产	0	0	预计负债	0	0
固定资产	3 877 500	2 565 000	递延收益	0	0

续表

资　产	期末余额	年初余额	负债及股东权益	期末余额	年初余额
在建工程	400 000	1 600 000	递延所得税负债	500	0
工程物资	0	0	其他非流动负债	0	0
固定资产清理	0	0	非流动负债合计	1 410 500	1 500 000
生产性生物资产	0	0	负债合计	2 559 770	3 152 800
油气资产	0	0	股东权益:		
无形资产	918 000	1 000 000	股本	2 000 000	2 000 000
开发支出	0	0	资本公积	2 832 625	2 832 625
商誉	0	0	减：库存股	0	0
长期待摊费用	0	0	其他综合收益	0	0
递延所得税资产	4 875	1 875	盈余公积	179 500	160 000
其他非流动资产	0	0	未分配利润	275 500	100 000
非流动资产合计	5 200 375	5 166 875	股东权益合计	5 287 625	5 092 625
资产总计	7 847 395	8 245 425	负债及股东权益总计	7 847 395	8 245 425

13.3 利　润　表

利润表是反映企业在一定会计期间经营成果的报表。企业一定会计期间的经营成果既可能表现为盈利，也可能表现为亏损，因此，利润表又称为损益表。利润表全面揭示了企业在某一时期实现的各种收入，发生的各种费用、成本或支出，以及企业实现的利润或发生的亏损情况。

利润表是以"收入-费用＝利润"为理论基础来编制的，其具体内容取决于收入、费用、利润等会计要素及其内容。利润表项目是收入、费用和利润要素内容的具体体现。从反映企业经营资金运动的角度看，利润表是一种反映某一期间企业经营资金动态表现的报表，主要提供有关企业经营成果方面的信息，属于动态会计报表。

13.3.1 利润表的格式

利润表一般分为表头、表体两部分。其中，表头说明报表名称、编制单位、编制日期、报表编号、货币名称、计量单位等；表体是利润表的主体，反映形成经营成果的各个项目和计算过程。

利润表正表的格式一般有两种：单步式利润表和多步式利润表。单步式利润表是将当期所有的收入列在一起，然后将所有的费用列在一起，两者相减得出当期净损益。在我国，企业利润表采用的基本是多步式结构，即通过对当期的收入、费用、支出项目按性质加以归类，按利润形成的主要环节列示一些中间性利润指标，如营业利润、利润总额、净利润，分步计算当期净损益。

13.3.2 利润表的编制方法

1. 利润表项目的填列方法

利润表各项目均需填列"本期金额"和"上期金额"两栏。其中,"上期金额"栏内各项数字,应根据上年该期利润表"本期金额"栏内所列数字填列;"本期金额"栏内所列数字,除"基本每股收益"和"稀释每股收益"项目外,应当按照相关账户的发生额分析填列。我国利润表主要填列以下几个方面的内容。

(1) 构成营业利润的各项要素。从营业收入出发,减去为取得营业收入而发生的相关费用、税金后得出营业利润。

(2) 构成利润总额的各项要素。利润总额是在营业利润的基础上加上营业外收入,减去营业外支后得出利润总额。

(3) 构成净利润的各项要素。净利润是在利润总额的基础上,减去本期计入损益的所得税费用后得出净利润。

(4) 以净利润(或净亏损)为基础,计算出每股收益。

(5) 以净利润(或净亏损)和其他综合收益为基础,计算出综合收益总额。

2. 利润表项目的填列说明

由于利润表是反映企业一定时期经营成果的动态报表,因此,该有各项目一般根据账户的本期发生额分析填列。

(1)"营业收入"项目,反映企业经营业务所得的收入总额。该项目应根据"主营业务收入"和"其他业务收入"账户的发生额分析填列。

(2)"营业成本"项目,反映企业经营业务发生的实际成本。该项目应根据"主营业务成本"和"其他业务成本"账户的发生额分析填列。

(3)"税金及附加"项目,反映企业经营业务应负担的消费税、城市维护建设税、资源税、土地增值税、教育费附加及房产税、车船税、城镇土地使用税、印花税等相关税费。该项目应根据"税金及附加"账户的发生额分析填列。

(4)"销售费用"项目,反映企业在销售商品过程中发生的包装费、广告费等费用,以及为销售本企业商品而专设销售机构的职工薪酬、业务费等经营费用。该项目应根据"销售费用"账户的发生额分析填列。

(5)"管理费用"项目,反映企业为组织和管理生产经营发生的管理费用。该项目应根据"管理费用"账户的发生额分析填列。

(6)"财务费用"项目,反映企业为筹集生产经营所需资金等而发生的筹资费用。该项目应根据"财务费用"账户的发生额分析填列。

(7)"资产减值损失"项目,反映企业发生的各项减值损失。该项目应根据"资产减值损失"账户的发生额分析填列。

(8)"公允价值变动损益"项目,反映企业应当计入当期损益的资产或负债公允价值变动收益。该项目应根据"公允价值变动损益"账户的发生额分析填列;如为净损失,本项目以"-"号填列。

（9）"投资收益"项目，反映企业以各种方式对外投资所取得的收益。该项目应根据"投资收益"账户的发生额分析填列；如为投资损失，以"-"号填列。

（10）"其他收益"项目，反映收到的与企业日常活动相关的计入当期收益的政府补助。该项目应根据"其他收入"账户的发生额分析填列。

（11）"营业利润"项目，反映企业实现的营业利润。如亏损，该项目以"-"号填列。

（12）"营业外收入"和"营业外支出"项目，反映企业发生的与其生产经营无直接关系的各项收入和支出。这两个项目应分别根据"营业外收入"和"营业外支出"账户的发生额分析填列。

（13）"利润总额"项目，反映企业实现的利润。如为亏损，该项目以"-"号填列。

（14）"所得税费用"项目，反映企业按规定从本期损益中减去的所得税费用。该项目应根据"所得税费用"账户的发生额分析填列。

（15）"净利润"项目，反映企业实现的净利润。如为亏损，该项目以"-"号填列。

（16）"其他综合收益的税后净额"项目，反映企业根据会计准则规定为未在损益中确认的各项利得和损失扣除所得税影响后的净额。

（17）"综合收益总额"项目，反映企业净利润与其他综合收益（税后净额）的合计金额。

（18）"每股收益"项目，包括基本每股收益和稀释每股收益两项指标，反映普通股或潜在普通股已公开交易的企业，以及正处在公开发行普通股或潜在普通股过程中的企业的每股收益信息。

13.3.3 利润表编制举例

例 13-2 利达股份有限公司 20×8 年度损益类账户的发生额如表 13-4 所示。

表 13-4 利达股份有限公司 20×8 年度损益类账户的累计发生净额　　　　单位：元

账户名称	借方发生额	贷方发生额
主营业务收入		1 800 000
主营业务成本	1 080 000	
税金及附加	15 000	
销售费用	35 000	
管理费用	229 100	
财务费用	30 000	
资产减值损失	12 900	
资产处置损益	140 000	
公允价值变动损益		2 000
所得税费用	65 000	

根据上述资料编制利达股份有限公司 20×8 年度利润表，如表 13-5 所示。

表 13-5 利润表　　　　会企02表

编制单位：利达股份有限公司　　　　20×8 年 12 月　　　　单位：元

项目	本期金额	上期金额
一、营业收入	1 800 000	

续表

项目	本期金额	上期金额
减：营业成本	1 080 000	
税金及附加	15 000	
销售费用	35 000	
管理费用	229 100	
财务费用	30 000	
资产减值损失	12 900	
加：公允价值变动损益（损失以"-"号填列）	2 000	
投资收益（损失"-"号填列）	0	
其中：对联营企业和合营企业的投资收益	0	
资产处置收益（损失以"-"号填列）	-140 000	
其他收益	0	
二、营业利润（亏损以"-"号填列）	260 000	
加：营业外收入	0	
减：营业外支出	0	
三、利润总额（亏损总额以"-"号填列）	260 000	
减：所得税费用	65 000	
四、净利润（净亏损以"-"号填列）	195 000	
（一）持续经营净利润（净亏损以"-"号填列）	0	
（二）终止经营净利润（净亏损以"-"号填列）	0	
五、其他综合收益的税后净额	0	
（一）以后不能重分类进损益的其他综合收益	0	
1. 重新计量设定受益计划净负债或净资产的变动	0	
2. 权益法下在被投资单位不能重分类进损益的其他综合收益中享有的份额	0	
……		
（二）以后将重分类进损益的其他综合收益	0	
1. 权益法下在被投资单位以后重分类进损益的其他综合收益中享有的份额	0	
2. 其他债权投资公允价值变动损益		
3. 金融资产重分类转入损益的累计利得或损失	0	
4. 现金流量套期损益的有效部分		
5. 外币财务报表折算差额	0	
……		
六、综合收益总额	1950 00	
七、每股收益	略	
（一）基本每股收益	略	
（二）稀释每股收益	略	

13.4 现金流量表

根据《企业会计准则第 31 号——现金流量表》，现金流量表是反映企业一定会计期间现金及现金等价物流入和流出的报表。编制现金流量表的主要目的是为财务报表使用者提供企业一定会计期间内现金和现金等价物流入和流出的信息,以便于财务报表使用者了解和评价企业获取现金及现金等价物的能力,并据以预测企业未来现金流量。这里的现金是指企业库存现金以及可以随时用于支付的存款,包括库存现金、银行存款、其他货币资金,不能随时用于支取的存款不属于现金。现金等价物是指企业持有的期限短、流动性强、易于转换为已知金额现金、价值变动风险很小的投资。期限短,一般是指从购买日起3个月内到期。现金等价物,通常包括3个月内到期的短期债券投资,权益性投资变现的金额通常不确定,因而不属于现金等价物。企业应当根据具体情况,确定现金等价物的范围,一经确定不得随意变更。

13.4.1 资金流量表的内容与格式

1. 经营活动产生的现金流量

经营活动是指企业投资活动和筹资活动以外的所有交易和事项。各类企业由于行业特点不同,对经营活动的认定存在一定差异。对于工商企业而言,经营活动主要包括销售商品、提供劳务、购买商品、接受劳务、支付税费等。对于商业银行而言,经营活动主要包括吸收存款、发放贷款、同业存放、同业拆借等。

《企业会计准则第31号——现金流量表》规定,企业应当采用直接法编报现金流量表,同时要求在附注中提供以净利润为基础调节到经营活动现金流量的信息。

2. 投资活动产生的现金流量

投资活动是指企业长期资产的购建和不包括在现金等价物范围内的投资及其处置活动。长期资产是指固定资产、无形资产、在建工程、其他资产等持有期限在一年或一个营业周期以上的资产。这里所讲的投资活动,既包括实物资产投资,也包括金融资产投资。不同企业由于行业特点不同,对投资活动的认定也存在差异。例如,交易性金融资产所产生的现金流量,对于工商企业属于投资活动现金流量,而对于证券公司则属于经营活动现金流量。

3. 筹资活动产生的现金流量

筹资活动是指导致企业资本及债务规模和构成发生变化的活动。这里所说的资本,既包括实收资本(股本),也包括资本溢价(股本溢价)。这里所说的债务,指对外举债,包括向银行借款、发行债券及偿还债务等。通常情况下,应付账款、应付票据等商业应付款属于经营活动,不属于筹资活动。

需要注意的是,对于企业日常活动之外的不经常发生的特殊项目,如自然灾害损失、保险赔款等,应当归集到相关类别中单独反映。例如,自然灾害损失如果能够确定属于流动资产损失,则应当被列入经营活动产生的现金流量;若属于固定资产损失,则仍应当被列入投资活动产生的现金流量。

4. 汇率变动对现金及现金等价物的影响

编制现金流量表时,应当将企业外币现金流量及境外子公司的现金流量折算成记账本位币。外币现金流量以及境外子公司的现金流量,应当采用现金流量发生日的即期汇率或按照系统合理的方法确定的、与现金流量发生日即期汇率近似的汇率折算。汇率变动对现金的影响额,应当作为调节项目,在现金流量表中单独列报。

汇率变动对现金的影响,指企业外币现金流量及境外子公司的现金流量折算成记账本位币时,所采用的是现金流量发生日的汇率或按照系统合理的方法确定的、与现金流量发生日即期汇率近似的汇率,而现金流量表"现金及现金等价物净增加额"项目中外币现金净增加额是按资产负债表日的即期汇率折算的,这两者的差额即为汇率变动对现金的影响。

在编制现金流量表时,可以通过现金流量表补充资料中"现金及现金等价物净增加额"数额与现金流量表中"经营活动产生的现金流量净额""投资活动产生的现金流量净额""筹资活动产生的现金流量净额"三项之和比较,其差额即为汇率变动对现金的影响额。

5. 现金流量表补充资料

除现金流量表反映的信息外,企业还应在附注中披露将净利润调节为经营活动现金流量、不涉及现金收支的重大投资和筹资活动、现金及现金等价物净变动情况等信息。

1)将净利润调节为经营活动现金流量

现金流量表采用直接法反映经营活动产生的现金流量,同时企业还应采用间接法反映经营活动产生的现金流量。在我国,现金流量表补充资料应采用间接法反映经营活动产生的现金流量情况,以对现金流量表中采用直接法反映的经营活动现金流量进行核对和补充说明。

采用间接法列报经营活动产生的现金流量时,需要对四大类项目进行调整,具体如下。

(1)实际没有支付现金的费用。
(2)实际没有收到现金的收益。
(3)不属于经营活动的损益。
(4)经营性应收应付项目的增减变动。

2)不涉及现金收支的重大投资和筹资活动

不涉及现金收支的重大投资和筹资活动,反映企业一定期间内影响资产或负债但不影响该期现金收支的所有者投资和筹资活动的信息。这些投资和筹资活动,虽然不涉及现金收支,但对以后各期的现金流量有重大影响。

企业应当在附注中披露不涉及当期现金收支,但影响企业财务状况或在未来可能影响企业现金流量的重大投资和筹资活动,主要包括以下几类。

(1)债务转为资本,反映企业本期转为资本的债务金额。
(2)年内到期的可转换公司债券,反映企业一年内到期的可转换公司债券的本息。
(3)融资租入固定资产,反映企业本期融资租入的固定资产。

3)现金及现金等价物的构成

企业应当在附注中披露与现金及现金等价物有关的下列信息。

(1)现金及现金等价物的构成及其在资产负债表中的相应金额。
(2)企业持有但不能由母公司或集团内其他子公司使用的大额现金及现金等价物金额。

《企业会计准则第31号——现金流量表》应用指南规定了一般企业现金流量表的格式,如表13-6所示。

表 13-6　现金流量表

编制单位：利达股份有限公司　　　　20×8 年度　　　　　　　　　　单位：元

项目	本期金额	上期金额（略）
一、经营活动产生的现金流量		
销售商品、提供劳务收到的现金	1 492 000	
收到的税费返还	0	
收到其他与经营活动有关的现金	0	
经营活动现金流入小计	1 492 000	
购买商品、接受劳务支付的现金	789 330	
支付给职工以及为职工支付的现金	650 000	
支付的各项税费	215 000	
支付其他与经营活动有关的现金	105 000	
经营活动现金流出小计	1 756 830	
经营活动产生的现金流量净额	-267 330	
二、投资活动产生的现金流量		
收回投资收到的现金	0	
取得投资收益收到的现金	0	
处置固定资产、无形资产和其他长期资产收回的现金净额	300 000	
处置子公司及其他营业单位收到的现金净额	0	
收到其他与投资活动有关的现金	0	
投资活动现金流入小计	300 000	
购建固定资产、无形资产和其他长期资产支付的现金	504 000	
投资支付的现金	0	
取得子公司及其他营业单位支付的现金净额	0	
支付其他与投资活动有关的现金	0	
投资活动现金流出小计	504 000	
投资活动产生的现金流量净额	-204 000	
三、筹资活动产生的现金流量		
吸收投资收到的现金	0	
取得借款收到的现金	600 000	
收到其他与筹资活动有关的现金	0	
筹资活动现金流入小计	600 000	
偿还债务支付的现金	1 200 000	
分配股利、利润或偿付利息支付的现金	0	
支付其他与筹资活动有关的现金	0	
筹资活动现金流出小计	1 220 000	
筹资活动产生的现金流量净额	-600 000	
四、汇率变动对现金及现金等价物的影响	0	
五、现金及现金等价物净增加额	-1 091 330	
加：期初现金及现金等价物余额	2 172 000	
六、期末现金及现金等价物余额	1 080 670	

13.4.2 现金流量表的编制方法

1. 直接法和间接法

编制现金流量表时,列报经营活动现金流量的方法有两种:一种是直接法,另一种是间接法。在直接法下,企业一般是以利润表中的营业收入为起算点,调节与经营活动有关的项目的增减变动,然后计算出经营活动产生的现金流量。在间接法下,企业将净利润调节为经营活动现金流量,实际上就是将按权责发生制原则确定的净利润调整为现金净流入,并剔除投资活动和筹资活动对现金流量的影响。

采用直接法编报的现金流量表,便于分析企业经营活动产生的现金流量的来源和用途,预测企业现金流量的未来前景;采用间接法编报现金流量表,便于将净利润与经营活动产生的现金流量净额进行比较,了解净利润与经营活动产生的现金流量差异的原因,从现金流量的角度分析净利润的质量。所以,我国企业会计准则规定,企业应当采用直接法编报现金流量表,同时要求在附注中提供以净利润为基础调节到经营活动现金流量的信息。

2. 工作底稿法、T形账户法和分析填列法

在具体编制现金流量表时,可以采用工作底稿法或T形账户法,也可以根据有关账户记录分析填列。

1) 工作底稿法

采用工作底稿法编制现金流量表,是指以工作底稿为手段,以资产负债表和利润表数据为基础,对每一项目进行分析,并编制调整分录,从而编制现金流量表。工作底稿法的程序如下。

第一步,将资产负债表的期初数和期末数过入工作底稿的"期初数"栏和"期末数"栏。

第二部,对当期业务进行分析,并编制调整分录。编制调整分录时,要以利润表项目为基础,从营业收入开始,结合资产负债表项目逐一进行分析。调整分录中,有关现金及现金等价物的事项,并不直接借记或贷记现金,而是分别记入"经营活动产生的现金流量""投资活动产生的现金流量""筹资活动产生的现金流量"有关项目,借记表示现金流入,贷记表示现金流出。

第三步,将调整分录过入工作底稿中的相应部分。

第四步,核对调整分录,借方、贷方合计数均已相等,资产负债表项目期初数加减调整分录中的借贷方金额以后,也等于期末数。

第五步,根据工作底稿中的现金流量表项目部分编制正式的现金流量表。

2) T形账户法

T形账户法下,企业以T形账户为手段,以资产负债表和利润表数据为基础,对每一项目进行分析,并编制调整分录,从而编制现金流量表。T形账户法的程序如下。

第一步,为所有的非现金项目分别开设T形账户,并将各自的期末期初变动数过入各该账户,如果项目的期末数大于期初数,则将差额过入和项目余额相同的方向;反之,过入相反的方向。

第二步,开设一个大的现金及现金等价物T形账户,每边分为经营活动、投资活动和筹资活动 3 个部分，左边记现金流入，右边记现金流出。与其他账户一样，过入期末期初变动数。

第三步，以利润表项目为基础，结合资产负债表，分析每一个非现金项目的增减变动，并据此编制调整分录。

第四步，将调整分录过入各 T 形账户，并进行核对，该账户借贷相抵后的余额与原先过入的期末期初变动数应当一致。

第五步，根据大的现金及现金等价物 T 形账户编制正式的现金流量表。

3）分析填列法

分析填列法是直接根据资产负债表、利润表和有关会计账户明细账的记录，分析计算出现金流量表各项目的金额，并据以编制现金流量表的方法。

13.4.3 现金流量表的编制

1. 经营活动产生的现金流量有关项目的编制

1）销售商品、提供劳务收到的现金

该项目反映企业销售商品、提供劳务实际收到的现金，包括销售收入和应向购买者收取的增值税销项税额，具体包括本期销售商品、提供劳务收到的现金，以及前期销售商品、提供劳务本期收到的现金和本期预收的款项，减去本期销售本期退回的商品和前期销售本期退回的商品支付的现金。企业销售材料和代购代销业务收到的现金，也在该项目反映。该项目可根据"库存现金""银行存款""应收票据""应收账款""预收账款""主营业务收入""其他业务收入"账户的记录分析填列。

例 13-3 利达股份有限公司本期销售一批商品，开出的增值税专用发票上注明的销售价款为 2 000 000 元，增值税销项税额为 320 000 元，银行存款收讫。应收票据期初余额为 140 000 元，期末余额为 40 000 元。应收账款期初余额为 600 000 元，期末余额为 350 000 元。年度内核销的坏账损失为 8 000 元。另外，本期因商品质量问题发生退货，支付银行存款 20 000 元，货款已通过银行转账支付。

本期销售商品、提供劳务收到的现金计算如下：

本期销售商品收到的现金		2 320 000
加：本期收到前期的应收票据	100 000	（140 000-40 000）
本期收到前期的应收账款	242 000	（600 000-350 000-8 000）
减：本期因销售退回支付的现金		20 000
本期销售商品、提供劳务收到的现金		2 642 000

另外，如果企业规模及业务量较大，需要根据利润表、资产负债表有关项目，以及部分账户记录资料填列此项目。相关计算公式为

销售商品、提供劳务收到的现金 = 营业收入+增值税销项税额+
（"应收账款"项目期初余额-期末余额）+
（"应收票据"项目期初余额-期末余额）+
（"预收账款"项目期末余额-期初余额）-
债务人以非现金资产抵债减少的应收账款和应收票据-
本期计提坏账准备导致的应收账款项目减少数

2）收到的税费返还项目

该项目反映企业收到返还的各种税费，如收到的增值税、所得税、消费税、关税和教育费附加返还款等。该项目可以根据"库存现金""银行存款""税金及附加""营业外收入"等账户的记录分析填列。

例 13-4 利达股份有限公司前期出口商品一批，已交纳增值税，按规定应退增值税 12 800 元，前期未退，本期以转账方式收讫；本期收到退回的消费税税款 20 000 元、教育费附加返还款 27 000 元，款项已存入银行。

本期收到的税费返还计算如下：

本期收到的出口退增值税税额	12 800
加：收到的退消费税税额	20 000
收到的退教育费附加返还额	22 000
本期收到的税费返还	54 800

3）收到的其他与经营活动有关的现金

该项目反映企业除上述各项目外，收到的其他与经营活动有关的现金，如罚款收入、经营租赁固定资产收到的现金、流动资产损失中由个人赔偿的现金收入、除税费返还外的其他政府补助收入等。其他与经营活动有关的现金，如果价值较大的，应单列项目反映。该项目可以根据"库存现金""银行存款""管理费用""营业费用"等账户的记录分析填列。

4）购买商品、接受劳务支付的现金

该项目反映企业购买材料、商品、接受劳务实际支付的现金，包括支付的货款及与货款一并支付的增值税进项税额。具体包括本期购买商品、接受劳务支付的现金，以及本期支付前期购买商品、接受劳务的未付款项和本期预付款项，减去本期发生的购货退回收到的现金。为购置存货而发生的借款利息资本化部分，应在"分配股利、利润或偿付利息支付的现金"项目中反映，该项目可以根据"库存现金""银行存款""应付票据""应付账款""预付账款""主营业务成本""其他业务成本"等账户的记录分析填列。

例 13-5 利达股份有限公司本期购买原材料，收到的增值税专用发票上注明的材料价款为 200 000 元，增值税进项税额为 32 000 元，款项已通过银行转账支付；本期支付应付票据 180 000 元；购买工程物资 150 000 元，货款已通过银行转账支付。

本期购买商品、接受劳务支付的现金计算如下：

本期购买原材料支付的价款	200 000
加：本期购买原材料支付的增值税进项税额	32 000
本期支付的应付票据	180 000
本期购买商品、接受劳务支付的现金	412 000

企业根据报表资料填列的购买商品、接受劳务支付的现金计算公式为

购买商品、接受劳务支付的现金 = 营业成本+增值税进项税额+
（"存货"项目期末余额-期初余额）+
（"应付账款"项目期初余额-期末余额）+
（"应付票据"项目期初余额-期末余额）+
（"预付账款"项目期末余额-期初余额）

5）支付给职工以及为职工支付的现金

该项目反映企业实际支付给职工的现金及为职工支付的现金，包括企业为获得职工提供的服务，本期实际给予各种形式的报酬及其他相关支出，如支付给职工的工资、奖金、各种津贴和补贴等，以及为职工支付的其他费用，不包括支付给在建工程人员的工资。支付的在建工程人员的工资，在"购建固定资产、无形资产和其他长期资产所支付的现金"项目中反映。

企业为职工支付的社会保险基金、补充养老保险、住房公积金，企业为职工缴纳的商业保险金，因解除与职工劳动关系给予的补偿，现金结算的股份支付，以及支付给职工或为职工支付的其他福利费用等，应根据职工的工作性质和服务对象，分别在"购建固定资产、无形资产和其他长期资产所支付的现金"和"支付给职工以及为职工支付的现金"项目中反映。

该项目可根据"库存现金""银行存款""应付职工薪酬"等账户的记录分析填列。

例 13-6 利达股份有限公司本期实际支付工资 700 000 元，其中经营人员工资 400 000 元，在建工程人员工资 300 000 元。

本期支付给职工及为职工支付的现金为 400 000 元。

6）支付的各项税费

该项目反映企业按规定支付的各项税费，包括本期发生并支付的税费，以及本期支付以前各期发生的税费和预交的税金，如支付的教育费附加、印花税、土地增值税、车船使用税、增值税、所得税等。该项目不包括本期退回的增值税、所得税等。本期退回的增值税、所得税等，在"收到的税费返还"项目中反映。该项目可以根据"应交税费""库存现金""银行存款"等账户分析填列。

例 13-7 利达股份有限公司本期向税务机关交纳增值税 12 800 元；本期发生的所得税 2 100 000 元已全部交纳；企业期初未交所得税 210 000 元，期末未交所得税 160 000 元。

本期支付的各项税费计算如下：

本期支付的增值税额	12 800
加：本期发生并交纳的所得税额	2 100 000
前期发生本期交纳的所得税额	50 000（210 000-160 000）
本期支付的各项税费	2 162 800

7）支付的其他与经营活动有关的现金

该项目反映企业除上述各项外，支付的其他与经营活动有关的现金，如罚款支出、支付的差旅费、业务招待费、保险费、经营租赁支付的现金等。其他与经营活动有关的现金，如果金额较大的，应单列项目反映。该项目可以根据有关账户的记录分析填列。

2. 投资活动产生的现金流量有关项目的编制

1）收回投资收到的现金

该项目反映企业出售、转让或到期收回除现金等价物以外的交易性金融资产、债权投资、其他权益工具投资、长期股权投资、投资性房地产而收到的现金。该项目不包括债权性投资收回的利息、收回的非现金资产，以及处置子公司及其他营业单位收到的现金净额。债权性投资收回的本金在该项目中反映，债权性投资收回的利息不在该项目中反映，而在"取得投资收益所收到的现金"项目中反映。处置子公司及其他营业单位收到的现金净额单设项目反映。该项目可以根据"交易性金融资产""债权投资""其他权益工具投资""长期股权投资"

"投资性房地产""库存现金""银行存款"等账户的记录分析填列。

例 13-8 利达股份有限公司出售某项长期股权投资，收回的全部投资金额为 580 000 元；出售某项长期权债权性投资，收回的全部投资金额为 320 000 元，其中 20 000 元是债券利息。

本期收回投资所收到的现金计算如下：

收回长期股权投资金额	580 000
加：收回长期债权性投资本金	300 000（320 000-20 000）
本期收回投资收到的现金	880 000

2）取得投资收益收到的现金

该项目反映企业因股权性投资而分得的现金股利，从子公司、联营企业或合营企业分回利润而收到的现金，因债权性投资而取得的现金利息收入。股票股利不在该项目中反映。包括的现金等价物范围内的债权性投资，其利息收入在该项目中反映。该项目可以根据"应收股利""应收利息""投资收益""库存现金""银行存款"等账户的记录分析填列。

例 13-9 利达股份有限公司期初权益工具投资余额 5 000 000 元，其中，4 000 000 元投资于联营企业 A 企业，占其股本的 30%，采用权益法核算。另外 400 000 元和 600 000 元分别投资于 B 企业和 C 企业，各占接受投资企业总股本的 8%和 12%，作为其他权益工具投资核算。当年 A 企业盈利 1 500 000 元，分配现金股利 600 000 元；B 企业亏损，没有分配股利；C 企业盈利 300 000 元，分配现金股利 80 000 元。利达股份有限公司已如数收到现金股利。

本期取得投资收益收到的现金计算如下：

取得 A 企业实际分回的投资收益	180 000（600 000×30%）
加：取得 B 企业实际分回的投资收益	0
取得 C 企业实际分回的投资收益	9 600（80 000×12%）
本期取得投资收益收到的现金	189 600

3）处置固定资产、无形资产和其他长期资产收回的现金净额

该项目反映企业出售固定资产、无形资产和其他长期资产所取得的现金减去为处置这些资产而支付的有关费用后的净额。处置固定资产、无形资产和其他长期资产所收到的现金与处置活动支付的现金，两者在时间上比较接近，以净额反映更能准确反映处置活动对现金流量的影响。由于自然灾害等原因造成的固定资产等长期资产报废或毁损而收到的保险赔偿收入在该项目中反映。如处置固定资产、无形资产和其他长期资产收回的现金净额为负数，则应作为投资活动产生的现金流量，在"支付的其他与投资活动有关的现金"项目中反映。该项目可以根据"固定资产清理""库存现金""银行存款"等账户的记录分析填列。

例 13-10 利达股份有限公司出售一台不需用设备，收到价款 40 000 元，该设备原价 50 000 元，已提折旧 20 000 元，支付该设备拆卸费用 500 元，运输费用 100 元，设备由购入单位运走。本期处置固定资产、无形资产和其他长期资产所收回的现金净额计算如下：

本期出售固定资产收到的现金	40 000
减：支付出售固定资产的清理费用	600
本期处置固定资产、无形资产和其他长期资产所收回的现金净额	39 400

4）处置子公司及其他营业单位收到的现金净额

该项目反映企业处置子公司及其他营业单位所取得的现金减去子公司或其他营业单位持有的现金和现金等价物以及相关处置费用后的净额。该项目可以根据有关账户的记录分析

填列。

5) 收到的其他与投资活动有关的现金

该项目反映企业除上述各项目外，收到的其他与投资活动有关的现金。其他与投资活动有关的现金，如果价值较大的，应单列项目反映。该项目可以根据有关账户的记录分析填列。

6) 购建固定资产、无形资产和其他长期资产支付的现金

该项目反映企业购买、建造固定资产，取得无形资产和其他长期资产支付的现金，包括购买机器设备所支付的现金及增值税款、建造工程支付的现金、支付在建工程人员的工资等现金支出；不包括为购建固定资产、无形资产和其他长期资产而发生的借款利息资本化部分，以及融资租入固定资产所支付的租赁费。为购建固定资产、无形资产和其他长期资产而发生的借款利息资本化部分，在"分配股利、利润或偿付利息支付的现金"项目中反映；融资租入固定资产所支付的租赁费，在"支付的其他与筹资活动有关的现金"项目中反映，不在该项目中反映。该项目可以根据"固定资产""在建工程""工程物资""无形资产""库存现金""银行存款"等账户的记录分析填列。

例 13-11 利达股份有限公司购入房屋一幢，价款 1 800 000 元，通过银行转账 1 600 000 元，其他价款用公司产品抵偿。为在建厂房购进建筑材料一批，价值为 300 000 元，价款已通过银行转账支付。

本期购建固定资产、无形资产和其他长期资产支付的现金计算如下：

购买房屋支付的现金	1 600 000
加：在建工程购买材料支付的现金	300 000
本期购建固定资产、无形资产和其他长期资产支付的现金	1 900 000

7) 投资支付的现金

该项目反映企业进行权益性投资和债权性投资所支付的现金，包括企业取得的除现金等价物以外的交易性金融资产、债权投资、其他权益工具投资而支付的现金，以及支付的佣金、手续费等交易费用。企业购买债券的价款中含有债券利息的，以及溢价或折价购入的，均按实际支付的金额反映。

企业购买股票和债券时，实际支付的价款中包含的已宣告但尚未领取的现金股利和已到付息期但尚未领取的债券利息，应在"支付的其他与投资活动有关的现金"项目中反映；收回购买股票和债券时支付的已宣告但尚未领取的现金股利和已到付息期但尚未领取的债券利息，应在"收到的其他与投资活动有关的现金"项目中反映。

该项目可以根据"交易性金融资产""持有至到期投资""可供出售金融资产""投资性房地产""长期股权投资""库存现金""银行存款"等账户的记录分析计填列。

例 13-12 利达股份有限公司以银行存款 3 000 000 元投资于乙企业的股票。此外，购买中国银行发行的金融债券，面值总额 200 000 元，票面利率 6%，实际支付金额为 158 000 元。

本期投资所支付的现金计算如下：

投资于乙企业的现金总额	3 000 000
加：投资于中国银行金融债券的现金总额	158 000
本期投资所支付的现金	3 158 000

8) 取得子公司及其他营业单位支付的现金净额

该项目反映企业取得子公司及其他营业单位购买出价中以现金支付的部分，减去子公司或

其他营业单位持有的现金及现金等价物后的净额。该项目可以根据有关账户的记录分析填列。

9）支付的其他与投资活动有关的现金

该项目反映企业除上述各项目外，支付的其他与投资活动有关的现金。其他与投资活动有关的现金，如果价值较大的，应单列项目反映。该项目可以根据有关账户的记录分析填列。

3. 筹资活动产生的现金流量有关项目的编制

1）吸收投资收到的现金

该项目反映企业以发行股票、债券等方式筹集资金实际收到的款项净额（发行收入减去支付的佣金等发行费用后的净额）。以发行股票等方式筹集资金而由企业直接支付的审计咨询等费用，不在该项目中反映，而在"支付的其他与筹资活动有关的现金"项目中反映；由金融企业直接支付的手续费、宣传费、咨询费、印刷费等费用，从发行股票、债券取得的现金收入中扣除，以净额列示。该项目可以根据"实收资本（或股本）""资本公积""库存现金""银行存款"等账户的记录分析填列。

例 13-13 利达股份有限公司对外公开募集股份 2 000 000 股，每股面值 1 元，发行价每股 1.2 元，代理发行的证券公司为其支付的各种费用共计 20 000 元。此外，利达股份有限公司为建设一新项目，批准发行 3 000 000 元的长期债券，与证券公司签署的协议规定：该批长期债券委托证券公司代理发行，发行手续费为发行总额的 3%，宣传及印刷费由证券公司代为支付，并从发行总额中扣除。利达股份有限公司自委托协议签署为止，已支付咨询费、公证费等 5 000 元。证券公司按面值发行，价款全部收到。按协议将发行款划至利达股份有限公司在银行的存款账户上。

本期吸收投资收到的现金计算如下：

发行股票取得的现金	2 380 000
其中：发行总额	2 400 000（2 000 000×1.2）
减：发行费用	20 000
发行债券取得的现金	2 910 000
其中：发行总额	3 000 000
减：发行手续费	90 000（3 000 000×3%）
本期吸收投资收到的现金	5 290 000

2）借款收到的现金

该项目反映企业举借各种短期、长期借款而收到的现金。该项目可以根据"短期借款""长期借款""应付债券""库存现金""银行存款"等账户的记录分析填列。

3）收到的其他与筹资活动有关的现金

该项目反映企业除上述各项目外，收到的其他与筹资活动有关的现金。其他与筹资活动有关的现金，如果价值较大的，应单列项目反映。该项目可根据有关账户的记录分析填列。

4）偿还债务所支付的现金

该项目反映企业以现金偿还债务的本金，包括归还金融企业的借款本金、偿付企业到期的债券本金等。企业偿还的借款利息、债券利息，在"分配股利、利润或偿付利息所支付的现金"项目中反映，不在该项目中反映。该项目可以根据"短期借款""长期借款""应付债券""库存现金""银行存款"等账户的记录分析填列。

5）分配股利、利润或偿付利息支付的现金

该项目反映企业实际支付的现金股利、支付给其他投资单位的利润或用现金支付的借款利息、债券利息。不同用途的借款，对应利息的开支渠道不一样，如在建工程、财务费用等，但均在本项目中反映。该项目可以根据"应付股利""应付利息""财务费用""在建工程""研发支出""银行存款"等账户的记录分析填列。

例 13-14 利达股份有限公司期初应付现金股利为 21 000 元，本期宣布并发放现金股利 40 000 元，期末应付现金股利 9 000 元。

本期分配股利、利润或偿付利息支付的现金计算如下：

本期宣布并发放的现金股利	40 000
加：本期支付的前期应付股利	12 000（21 000-9 000）
本期分配股利、利润或偿付利息支付的现金	52 000

6）支付的其他与筹资活动有关的现金

该项目反映企业除上述各项外，支付的其他与筹资活动有关的现金，如以发行股票、债券等方式筹集资金而由企业直接支付的审计、咨询等费用，融资租赁所支付的现金，以分期付款方式购建固定资产以后各期支付的现金等。其他与筹资活动有关的现金，如果价值较大的，应单列项目反映。该项目可根据有关账户的记录分析填列。

4. 汇率变动对现金的影响

编制现金流量表时，应当将企业外币现金流量及境外子公司的现金流量折算成记账本位币。外币现金流量及境外子公司的现金流量，应当采用现金流量发生日的即期汇率或按照系统合理的方法确定的、与现金流量发生日即期汇率近似的汇率折算。汇率变动对现金的影响额，应当作为调节项目，在现金流量表中单独列报。

13.4.4 现金流量表附注

企业应当采用间接法在现金流量表附注中披露将净利润调节为经营活动现金流量的信息。现金流量表附注的格式如表 13-7 所示。

表 13-7 现金流量表附注　　　　　　　　　　　单位：元

补充资料	本期金额	上期金额（略）
1. 将净利润调节为经营活动现金流量		
净利润	195 000	
加：资产减值准备	12 900	
固定资产折旧	151 500	
无形资产摊销	82 000	
长期待摊费用摊销	0	
处置固定资产、无形资产和其他长期资产的损失（收益以"-"号填列）	140 000	
固定资产报废损失（收益以"-"号填列）	0	
公允价值变动损失（收益以"-"号填列）	-2 000	
财务费用（收益以"-"号填列）	30 000	
投资损失（收益以"-"号填列）	0	

续表

补充资料	本期金额	上期金额（略）
递延所得税资产减少（增加以"-"号填列）	-3 000	
递延所得税负债增加（减少以"-"号填列）	500	
存货的减少（增加以"-"号填列）	-106 700	
经营性应收项目的减少（增加以"-"号填列）	-564 000	
经营性应付项目的增加（减少以"-"号填列）	-203 530	
其他	0	
经营活动产生的现金流量净额	-267 330	
2. 不涉及现金收支的重大投资和筹资活动		
债务转为资本	0	
一年内到期的可转换公司债券	0	
融资租入固定资产	0	
3. 现金及现金等价物净变动情况		
现金的期末余额	1 080 670	
减：现金的期初余额	2 172 000	
加：现金等价物的期末余额	0	
减：现金等价物的期初余额	0	
现金及现金等价物净增加额	-1 091 330	

现金流量表补充资料包括将净利润调节为经营活动现金流量、不涉及现金收支的重大投资和筹资活动、现金及现金等价物净变动情况等项目。

1. "将净利润调节为经营活动现金流量"项目

1）资产减值准备

这里所指的资产减值准备包括坏账准备、存货跌价准备、投资性房地产减值准备、长期股权投资减值准备、固定资产减值准备、在建工程减值准备、无形资产减值准备等企业计提的各项资产减值准备。企业计提的各项资产减值准备，包括在利润表中，属于利润的减除项目，但没有发生现金流出，所以在将净利润调节为经营活动现金流量时，需要加回。本项目可根据"资产减值损失"账户的记录分析填列。

2）固定资产折旧

企业计提的固定资产折旧，有的计入管理费用，有的计入制造费用。计入管理费用的部分，作为期间费用在计算净利润时从中扣除，但没有发生现金流出，在将净利润调节为经营活动现金流量时，需要予以加回；计入制造费用中的已经变现的部分，在计算净利润时通过销售成本予以扣除，但没有发生现金流出；计入制造费用中的没有变现的部分，既不涉及现金收支，也不影响企业当期净利润，但由于在调节存货时已经从中扣除，所以在此处将净利润调节为经营活动现金流量时，需要予以加回。该项目可根据"累计折旧"账户的贷方发生额分析填列。

3）无形资产摊销和长期待摊费用摊销

企业对使用寿命有限的无形资产计提摊销时，计入管理费用或制造费用。长期待摊费用摊销时，有的计入管理费用，有的计入营业费用，有的计入制造费用。计入管理费用等期间费用和计入制造费用中的已变现部分，在计算净利润时已从中扣除，但没有发生现金流出。计入制造费用中的没有变现的部分，在调节存货时已经从中扣除，但不涉及现金收支。所以，在此处将净利润调节为经营活动现金流量时，需要予以加回。该项目可根据"累计摊销""长期待摊费用"账户的贷方发生额分析填列。

4) 处置固定资产、无形资产和其他长期资产的损失（减：收益）

企业处置固定资产、无形资产和其他长期资产发生的损益，属于投资活动产生的损益，不属于经营活动产生的损益，所以在将净利润调节为经营活动现金流量时，需要予以剔除。如为损失，在将净利润调节为经营活动现金流量时，应当加回；如为收益，在将净利润调节为经营活动现金流量时，应当扣除。该项目可根据"资产处置损益"等账户所属有关明细账户的记录分析填列。如为净收益，以"-"号填列。

5) 固定资产报废损失

企业发生的固定资产报废损失，属于投资活动产生的损益，不属于经营活动产生的损益，所以，在将净利润调节为经营活动现金流量时，需要予以剔除。同样，投资性房地产发生报废、毁损而产生的损失，也需要予以剔除。如为净损失，在将净利润调节为经营活动现金流量时，应当加回；如为净收益，在将净利润调节为经营活动现金流量时，应当扣除。该项目可根据"营业外支出""营业外收入"等账户所属有关明细账户的记录分析填列。

6) 公允价值变动损失

公允价值变动损失反映企业在初始确认时划分为以公允价值计量且其变动计入当期损益的交易性金融资产或金融负债、衍生工具、套期等业务中公允价值变动形成的应计入当期损益的利得或损失。企业发生的公允价值变动损益，通常与企业的投资活动或筹资活动有关，而且不影响企业当期的现金流量，为此应当将其从净利润中剔除。该项目可以根据"公允价值变动损益"账户的发生额分析填列。如为持有损失，在将净利润调节为经营活动现金流量时，应当加回；如为持有所得，在将净利润调节为经营活动现金流量时，应当扣除。

7) 财务费用

企业发生的财务费用中不属于经营活动的部分，应当将其从净利润中剔除。该项目可根据"财务费用"账户的本期借方发生额分析填列；如为收益，以"-"号填列。

在实务中，企业的"财务费用"明细账一般是按费用项目设置的。为了编制现金流量表，企业可在此基础上，再按"经营活动""筹资活动""投资活动"分设明细分类账，每一笔财务费用发生时，即将其归入"经营活动""投资活动"或"筹资活动"明细账。

8) 投资损失（减：收益）

企业发生的投资损益，属于投资活动产生的损益，不属于经营活动产生的损益，所以，在将净利润调节为经营活动现金流量时，需要予以剔除。如为净损失，在将净利润调节为经营活动的现金流量时，应当加回；如为净收益，在将净利润调节为经营活动现金流量时，应当扣除。该项目可根据利润表中"投资收益"项目的数字填列。如为投资收益，以"-"号填列。

9) 递延所得税资产减少（减：增加）

如果递延所得税资产减少使计入所得税费用的金额大于当期应交的所得税金额，其差额没有发生现金流出，但在计算净利润时已经扣除，在将净利润调节为经营活动现金流量时，应当加回。如果递延所得税资产增加使计入所得税费用的金额小于当期应交的所得税金额，二者之间的差额并没有发生现金流入，但在计算净利润时已经包括在内，在将净利润调节为经营活动现金流量时应当扣除。该项目可以根据资产负债表"递延所得税资产"项目期初、期末余额分析填列。

10）递延所得税负债增加（减：减少）

如果递延所得税负债增加使计入所得税费用的金额大于当期应交的所得税金额，其差额没有发生现金流出，但在计算净利润时已经扣除，在将净利润调节为经营活动现金流量时，应当加回。如果递延所得税负债减少使计入所得税费用的金额小于当期应交的所得税金额，二者之间的差额并没有发生现金流入，但在计算净利润时已经包括在内，在将净利润调节为经营活动现金流量时，应当扣除。该项目可以根据资产负债表"递延所得税负债"项目期初、期末余额分析填列。

11）存货的减少（减：增加）

期末存货比期初存货减少，说明本期生产经营过程耗用的存货有一部分是期初的存货，耗用这部分存货并没有发生现金流出，但在计算净利润时已经扣除，所以，在将净利润调节为经营活动现金流量时，应当加回这部分存货。期末存货比期初存货增加，说明当期购入的存货除耗用外，还剩余了一部分，这部分存货也发生了现金流出，但在计算净利润时没有包括在内，所以在将净利润调节为经营活动现金流量时，需要扣除这部分存货。当然，存货的增减变化过程还涉及应付项目，这一因素在"经营性应付项目的增加（减：减少）"项目中考虑。该项目可根据资产负债表中"存货"项目的期初数、期末数之间的差额填列；期末数大于期初数的差额，以"-"号填列。如果存货的增减变化过程属于投资活动，如在建工程领用存货，则应将这一因素剔除。

12）经营性应收项目的减少（减：增加）

经营性应收项目包括应收票据、应收账款、预付账款、长期应收款和其他应收款中与经营活动有关的部分，以及应收的增值税销项税额等。经营性应收项目期末余额小于经营性应收项目期初余额，说明本期收回的现金大于利润表中所确认的销售收入，所以在将净利润调节为经营活动现金流量时，需要加回。经营性应收项目期末余额大于经营性应收项目期初余额，说明本期销售收入中有一部分没有收回现金，但是在计算净利润时这部分销售收入已包括在内，所以在将净利润调节为经营活动现金流量时，需要扣除。该项目应当根据有关账户的期初、期末余额分析填列。如为增加，以"-"号填列。

13）经营性应付项目的增加（减：减少）

经营性应付项目包括应付票据、应付账款、预收账款、应付职工薪酬、应交税费、应付利息、长期应付款和其他应付款中经营活动有关的部分，以及应付的增值税进项税额等。经营性应付项目期末余额大于经营性应付项目期初余额，说明本期购入的存货中有一部分没有支付现金，但是在计算净利润时却通过销售成本包括在内，所以在将净利润调节为经营活动现金流量时，需要加回。经营性应付项目期末余额小于经营性应付项目期初余额，说明本期支付的现金大于利润表所确认的销售成本，在将净利润调节为经营活动现金流量时，需要扣除。该项目应当根据有关账户的期初、期末余额分析填列。如为减少，以"-"号填列。

2. 不涉及现金收支的重大投资和筹资活动的披露

不涉及现金收支的重大投资和筹资活动，反映企业一定期间内影响资产或负债但不形成该期现金收支的所有投资和筹资活动的信息。这些投资和筹资活动虽然不涉及当期现金收支，但对以后各期的现金流量有重大影响。例如企业融资租入设备，将形成的负债记入"长期应付款"账户，当期并不支付设备款及租金，但以后各期必须为此支付现金，从而在一定期间内形成了一项固定的现金支出。

因此《企业会计准则第1号——现金流量表》规定，企业应当在附注中披露不涉及当期现金收支但影响企业财务状况或在未来可能影响企业现金流量的重大投资和筹资活动。

3. 现金及现金等价物净变动情况

现金及现金等价物净变动情况，可以通过现金的期末、期初差额进行反映，用以检验用直接法编制的现金流量净额是否正确。企业可根据现金及现金等价物的定义设定现金等价物的标准，根据期末、期初余额分析填列。若企业的现金等价物期末、年初余额相差不大，可以忽略不计。

13.4.5 企业当期取得或处置子公司及其他营业单位的披露

《企业会计准则第31号——现金流量表》应用指南列示了企业当期取得或处置其他营业单位有关信息的披露格式。主要项目包括取得和处置子公司及其他营业单位的有关信息。取得子公司及其他营业单位的有关信息包括取得的价格、支付现金及现金等价物金额、支付的现金及现金等价物净额、取得子公司净资产等信息。处置子公司及其他营业单位的有关信息包括处置的价格、收到的现金及现金等价物金额、收到的现金净额、处置子公司的净资产等信息。

13.4.6 现金流量表编制举例

例13-15 沿用利达股份有限公司20×8年12月31日的资产负债表（表13-3）和20×8年度的利润表（表13-5）资料，利达股份有限公司其他资料如下。

1. 资产负债表有关项目的明细资料

（1）存货中制造费用、生产成本的组成：固定资产折旧费用120 000元，职工薪酬581 400元。

（2）本期用银行存款购买固定资产104 000元。

（3）应付职工薪酬的期初、期末数均没有应付在建工程人员的部分，本期实际支付在建工程人员职工薪酬120 000元。本例中涉及的职工薪酬均为货币性薪酬。

（4）应交税费的组成：本期增值税进项税额84 030元，本期增值税销项税额336 000元，已交增值税150 000元，应交所得税期初余额为0，应交所得税期末余额为17 500元。

（5）应付利息均为短期借款利息，其中本期计提利息20 000元，支付利息20 000元。

（6）本期用银行存款偿还短期借款300 000元，偿还长期借款900 000元，借入长期借款600 000元。

2. 本年度利润表有关项目的明细资料

（1）管理费用的组成：职工薪酬 45 600 元，无形资产摊销 82 000 元，固定资产折旧费用 31 500 元，支付其他费用 70 000 元。

（2）财务费用的组成：计提借款利息 30 000 元。

（3）利润表中的销售费用 35 000 元至期末已经全部支付。

（4）资产减值损失的组成：上年年末坏账准备余额 1 750 元，本年计提坏账准备 900 元；上年年末存货跌价准备余额 7 500 元，本年计提存货跌价准备 12 000 元。

（5）资产处置损失的组成：出售固定资产净损失 140 000 元，所出售固定资产原价为 800 000 元，累计折旧 360 000 元；收到出售价款 348 000 元（含增值税 48 000 元）。

（6）所得税费用的组成：当期所得税费用 67 500 元，递延所得税收益-2 500 元。

3. 编制利达股份有限公司 20×8 年度现金流量表

1）利达股份有限公司 20×8 年度现金流量表各项目金额分析

（1）销售商品、提供劳务收到的现金＝营业收入+增值税销项税额+("应收账款"项目期初余额-期末余额)+("应收票据"项目期初余额-期末余额)-本期计提坏账准备-票据贴现利息＝1 800 000+336 000+（348 250-527 350）+（100 000-564 000）-900＝1 492 000（元）。

（2）购买商品、接受劳务支付的现金＝营业成本+增值税进项税额+("存货"项目期末余额-期初余额)+("应付账款"项目期初余额-期末余额)+("应付票据"项目期初余额-期末余额)+("预付账款"项目期末余额-期初余额)+当期计提的存货跌价准备-当期列入生产成本、制造费用中的固定资产折旧费用和修理费-当期列入生产成本、制造费用中的职工薪酬＝1 080 000+84 030+（443 200-348 500）+（760 000-660 000）+（280 000-80 000）+（0-80 000）-12 000-120 000-581 400＝765 330（元）。

（3）支付给职工以及为职工支付的现金＝生产成本、制造费用及管理费用中的职工薪酬+（应付职工薪酬年初余额-应付职工薪酬年末余额）-（应付职工薪酬中在建工程部分的年初余额-应付职工薪酬中在建工程部分的年末余额）＝581 400＋45 600＋（622 000-39 000）＝1 210 000（元）。

（4）支付的各项税费＝当期所得税费用+税金及附加+已交增值税+（应交所得税期初余额-应交所得税期末余额）＝67 500+15 000+150 000+（0-17 500）＝215 000（元）。

（5）支付其他与经营活动有关的现金＝销售费用+其他管理费用＝35 000+70 000＝105 000（元）。

（6）出售固定资产、无形资产和其他长期资产收回的现金净额＝300 000（元）。

（7）购建固定资产、无形资产和其他长期资产支付的现金＝银行存款购买固定资产+支付在建工程人员职工薪酬＝104 000+400 000＝504 000（元）。

（8）取得借款收到的现金＝600 000（元）。

（9）偿还债务所支付的现金＝300 000+900 000＝1 200 000（元）。

（10）偿还利息支付的现金＝20 000（元）。

2）将净利润调节为经营活动现金流量各项目的计算分析
（1）资产减值准备 = 900+12 000 = 12 900（元）。
（2）固定资产折旧 = 120 000+31 500 = 151 500（元）。
（3）无形资产摊销 = 82 000（元）。
（4）出售固定资产、无形资产和其他长期资产的损失（减：收益）= 140 000（元）。
（5）财务费用 = 30 000（元）。
（6）延所得税资产减少（减：增加）= 3 000（元）。
（7）递延所得税负债增加（减：减少）= 500（元）。
（8）存货的减少 = 356 000-462 700 = -106 700（元）。
（9）经营性应收项目的减少（减：增加）=（100 000-564 000）+[（348 250-527 350）-（2 650-1 750）] +（80 000-0）+（3 000-3 000）= -564 000（元）。
（10）经营性应付项目的增加（减：减少）=（80 000-280 000）+（660 000-760 000）+（39 000-62 000）+（160 270-40 800）+（10 000-10 000）= -203 530（元）。

3）编制现金流量表及现金流量表附注
根据上述数据，编制现金流量表（表 13-6）及现金流量表附注（表 13-7）。

13.5 所有者权益变动表

所有者权益变动表是反映构成所有者权益的各组成部分当期的增减变动情况的报表。编制所有者权益变动表，既可以为财务报表使用者提供所有者权益总量增减变动的信息，也能为其提供所有者权益增减变动的结构性信息，特别是能够让财务报表使用者了解所有者权益增减变动的根源。

13.5.1 所有者权益变动表的格式

在所有者权益变动表中，企业至少应当单独列示反映下列信息的项目。
（1）综合收益总额。
（2）会计政策变更和差错更正的累积影响金额。
（3）所有者投入资本和向所有者分配利润等。
（4）提取的盈余公积。
（5）实收资本或股本、资本公积、盈余公积、未分配利润的期初和期末余额及其调节情况。

所有者权益变动表以矩阵的形式列示：一方面，列示导致所有者权益变动的交易或事项，即所有者权益权益变动的来源，对一定时期所有者权益的变动情况进行全面反映；另一方面，按照所有者权益各组成部分（即实收资本、资本公积、其他综合收益、盈余公积、未分配利润和库存股）列示交易或事项对所有者权益各部分的影响。我国企业所有者权益变动表的格式如表 13-8 所示。

13.5.2 所有者权益变动表的编制方法

1. 所有者权益变动表各项目的填列方法

所有者权益变动表各项目均需填列"本年金额"和"上年金额"两栏。

所有者权益表变动表"上年金额"栏内各项数字，应根据上年度所有者权益变动表"本年金额"栏内所列数字填列。上年度所有者权益变动表规定的各个项目的名称和内容同本年度不一致的，应对上年度所有者权益变动表各项目的名称和数字按照本年度的规定进行调整，填入所有者权益变动表的"上年金额"栏。

所有者权益变动表"本年金额"栏内各项数字一般应根据"实收资本（或股本）""资本公积""其他综合收益""盈余公积""利润分配""库存股""以前年度损益调整"账户的发生额分析填列。

2. 所有者权益变动表各项目的列报说明

1)"上年年末余额"项目

"上年年末余额"项目，反映企业上年资产负债表中"实收资本（或股本）""资本公积""库存股""其他综合收益""盈余公积""未分配利润"项目的年末余额。

2)"会计政策变更"和"前期差错更正"项目

"会计政策变更"和"前期差错更正"项目，分别反映企业采用追溯调整法处理的会计政策变更的累计影响金额和采用追溯重述法处理的会计差错更正的累积影响金额。

3)"本年增减变动金额"项目

（1）"综合收益总额"项目，反映企业净利润和其他综合收益扣除所得税影响后的净额相加后的合计金额。

（2）"所有者投入和减少资本"项目，反映企业当年所有者投入的资本和减少的资本。其中：

① "所有者投入资本"项目，反映企业接受投资者投入形成的实收资本（或股本）和资本溢价或股本溢价；

② "股份支付计入所有者权益的金额"项目，反映企业处于等待期中的权益结算的股份支付当年计入资本公积的金额。

（3）"利润分配"下各项目，反映当年的利润分配金额。

（4）"所有者权益内部结转"项目，反映企业所有者权益各组成部分之间当年的增减变动情况，包括资本公积转增资本（或股本）、盈余公积转增资本（或股本）、盈余公积弥补亏损等项金额。其中：

① "资本公积转增资本（或股本）"项目，反映企业以资本公积转增资本或股本的金额；

② "盈余公积转增资本（或股本）"项目，反映企业以盈余公积转增资本或股本的金额；

③ "盈余公积弥补亏损"项目，反映企业以盈余公积弥补亏损的金额。

13.5.3 所有者权益变动表编制举例

例 13-16 利达股份有限公司，依据本年资产负债表（表 13-3）、利润表（表 13-5）及相关所有者权益变动业务，编制 20×8 年所有者权益变动表如表 13-8 所示。假设该公司 20×8 年除按规定提取 10%法定盈余公积外，未进行其他利润分配。

财务会计学

表 13-8 所有者权益变动表

编制单位：利达股份有限公司　　20×8 年度　　会企 04 表　　单位：元

项目	本年金额							上年金额						
	实收资本（或股本）	资本公积	减：库存股	其他综合收益	盈余公积	未分配利润	所有者权益合计	实收资本（或股本）	资本公积	减：库存股	其他综合收益	盈余公积	未分配利润	所有者权益合计
一、上年末余额	2 000 000	2 832 625			160 000	100 000	5 092 625							
加：会计政策变更														
前期差错更正														
二、本年年初余额	2 000 000	2 832 625			160 000	100 000	5 092 625							
三、本年增减变动金额（减少以"—"号填列）						195 000	195 000							
（一）综合收益总额														
（二）所有者投入和减少资本														
1. 所有者投入资本														
2. 股份支付计入所有者权益的金额														
3. 其他														

续表

项目	本年金额							上年金额						
	实收资本（或股本）	资本公积	减:库存股	其他综合收益	盈余公积	未分配利润	所有者权益合计	实收资本（或股本）	资本公积	减:库存股	其他综合收益	盈余公积	未分配利润	所有者权益合计
(三)利润分配														
1. 提取盈余公积					19 500	−19 500	0							
2. 对所有者（或股东）的分配														
3. 其他														
(四)所有者权益内部结转														
1. 资本公积转增资本（或股本）														
2. 盈余公积转增资本（或股本）														
3. 盈余公积弥补亏损														
4. 其他														
四、本年年末余额	2 000 000	2 832 625			179 500	275 500	5 287 625	2 000 000	2 832 625			160 000	100 000	5 092 625

13.6 财务报表附注

13.6.1 附注概述

附注是对资产负债表、利润表、现金流量表和所有者权益变动表中所列示项目的文字描述或明细资料，以及对未能在这些报表中列示项目的说明。附注旨在帮助财务报表使用者深入了解财务报表的内容，是财务报表的补充，主要是对财务报表不能包括的内容或者披露不详尽的内容做进一步的解释说明。附注应当披露财务报表的编制基础，相关信息应当与资产负债表、利润表、现金流量表和所有者权益变动表等报表中列示的项目相互参照、相辅相成，没有这些主表的存在，附注就失去了依靠；而没有附注恰当的补充，财务报表主表的功能就难以有效地实现。

13.6.2 财务报表附注的内容

附注是财务报表的重要组成部分。根据企业会计准则，应当按照以下顺序披露有关信息。

1. 企业的基本情况

（1）企业注册地、组织形式和总部地址。

（2）企业的业务性质和主要经营活动，如企业所处的行业、所提供的主要产品或服务、客户的性质、销售策略、监管环境的性质等。

（3）母公司及集团最终母公司的名称。

（4）财务报告的批准报出者和财务报告批准报出日。

（5）营业期限有限的企业，还应当披露有关营业期间的信息。

2. 财务报表的编制基础

财务报表的编制基础，是指财务报表是在持续经营的基础上，还是在非持续经营基础上编制的。企业一般是在持续经营的基础上编制财务报表的，清算、破产属于非持续经营基础。

3. 遵循企业会计准则的声明

企业应当声明编制的财务报表符合企业会计准则的要求，真实、完整地反映了企业的财务状况、经营成果和现金流量等有关信息，以此明确企业编制财务报表所依据的制度基础。如果企业编制的财务报表只是部分地遵循了企业会计准则，附注中不得作出这种表述。

4. 重要会计政策和会计估计

根据《企业会计准则第 30 号——财务报表列报》的规定，企业应当披露采用的重要会计政策和会计估计，不重要的会计政策和会计估计可以不披露。

5. 会计政策和会计估计变更及差错更正的说明

企业应当按照企业会计准则的规定，披露会计政策和会计估计变更及差错更正的有关情况。

6. 报表重要项目的说明

企业应当以文字和数字描述相结合并尽可能以列表形式披露报表重要项目的构成或当期增减变动情况，并且报表重要项目的明细金额合计，应当与报表项目金额相衔接。在披露顺序上，一般应当按照资产负债表、利润表、现金流量表、所有者权益变动表的顺序及其项目列示的顺序。主要包括以下重要项目。

1）应收款项

企业应当披露应收款项的账龄结构和客户类别，以及期初、期末账面余额等信息。

2）存货

企业应当披露以下信息。

（1）存货的期初和期末账面价值。
（2）发出存货成本采用的方法。
（3）可变现净值的确定依据、存货跌价准备的计价方法等。
（4）用于担保的存货账面价值。

3）长期股权投资

企业应当披露下列信息。

（1）对控制、共同控制、重大影响的判断。
（2）对投资性主体的判断及主体身份的转换。
（3）企业集团的构成情况。
（4）重要的非全资子公司的相关信息。
（5）对使用企业集团资产和清偿集团债务的重大限制。
（6）纳入合并财务报表范围的结构化主体的相关信息。
（7）企业在其子公司的所有者权益份额发生变化的情况。
（8）投资性主体的相关性信息。
（9）合营和联营企业的基础信息。
（10）重要的合营企业和联营企业的主要财务信息。
（11）不重要的合营企业和联营企业的汇总财务信息。
（12）与企业在合营和联营企业中权益相关的风险信息。
（13）未纳入合并报表范围的结构化主体的基础信息。
（14）与权益相关的资产、负债的账面价值和最大敞口。
（15）企业是结构化主体的发起人但在结构化主体中没有权益的情况。
（16）向未纳入合并报表范围的结构化主体提供支持的情况。
（17）未纳入合并报表范围的结构化主体的额外信息披露。

4）投资性房地产

企业应当披露下列信息。

(1) 投资性房地产的种类、金额和计量模式。
(2) 采用成本模式的,应当披露投资性房地产的折旧或摊销,以及减值准备的计提情况。
(3) 采用公允价值模式的,应披露公允价值的确定依据和方法,以及公允价值变动对损益的影响。
(4) 房地产转换情况、理由,以及对损益或所有者权益的影响。
(5) 当期处置的投资性房地产及其对损益的影响。

5) 固定资产

企业应当披露下列信息。
(1) 固定资产的确认条件、分类、计量基础和折旧方法。
(2) 各类固定资产的使用寿命、预计净残值和折旧率。
(3) 各类固定资产的期初和期末原价、累计折旧额及固定资产减值准备累计金额。
(4) 当期确认的折旧费用。
(5) 对固定资产所有权的限制及其金额和用于担保的固定资产账面价值。
(6) 准备处置的固定资产名称、账面价值、公允价值、预计处理费用和预计处理时间等。

6) 无形资产

企业应当披露下列信息。
(1) 无形资产期初和期末账面余额、累计摊销额及减值准备累计金额。
(2) 使用寿命有限的无形资产,使用寿命的估计情况;使用寿命不确定的无形资产,其使用寿命不确定的判断依据。
(3) 无形资产的摊销方法。
(4) 用于担保的无形资产账面价值、当期摊销额等情况。
(5) 计入当期损益和确认为无形资产的研究开发支出金额。

7) 职工薪酬

企业应当披露与短期职工薪酬相关的下列信息。
(1) 应当支付给职工的工资、奖金、津贴和补贴及期末应付未付金额。
(2) 应当为职工缴纳的医疗保险费、工伤保险费和生育保险费等社会保险费及期末应付未付金额。
(3) 应当为职工缴存的住房公积金及期末应付未付金额。
(4) 为职工提供的非货币性福利及其计算依据。
(5) 依据短期利润分享计划提供的职工薪酬金额及其计算依据。
(6) 其他短期薪酬。

企业还应当披露与设定受益计划有关的信息;支付的因解除劳动关系所提供辞退福利及期末应付未付金额;提供的其他长期职工福利的性质、金额及其计算依据。

8) 应交税费

企业应当披露应交税费的构成及期初、期末的账面余额等信息。

9) 短期借款和长期借款

企业应当披露短期借款、长期借款的构成及期初、期末账面余额等信息。对于期末逾期借款,应披露贷款单位、借款金额、逾期时间、年利率、逾期未偿还原因和预期还款期等信息。

10）应付债券

企业应当披露应付债券的构成及期初、期末账面余额等信息。

11）长期应付款

企业应当披露长期应付款的构成及期初、期末账面余额信息。

12）营业收入

企业应当披露营业收入的构成及本期、上期发生额等信息。

13）公允价值变动收益

企业应当披露公允价值变动收益的来源及本期、上期发生额等信息。

14）投资收益

企业应当披露投资收益的来源及本期、上期发生额等信息。

15）资产减值损失

企业应当披露各项资产的减值损失及本期、上期发生额等信息。

16）营业外收入

企业应当披露营业外收入的构成及本期、上期发生额等信息。

17）营业外支出

企业应当披露营业外支出的构成及本期、上期发生额等信息。

18）所得税费用

企业应当披露下列信息。

（1）所得税费用（收益）的主要组成部分。

（2）所得税费用（收益）与会计利润关系的说明。

19）其他综合收益

企业应当披露下列信息。

（1）其他综合收益各项目及所得税影响。

（2）其他综合收益各项目原计入其他综合收益、当期转入当期损益的金额。

（3）其他综合收益各项目的期初和期末余额及其调节情况。

20）政府补助

企业应当披露下列信息。

（1）政府补助的种类、金额和列报项目。

（2）计入当期损益的政府补助金额。

（3）本期退回的政府补助金额及原因。

21）借款费用

企业应当披露下列信息。

（1）当期资本化的借款费用金额。

（2）当期用于计算确定借款费用资本化金额的资本化率。

7. 其他

（1）或有和承诺事项、资产负债表日后非调整事项、关联方关系及其交易等需要说明的事项。

（2）有助于财务报表使用者评价企业管理资本的目标、政策及程序的信息。

思考练习题

1. 说明主要财务报表各项目之间存在的勾稽关系。
2. 说明财务报表附注的现实意义。

参考文献

［1］中华人民共和国财政部．企业会计准则（2018年版）[M]．北京：经济科学出版社，2017．
［2］中华人民共和国财政部．企业会计准则应用指南（2018年版）[M]．上海：立信会计出版社，2018．
［3］企业会计准则编审委员会．企业会计准则应用指南（含企业会计准则及会计科目）2017年修订版[M]．上海：立信会计出版社，2017．
［4］企业会计准则编审委员会．企业会计准则详解与实务[M]．北京：人民邮电出版社，2018．
［5］企业会计准则编审委员会．企业会计准则案例讲解（2017年版）[M]．上海：立信会计出版社，2017．
［6］许太谊．企业会计准则及相关法规应用指南2018[M]．北京：中国市场出版社，2018．
［7］刘永泽，陈立军．中级财务会计[M]．大连：东北财经大学出版社，2016．
［8］戴德明，林刚，赵西卜．财务会计学[M]．9版．北京：中国人民大学出版社，2015．
［9］陈立军．中级财务会计[M]．北京：中国人民大学出版社，2017．
［10］播菜税院编委会．增值税会计处理案例与政策深度解析[M]．北京：中国市场出版社，2018．
［11］中国注册会计师协会．会计[M]．北京：中国财政经济出版社，2018．
［12］财政部会计资格评价中心．中级会计实务[M]．北京：经济科学出版社，2018．
［13］财政部会计资格评价中心．初级会计实务[M]．北京：经济科学出版社，2017．